돈으로 살 수 없는 것들

WHAT MONEY CAN'T BUY

Copyright © 2012 by Michael J. Sandel
All rights reserved
Korean translation rights arranged with International Creative Management, Inc., New York through EYA(Eric Yang Agency), Seoul.

이 책의 한국어판 저작권은 에릭양에이전시를 통한 저작권자와의 독점계약으로 ㈜미래엔(와이즈베리)에 있습니다. 저작권법에 의해 한국 내에서 보호를 받는 저작물이므로 무단전재와 복제를 금합니다.

마이클 샌델

WHAT
MICHAEL J. SANDEL
MONEY
CAN'T BUY

마이클 샌델 지음
김선욱 감수
안기순 옮김

돈으로 살 수 없는 것들

무엇이 가치를 결정하는가

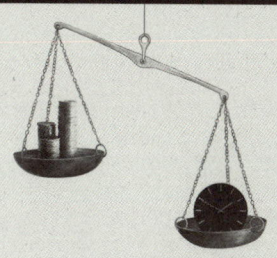

와이즈베리
WISEBERRY

무엇이 가치를 결정하는가
돈으로 살 수 없는 것들

초판 1쇄 발행 2012년 4월 24일 | 초판 101쇄 발행 2025년 7월 21일

지은이 마이클 샌델 | 옮긴이 안기순 | 감수 김선욱

펴낸이 신광수
출판사업본부장 강윤구 | 출판개발실장 위귀영
단행본팀 김혜연, 조기준, 조문채, 정혜리
출판디자인팀 최진아, 당승근 | 출판기획팀 정승재, 김마이, 이아람, 전지현
출판사업팀 이용복, 민현기, 우광일, 김선영, 이강원, 정유, 정슬기, 허성배, 정재욱,
　　　　　박세화, 김종민, 정영묵
출판지원파트 이형배, 이주연, 전효정, 이우성, 장현우

펴낸곳 (주)미래엔 | 등록 1950년 11월 1일(제16-67호)
주소 137-905 서울특별시 서초구 신반포로 321
미래엔 고객센터 1800-8890
팩스 (02)541-8248 | 이메일 bookfolio@mirae-n.com
홈페이지 www.wiseberry.co.kr

ISBN 978-89-378-3366-3 03330

* 와이즈베리는 (주)미래엔의 성인단행본 브랜드입니다.
* 책값은 뒤표지에 있습니다.
* 파본은 구입처에서 교환해 드리며, 관련 법령에 따라 환불해 드립니다.
　다만, 제품 훼손 시에는 환불이 불가능합니다.

와이즈베리는 참신한 시각, 독창적인 아이디어를 환영합니다.
기획 취지와 개요, 연락처를 bookfolio@mirae-n.com으로 보내주십시오.
와이즈베리와 함께 새로운 문화를 창조할 여러분의 많은 투고를 기다립니다.

추천사

김동춘
성공회대 사회과학부 교수, 민주주의연구소장

면죄부를 팔아 어려운 사람들을 도와주면 오히려 좋은 일이 아닐까? 대학 입학자격을 팔아서, 형편이 안 되는 학생들에게 장학금을 주면 모두에게 이롭지 않을까? 선물을 받을 사람이 무엇을 좋아할지 모를 때에는 상품권을 선물하는 것이 더 합리적이지 않을까? 경제학자들은 불평등하거나 강압에 의한 거래만 아니라면 시장의 공정성이 모두를 만족시킬 수 있다고 주장한다. 가난에 못 이겨 신장을 팔 수밖에 없는 상황은 부당하지만, 그 거래가 한 생명을 살리고 가난한 사람에게도 당장의 먹을거리를 가져다줄 수 있다고 말한다.

샌델은 시장의 공정성을 통한 자원의 효율적 배분이 모두에게 이로울 것이라는 주장을 반박한다. 이 사회에는 돈으로 구매할 수 있는 것과 없는 것이 있는데, 돈으로 구매해서는 안 되는 성, 입학자격, 노벨상, 환경, 사회봉사까지 돈으로 사고팔면, 인간으로서 지켜야 할 도덕적 가치가 밀려난다고 주장한다. 즉 시장의 교환은 중립적인 것이 아니라, 재화의 가치를 변질시키게 된다는 말이다. 성적이 좋은 아이들에게 돈을 주면, 공부를 잘하게 하려는 본래의 의도는 사라지고 아이들은 돈을 받기 위해 공부할 것이다. 시장적 인센티브가 비시장적 인센티브를 밀어내기 때문이다. 모든 것을 시장에서 교환 가능한 것으로 만들면 시민적 참여, 공공성, 우정과 사랑, 명예 등 인간사회의 모든 덕목이 사라지게 된다는 것이다. 효율성을 추구하기보다는 '무엇이 정말로 소중한 것인가? 어떻게 살아가고 싶은가?'라는 근본적 질문에 우리는 답을 해야 한다.

추천사

장하성
경제학자, 전 청와대 정책실장

2008년 금융위기로 시장지상주의가 비판받고 자본주의에 대한 회의론이 제기되고 있다. 그러나 대안적 경제체제가 없는 상황에서 논의의 초점은 현재의 자본주의를 어떻게 개혁할 것인가에 모아지고 있다. 경제학자들과 정치지도자들의 논의는 자율기능을 가질 수 없음이 확인된 시장구조를 어떻게 규제할 것인가와 시장을 제대로 감독하지 못한 정부의 기능을 어떻게 바꿀 것인가에 국한되어 있다. 샌델은 그러한 제도적인 개선 이전에 시장에 대한 우리의 생각이 근본적으로 바뀌어야 한다고 주장한다. 샌델은 경제구조를 어떻게 바꾸어야 하는가의 문제는 다루지 않는다. 그러나 시장이 도덕성을 회복하고 공개적으로 도덕적 가치를 논의해야 한다는 샌델의 제안은 경제구조의 개혁에 일정한 방향성을 제시해줄 것이다. 더 나아가 기득권자들의 불공정이 고착화되고 공동체의 가치를 경제적 가치로 대체하는 부패가 만연한 우리나라 시장경제의 개혁에도 훌륭한 교훈이 될 것이다.

"정당하게 행동함으로써 정당해지고 용감하게 행동함으로써 용감해진다."는 아리스토텔레스의 말처럼 우리가 옳은 일은 옳기 때문에 하는 것이고, 옳지 않은 일을 옳지 않기 때문에 하지 않는다는 근본적인 도덕적 판단과 공동체적 가치를 공개적으로 진지하게 토론하는 장이 마련되기를 기대해본다.

추천사

최재천
이화여대 에코과학부 석좌교수

　마이클 샌델 교수는 답은 가르쳐주지 않으면서 우리로 하여금 깊게 생각하게 만드는 각별한 재주를 갖고 있다. 『돈으로 살 수 없는 것들』에서 그는 우리에게 시장이 과연 도덕적일 수 있는가 묻는다. 이명박 정부는 동반성장위원회라는 걸 만들어 훈육주임을 자처하며 아예 시장 한복판으로 뛰어들었다. 대기업과 중소기업 간의 양극화를 해소하여 기업의 경쟁력을 제고하겠다는 취지는 고결하지만 정부가 직접 완장까지 차고 나와 시장을 높이 휘두르는 게 현명한 처사인지는 깊이 숙고해볼 일이다.
　2008년 금융위기 때문에 시장지상주의의 시대가 막을 내린 시점에서 샌델 교수는 다음과 같이 묻는다. "효율만 놓고 보면 다분히 합리적일 수 있는 각종 인센티브 제도는 과연 도덕적인가?" "새치기도 거래할 수 있는 재화인가?" "생명과 죽음의 상업화와 명명권의 거래도 정당한 시장의 역할인가?" 그러면서 그는 우리가 이런 질문을 던지며 결코 잊지 말아야 할 덕목으로 인간의 존엄성과 올바른 가치관의 정립을 꼽는다. 경제학도 이제, 경제의 주체인 인간이라는 존재가 단순한 입자가 아니라 탐욕과 공감이 교차하는 인격체라는 사실을 인식하기 시작했다. 바야흐로 뉴턴경제학의 시대가 저물고 다윈경제학의 시대가 열리고 있다. 1992년 미국 대선에서 빌 클린턴은 "문제는 경제야, 바보들아."라고 부르짖으며 대통령에 당선되었지만, 진짜 문제는 '어떤 경제인가'이다. 이 책이 우리 정치인들의 필독서가 되었으면 좋겠다.

한국어판 서문

『정의란 무엇인가』에 뜨거운 사랑을 베풀고 내가 한국을 방문할 때마다 따뜻하게 환영해준 한국 독자들에게 마음 깊이 감사한다. 최근 한국을 방문하면서 새롭게 발견한 사실이 있다. 일상생활에서 부딪히는 중요한 철학적 문제를 놓고 자유롭게 공적 토론을 벌이고 싶어 하는 욕구가 학생뿐 아니라 일반인 사이에도 커다랗게 자리하고 있다는 것이다.

이번에 출간하는 『돈으로 살 수 없는 것들』은 『정의란 무엇인가』에서 거론한 주제의 범위를 확장해 다루었다. 이 책은 독자에게 돈과 시장을 둘러싸고 오늘날 민주주의 사회가 직면한 윤리적 딜레마를 숙고할 것을 요청한다. 지난 세대에 한국은 인상적인 발전을 거듭하면서 세계를 주도하는 경제국가 반열에 올라 세상을 깜짝 놀라게 했다. 한국은 시장경제를 수용해서 엄청난 부와 번영을 누리게 되었다. 하지만 여러 경제 선진국과 마찬가지로 한국도 근래 들어서면서 경제의 성공에 부수적으로 생겨난 난제로 고민하고 있다. 따라서 증가하는 각종 불만들을 어떻게 완화할지, 공정한 사회를 어떻게 구축할지, 시장가치가 가족·지역사회·공공선을 훼손하거나 잠식하지 못하게 하려면 어떻게 해야 할지에 대한 해답을 찾아야 한다.

『돈으로 살 수 없는 것들』은 바로 이러한 난제들을 다루고 있다. 이 책은 가정생활을 비롯해 개인이 맺는 관계·교육·건강·환경·시민생활·스포츠·심지어 삶과 죽음의 문제에서 돈과 시장이 차지하는 적절한 역할을 놓고 토론하도록 독자를 격려한다. 우리는 시장이 공공선에 기여할 수 있는 영역과 시장논리를 적용하면 안 되는 영역을 어떻게 결정할 것인가? 모두가 거래 대상이 되는 사회를 만들지 않고서도 시장체제가 제공하는 최상의 이익까지 누릴 수 있으려면 어떻게 해야 할까? 나는 이 책에 실린 윤리적 딜레마와 이것이 민주 사회에 던지는 질문에 한국인이 어떻게 반응할지 궁금하다.

이 책을 출간하는 (주)미래엔에 진심으로 감사한다. 김영진 사장님, 김군호 부사장님, 출판본부의 유능한 직원들은 처음부터 이 책에 신뢰를 보여주었고 책의 내용이 한국의 상황에 매우 시의적절하다고 여겼다. 『돈으로 살 수 없는 것들』이 미국과 영국은 물론 한국에서도 동시에 출간될 수 있어서 무척 기쁘다. 이 책이 밑거름이 되어 우리 사회가 직면한 최대의 윤리적 문제를 둘러싸고 세계인 모두가 대화할 수 있는 계기가 마련되기를 희망한다. 그렇게 된다면 우리는 서로에게서 배울 수 있고 서로 결속하고 존중하면서 시대가 안고 있는 난제를 풀어나갈 수 있을 것이다.

마이클 샌델
2012년 4월 하버드대학교에서

들어가는 말

이 책의 뿌리는 오래 전으로 거슬러 올라간다. 나는 대학교 재학시절부터 경제학에 담긴 규범적 의미에 흥미를 느꼈다. 또한 1980년 하버드대학교에서 교수 생활을 시작한 직후부터 학부생과 대학원생에게 시장과 도덕의 관계를 가르치면서 줄곧 이러한 주제를 연구해왔다. 나는 하버드대학교 법학대학에서 법대 학생들과 정치이론·철학·경제학·역사 등을 전공하는 박사과정의 학생들에게 윤리학·경제학·법학을 강의하고 세미나를 이끌고 있다. 세미나에서는 이 책에 수록한 주제의 대부분을 다루고, 세미나를 수강하는 여러 뛰어난 학생들에게 나 또한 많이 배우고 있다.

또한 이 책에서 다룬 주제를 중심으로 하버드대학교 동료 교수들과 협력하여 강의하는 혜택을 누리기도 했다. 2005년 봄 학기에는 로렌스 서머스(Lawrence Summers)와 함께 '세계화와 세계화 비판'이라는 과목을 개설해 가르쳤다. 이 수업에서는 자유시장 원칙을 세계화에 적용할 때 얻을 수 있는 도덕적·정치적·경제적 이익을 둘러싸고 열띤 논쟁이 벌어졌다. 친구인 토머스 프리드먼(Thomas Friedman)이 몇 차례 특강을 이끌면서 자주 로렌스 편에 서서 논쟁을 벌이기도 했다. 이 자리를 빌려 이 두 사람과 데이비드 그루얼(David Grewal)에게 감사의 말을 전한다. 데이비드는 정치이론을 전공하는 대학원생으로 지금은 예일대학교 법학대학의 스타 교수로 부상하고 있다. 그의 도움을 받아 경제학적 사고의 역사를 배울 수 있었고 토머스와 로렌스를 상대로 지적인 싸움을 벌일 수 있는 준비를 갖출 수 있었다.

2008년 봄에는 벨기에의 루뱅가톨릭대학교(Université catholique de Louvain) 소속의 철학자로 하버드대학교를 방문했던 필리페 반 파레이스(Philippe van Parijs), 아마르티아 센(Amartya Sen)과 함께 대학원에서 '윤리학과 경제학 그리고 시장'이라는 과목을 가르쳤다. 우리 셋은 정치적 견해가 전반적으로 비슷했지만 시장에 관해서는 상당히 달랐기 때문에 토론하는 과정에서 많이 배울 수 있었다. 수업을 같이 진행하지는 않았지만 리처드 터크(Richard Tuck)와도 여러 해에 걸쳐 경제학과 정치이론에 관해 토론하면서 늘 지식을 풍부하게 늘리고 깨달음을 얻을 수 있었다.

학부생을 대상으로 개설한 정의에 관한 수업에서도 이 책에서 서술한 주제를 살펴보고 있다. 수업에는 하버드대학교에서 경제학 입문을 강의하는 그레고리 맨큐(Gregory Mankiw)를 몇 차례 초청해서 시장논리와 도덕적 논리에 대해 토론한다. 경제학자와 정치철학자가 품고 있는 사회적·경제적·정치적 문제에 대한 서로 다른 사고방식을 부각시켜준 맨큐에게 이 자리를 빌려 감사드린다. 내 친구로 경제학 논리를 법에 적용하는 분야의 선구자인 리처드 포스너(Richard Posner)는 정의를 주제로 하는 내 수업에 두 차례 참석해서 시장의 도덕적 한계에 대해 토론을 벌였다. 몇 해 전 리처드는 시카고대학교에서 오래 전부터 게리 베커(Gary Becker)와 함께 주도해온 합리적 선택 세미나에 나를 초청했다. 이 세미나는 경제학적 접근방법을 전 영역으로 확산하는 출발점이기도 하다. 시장 중심 사고가 인간행동의 단초라고 강하게 믿고 있는 청중들 앞에서 내 주장을 시험해볼 수 있는 인상적인 기회였다.

이 책에 구체화된 논쟁이 맨 처음 형태를 갖추기 시작한 계기는 1998년 옥스퍼드대학교 브레이스노즈 컬리지(Brasenose College)에서 열렸던 '인간 가치에 관한 태너 강의'였다. 이 프로젝트는 초기 단계에 2000~2002년 뉴욕 카네기사의 카네기 연구재단(Carnegie Scholars Program)에서 연구에 절대적으로 필요한 기금을 지원받았다. 인내와 호의를 베풀어주고 초지일관 나를 지지해준 바르탕 그레고리안(Vartan Gregorian), 패트리샤 로젠필드(Patricia Rosenfield), 헤더 매케이(Heather McKay)에게 깊이 감사드린다.

또한 하버드대학교 법학대학에서 열렸던 하계교수워크숍에서도 도움을 받았다. 지적 호기심이 풍부한 동료 교수들에게 프로젝트의 일부를 시도해볼 수 있었기 때문이다. 2009년 BBC 라디오 4의 초청으로 리스 강연(Reith Lectures, 공영 방송사로서 BBC의 틀을 확립한 초대회장 리스 경의 업적을 기리기 위해 해마다 진행하는 라디오 프로그램-옮긴이)에 출연한 일을 계기로 시장이 지닌 도덕적 한계에 관한 주장을 일반 청중들이 이해할 수 있는 언어로 전달하는 경험을 쌓았다. 강연의 전반적인 주제는 '새로운 시민의식'이었지만 네 편 중 두 편에서 시장과 도덕에 관한 내용을 다루었다. 매우 즐겁게 강연을 진행할 수 있게 도와주었던 마크 톰슨(Mark Thompson), 마크 다마저(Mark Damazer), 모히트 바카야(Mohit Bakaya), 기네스 윌리엄스(Gwyneth Williams), 수 로울리(Sue Lawley), 수 엘리스(Sue Ellis), 짐 프랭크(Jim Frank)에게 깊이 감사한다.

이 책은 파라 스트라우스 앤드 지로(Farrar, Straus and Girou, FSG) 출판사를 통해 출간한 두 번째 책으로 조너선 갈라시(Jonathan Galassi)와 그가 이끄는 멋진 팀의 구성원인 에릭 친스키(Eric Chinski), 제프 세로이(Jeff Seroy), 케이티 프리먼(Katie Freeman), 라이언 채프먼(Ryan Chapman), 데브라 헬팬드(Debra Helfand), 캐런 메인(Karen Maine), 신시아 머먼(Synthia Merman), 타의 추종을 불허하는 최고 편집자 폴 엘리(Paul Elie)에게 다시 한 번 빚을 졌다. 시장의 압박으로 출판 사업에 오랫동안 검은 그림자가 드리운 시기에도 FSG 사람들은 출판을 상품이 아닌 소명으로 생각한다. 그러한 점에서는 내 출판 대리인 에스더 뉴버그(Esther Newberg)도 마찬가지다. 그들 모두에게 진심어린 감사의 말을 전한다.

누구보다 가족에게 깊이 감사한다. 저녁 식사를 하고 가족 여행을 하는 동안 내가 시장에 얽힌 윤리적 딜레마를 새로이 제시할 때마다 두 아들 애덤과 애론은 항상 도덕적 사고가 담긴 날카로운 답변을 해주었다. 늘 그렇듯 우리 세 부자는 누구 견해가 옳은지 가려달라고 아내 키쿠(Kiku)에게 시선을 돌렸다. 사랑의 마음을 담아 이 책을 아내에게 바친다.

마이클 샌델

차례

추천사 ▪ 5
한국어판 서문 ▪ 8
들어가는 말 ▪ 10

서론 시장과 도덕 ▪ 17

시장지상주의 시대 : 거래 만능 시대 : 시장의 역할에 대해 다시 생각하기

1 새치기 ▪ 35

우선 탑승권 : 렉서스 차로 : 대리 줄서기 사업 : 진료 예약권 암거래 : 전담 의사 제도 : 새치기의 시장논리 : 시장 대 줄서기 : 시장과 부패 : 암표 거래는 무엇이 잘 못일까? : 줄서기의 도덕

2 인센티브 ▪ 69

불임시술을 장려하기 위한 현금보상 : 삶에 접근하는 경제학적 방법 : 성적이 좋은 학생에게 주는 상금 : 건강 유지를 위한 뇌물 : 왜곡된 인센티브 : 벌금 대 요금 : 검은코뿔소 사냥권 구매 : 바다코끼리 사냥권리 : 인센티브와 도덕적 혼란

3 시장은 어떻게 도덕을 밀어내는가 · 133

돈으로 살 수 있는 것과 살 수 없는 것 : 대리 사과 서비스와 결혼식 축사 판매 : 선물 교환에 반하는 경제적 논리 : 선물의 현금화 : 돈으로 구입한 명예 : 시장을 둘러싼 두 가지 반박 : 비시장 규범 밀어내기 : 핵 폐기장 : 기부의 날, 그리고 아이를 늦게 데리러 오는 부모들 : 상품화 효과 : 혈액 판매 : 시장에 대한 신념을 둘러싼 두 가지 입장 : 사랑의 경제화

4 삶과 죽음의 시장 · 181

청소부 보험 : 생명을 담보한 도박, 말기환금 : 데스풀 : 도덕적 측면에서 본 생명보험의 간략한 역사 : 테러리즘 선물시장 : 타인의 생명 : 사망 채권

5 명명권 · 223

사인의 거래 : 경기 이름 : 스카이박스 : 머니볼 : 광고의 자리 : 상업주의의 문제는 무엇일까? : 시정 마케팅 : 스카이박스화

주 · 277
해제 · 311
찾아보기 · 328

서론

시장과 도덕

MARKETS
&
MORALS

세상에는 돈으로 살 수 없는 것들이 있다. 하지만 요즘에는 그리 많이 남아있지 않다. 모든 것이 거래 대상이 되고 있기 때문이다. 몇 가지 예를 들어보자.

- **교도소 감방 업그레이드** | 1박에 82달러
  캘리포니아 주 산타아나 시를 포함한 일부 도시에서는 폭력범을 제외한 교도소 수감자들이 추가 비용을 지불하면 깨끗하고 조용하면서, 다른 죄수들과 동떨어진 개인 감방으로 옮길 수 있다.[1]

- **나 홀로 운전자가 카풀차로 이용하기** | 러시아워에는 8달러
  미니애폴리스를 포함한 일부 도시는 교통체증을 완화하기 위한 노력의 일환으로 나 홀로 운전자에게 돈을 내고 카풀차로를 이용하도록 허용한다. 요금은 교통량에 따라 다르다.[2]

- 인도인 여성의 대리모 서비스 | 6250달러

 인도에서 대리모를 구하는 서구 부부들이 점차 늘어나고 있다. 인도는 대리모 임신이 합법인 데다가 비용도 미국의 3분의 1 이하이기 때문이다.³

- 미국으로 이민하는 권리 | 50만 달러

 실업률이 높은 지역에 50만 달러를 투자해서 최소한 열 군데의 일자리를 만드는 외국인은 미국 영주권을 받을 수 있다.⁴

- 멸종위기에 놓인 검은코뿔소를 사냥할 권리 | 15만 달러

 남아프리카공화국에서는 목장주들이 멸종위기에 놓인 동물을 사육하고 보호하도록 장려하기 위해, 사냥꾼들에게 제한된 수의 코뿔소를 사냥할 권리를 팔 수 있게 허용하기 시작했다.⁵

 (이렇게 하면 목장주들이 검은코뿔소의 공급을 늘리기 위해 이를 번식시키고 사육하는 동시에 밀렵꾼으로부터 보호하리라는 판단에서 시행하기 시작한 정책이다 – 옮긴이)

- 의사의 휴대전화 번호 | 연간 1500달러 이상

 점차 많아지는 '전담 진료' 의사들은 1500달러에서 2만 5천 달러까지 연회비를 기꺼이 지불하는 환자들에게 자신의 휴대전화 번호를 알려주고 전화한 당일 진료를 받을 수 있는 서비스를 제공한다.⁶

- 대기에 탄소를 배출할 권리 | 1톤에 13유로

 유럽연합은 탄소배출 시장을 운영해서 기업들이 탄소배출권을 사고팔 수 있게 한다.⁷

- 자녀의 명문대 입학허가 | 가격 미정
  가격이 정해져 있지는 않지만 일부 명문대 관계자가 《월스트리트 저널》에 밝힌 사실에 따르면, 학생이 자격미달이어도 부모가 부유해서 상당한 금액을 대학에 기부한다면 입학을 허락한다고 한다.[8]

누구나 이러한 것들을 살 수 있는 경제적 여유가 있는 것은 아니다. 하지만 요즈음은 돈을 벌 수 있는 새로운 방법이 많다. 돈을 좀 벌어야겠다면 여기 몇 가지 가능성이 있다.

- 이마나 신체 일부를 임대하여 상업용 광고를 게재하라 | 777달러
  에어뉴질랜드(Air New Zealand)는 30명을 고용해 머리를 밀게 하고 "기분전환이 필요하세요? 뉴질랜드로 오세요"라는 광고문구를 뒤통수에 일회용 문신으로 새겨넣었다.[9]

- 제약회사의 약물 안전성 실험대상이 되라 | 7500달러
  제약회사의 약물 효과 실험이 피실험자의 신체와 생활에 미치는 영향과 불편 정도에 따라 보수는 늘어날 수도, 줄어들 수도 있다.[10]

- 민간 군사기업에 고용되어 소말리아나 아프가니스탄 전투에 참가하라 | 매달 250달러에서 매일 1천 달러까지
  자질과 경험, 국적에 따라 보수가 다르다.[11]

- 의회 공청회를 참관하려는 로비스트를 대신해 국회의사당 앞에서 밤새 줄을 서고 좌석을 확보하라 | 시간당 15~20달러
  로비스트들은 노숙자 등을 고용하여 대리 줄서기 서비스를 제공하

는 회사에 비용을 지불한다.[12]

- 학력이 부진한 댈러스 소재 학교에 다니는 2학년 학생이라면, 책을 읽어라 | 2달러
  댈러스 소재 학교들은 독서를 권장하기 위해 책을 한 권 읽을 때마다 학생들에게 돈을 지급한다.[13]

- 비만이라면, 4개월 안에 체중 6킬로그램 감량하라 | 378달러
  기업과 건강보험회사는 체중 감량이나 건강에 좋은 활동을 장려하기 위해 금전적 보상을 한다.[14]

- 아프거나 나이 든 사람이 가지고 있는 생명보험 증권을 사서, 피보험자가 살아 있는 동안 보험료를 불입하고 그들이 사망하면 사망보험금을 수령하라 | 보험 종류에 따라 수백만 달러에 이를 수도 있다.
  얼굴도 모르는 사람의 생명을 상대로 벌이는 이런 형태의 돈벌이가 300억 달러짜리 산업이 되어가고 있다. 피보험자가 일찍 사망할수록 투자자의 수익은 올라간다.[15]

우리는 거의 무엇이든 사고팔 수 있는 시대에 살고 있다. 지난 30여 년을 거치면서 시장 및 시장가치가 유례없이 현대인의 삶을 지배하게 되었다. 그렇다고 우리가 이런 상황을 깊이 생각하고 선택한 것은 아니다. 그러한 상황은 거의 저절로 생겨난 것 같다.

냉전이 끝나면서 시장과 시장 중심의 사고방식은 무엇과도 견줄 수 없을 만큼 대단한 위세를 떨쳤고 또 그럴 만도 했다. 재화의 생산과 유통을 조직화하는 어떤 메커니즘도 시장만큼 성공적으로 풍요와 번영

을 이끌어내지 못했기 때문이다. 하지만 자국 경제를 운영하기 위해 시장 메커니즘을 수용하는 국가가 전 세계적으로 늘어나면서 전에 없던 현상이 일어나고 있다. 시장가치가 사회생활에서 차지하는 역할이 더욱 커지고 있는 것이다. 경제학이 제왕의 지위를 차지하고 있다. 사고 판다는 논리가 더 이상 물질적 재화에만 적용되지 않고 점차 현대인의 삶 전체를 지배하기 시작했다. 따라서 이제 우리는 과연 이렇게 살고 싶은지 자문해봐야 할 때다.

시장지상주의 시대

2008년 금융위기가 터지기 전까지 수년 동안은 시장에 관한 신념과 규제완화로 특징지을 수 있는 격렬한 시대, 즉 시장지상주의(Market Triumphalism) 시대였다. 이 시대는 1980년대 초 로널드 레이건(Ronald Reagan)과 마거릿 대처(Margaret Thatcher)가 번영과 자유로 향하는 열쇠는 정부가 아닌 시장이 쥐고 있다는 신념을 선언하면서 시작했다. 그 후 이러한 신념은 빌 클린턴(Bill Clinton)과 토니 블레어(Tony Blair)의 시장 우호적 자유주의와 더불어 1990년대에도 유지되었다. 두 사람은 시장이 공익을 달성하는 주요 수단이라는 신념을 온건한 형태로 더욱 강화시켰다.

하지만 오늘날 이러한 신념은 의심의 화살을 맞고 있다. 시장지상주의 시대는 막을 내린 것이다. 금융위기가 발생하자, 시장이 과연 위험을 효율적으로 분산하는 능력을 가졌는가에 대해 의심받는 정도에 그치지 않았다. 시장이 도덕에서 분리되고 있다는 인식이 널리 퍼지면서 시장과 도덕을 다시 연결해야 한다는 목소리가 커졌다. 하지만 이러한 인식과 주장이 무슨 의미인지, 이에 관해 우리가 무엇을 해야 할지는 분명하지 않다.

어떤 사람들은 시장지상주의의 핵심에 담긴 도덕적 결점은 탐욕이고, 이 때문에 무책임하게 위험을 무릅쓰는 사태가 발생했다고 주장한다. 이러한 견해대로라면 해결책은 탐욕을 억제하고, 은행가와 월가의 중역들에게 더욱 품위있고 책임감 있게 행동하라고 촉구하고, 합리적인 규제안을 마련해 유사한 위기가 재발하지 않도록 예방하는 것이다.

하지만 이는 기껏해야 부분적인 진단에 불과하다. 금융위기가 발생하는 데 분명 탐욕이 큰 역할을 했지만 무언가 더욱 큰 원인이 도사리고 있다. 지난 30여 년 동안 발생한 가장 치명적인 변화는 탐욕의 증가가 아니었다. 그것은 바로 시장과 시장가치가 원래는 속하지 않았던 삶의 영역으로 팽창한 것이다.

이러한 상황에 맞서려면 우리는 탐욕을 비난하는 것 이상의 조치를 취해야 한다. 시장이 사회에서 행사하는 역할에 관해 다시 생각해봐야 하는 것이다. 시장의 본분을 유지하게 하는 것이 무엇을 의미하는지에 대한 공적 논의가 필요하다. 그러려면 시장이 지닌 도덕적 한계를 곰곰이 생각해볼 필요가 있다. 돈으로 사서는 안 되는 것이 있는지 질문을 던져야 한다.

전통적으로 비시장 규범이 지배하던 삶의 영역으로 시장과 시장 지향적 사고가 확산하는 현상은 현대에 발달된 가장 두드러진 모습 중 하나다.

영리를 추구하는 학교와 병원과 교도소가 늘어나고 전쟁을 민간군사

기업에 위탁하는 현상이 확산되고 있는 현실을 생각해보라. 이라크와 아프가니스탄에서는 민간군사기업의 수가 미국 군대의 수를 앞질렀다.[16]

민간경호업체가 늘어나면서 공공 경찰이 약화되는 현상을 생각해보라. 특히 미국과 영국에서는 사설 경호원의 수가 공공 경찰관의 두 배를 넘어섰다.[17]

또는 제약회사가 (의사의 처방전이 필요한 약을) 부유한 국가의 소비자들에게 적극적으로 광고하는 현상을 생각해보라. 미국 저녁 뉴스 시간대에 나오는 텔레비전 광고를 보면 세계 최대의 건강 위기는 말라리아도 사상충증(강에 사는 일부 파리의 기생충을 통해 감염되어 실명할 수도 있는 열대 피부병—옮긴이)도 수면병도 아닌, 발기부전증의 만연이라는 생각이 든다.

상업적 광고가 공립학교로 확산되고 있는 현상도 생각해보자. 또한 공원이나 대중적 공간에 '이름을 붙이는 권리(명명권)'의 판매, 인공수정용 '맞춤' 난자와 정자의 마케팅, 개발도상국의 대리모를 통한 임신 외주, 기업과 국가가 주도하는 공해배출권 거래, 선거권의 거래 허용이나 마찬가지인 선거자금법 등을 생각해보라.

건강·교육·공공안전·국가보안·사법체계·환경보호·스포츠와 여가활동·임신과 출산, 그 밖의 기타 사회적 재화에 시장논리가 개입하는 현상은 30년 전에는 대부분 들어본 적이 없는 것들이다. 하지만 오늘날 우리는 이러한 현상을 대부분 당연하게 받아들이고 있다.

거래 만능 시대

우리가 모든 것을 사고팔 수 있는 사회를 향해 나아가고 있다는 사실을 걱정하는 이유는 무엇일까?

두 가지 이유를 생각해볼 수 있다. 바로 불평등과 부패다. 우선 불평등에 관해 생각해보자. 모든 것이 거래 대상인 사회에서 생활하기란 재산이 넉넉하지 않은 사람에게는 더욱 힘들다. 따라서 돈으로 살 수 있는 대상이 많아질수록 우리가 부유한지 가난한지가 더욱 중요해진다.

부유함이 지닌 유일한 장점이, 요트나 스포츠카를 사고 환상적인 휴가를 즐길 수 있는 능력을 갖추는 것이라면 수입과 부의 불평등은 그다지 중요한 문제가 아닐 것이다. 하지만 정치적 영향력, 좋은 의학치료, 범죄의 온상이 아닌 안전한 이웃에 자리한 주택, 학력 저하를 보이는 학교가 아닌 엘리트 학교 입학 등을 포함해서 돈으로 살 수 있는 대상이 점차 많아지면서 수입과 부의 분배가 점점 커다란 문제로 떠오르고 있다. 좋은 것이라면 무엇이든 사고파는 세상에서는 돈이 모든 차별의 근원이 되기 때문이다.

지난 수십 년이 빈곤 가정과 중산층 가정에 특히 가혹했던 것도 바로 이러한 이유 때문이다. 그동안 빈부 격차가 커졌을 뿐 아니라, 모든 것의 상품화로 인해 돈이 더욱 중요해지면서 불평등 때문에 발생하는 고통이 깊어지고 있다.

모든 것을 거래 대상으로 삼기를 주저해야 하는 두 번째 이유는 설명하기가 더욱 어렵다. 두 번째 이유는 불평등과 공정성이 아니라 시장의 부패 성향에 관한 것이다. 삶 속에 나타나는 좋은 것에 가격을 매기는 행위는 그것을 오염시킬 수 있다. 시장이 단순히 재화를 분배하는 역할에만 머물지 않고, 교환되는 재화에 대해 어떤 태도를 드러내면서 부추기기 때문이다. 아이들에게 돈을 주어 책을 읽게 하는 행위는, 아이들을 독서에 힘쓰게 만들지는 모르나 독서를 내재적 만족의 원천이 아니라 일종의 노동으로 여기도록 한다. 대학의 입학허가를 경매에 부쳐 최고 입찰자에게 파는 행위는 대학 재정에 보탬이 될지는 모르나 대학의 품위와 대학입학의 가치를 해칠 수 있다. 자국의 전쟁에 외국인 용병을 투입하는 행위는 자국민의 생명을 구할지는 모르나 시민정신의 의미를 퇴색시킨다.

경제학자들은 시장은 교환되는 재화에 영향을 미치지 못한다고 생각하는 경우가 많다. 하지만 이것은 사실이 아니다. 시장은 흔적을 남긴다. 때때로 시장가치는 우리가 관심을 기울여야 하는 비시장가치를 밀어내기도 한다. 물론 우리가 관심을 기울여야 하는 가치가 무엇인지, 어째서 관심을 기울여야 하는지에 관한 의견은 분분하다. 따라서 돈으로 살 수 있는 것과 살 수 없는 것이 무엇인지 결정하기 위해서는 사회적 삶과 시민생활을 구성하는 다양한 영역을 어떤 가치로 지배해야 하는지 판단해야 할 것이다. 이러한 문제를 사색할 방법을 제시하는 것이 바로 이 책의 주제다.

내가 제안하고 싶은 대답을 미리 정리하자면 이렇다. 특정 재화를 사고팔아도 무방하다고 결정할 때, 우리는 최소한 은연중이라도 그것을 상품으로, 즉 이윤을 추구하고 사용하기 위한 도구로서 다루는 것이 적절하다고 판단한 것이다. 하지만 이러한 방식으로 모든 재화의 가치를 적절하게 평가할 수는 없다.[18] 가장 분명한 예로 인간을 들 수 있다. 노예제도는 인간을 경매에서 사고팔 수 있는 상품으로 다루었기 때문에 끔찍했다. 이는 적절한 방식으로 인간의 가치를 인정하지 않는 태도다. 다시 말해 인간을 존엄하고 존중 받을 가치가 있는 존재로 인정하지 않고 이익을 얻기 위한 도구와 사용 대상으로 여긴 것이다.

다른 귀중한 재화와 관행에 대해서도 마찬가지다. 아동을 시장에서 거래하는 행위는 허용되지 않는다. 설사 구매자가 아동을 학대하지 않더라도 아동시장은 아동의 가치를 올바르지 않게 평가하는 방식을 반영하고 그렇게 하도록 부추길 것이다. 아동은 사랑과 보살핌을 받을 존재이지, 소비 재화로 여겨지는 존재가 되어서는 안 된다. 시민의 권리와 의무에 관해 생각해보자. 배심원으로 요청을 받았다면 다른 사람을 고용해서 자기 대신 법원에 보내지는 않는다. 또한 간절하게 사고 싶어 하는 사람이 있다 하더라도 시민이 선거권을 파는 행위는 용납되지 않는다. 왜 그럴까? 시민의 의무는 개인 재산이 아니라 공공 책임으로 보아야 하기 때문이다. 시민의 권리를 타인에게 위탁하는 것은 그 품위를 손상시키고 잘못된 방식으로 가치를 평가하는 행위다.

이러한 사례는 좀 더 폭넓은 관점을 설명한다. 삶 속에 나타나는 좋은 것은 상품화하면 변질되거나 저평가된다. 시장에 속한 영역이 무엇인지, 시장과 거리를 두어야 할 영역이 무엇인지 판단하려면, 해당 재화, 즉 건강·교육·가정생활·자연·예술·시민의 의무와 같은 재화의 가치를 평가하는 방법을 결정해야 한다. 이는 단순히 경제적인 문제에 그치지 않고 도덕적이면서 정치적인 문제다. 이 문제를 해결하려면 사례별로 이러한 재화의 도덕적 의미와 재화 가치의 적절한 평가방법에 관해 토론을 벌여야 한다.

시장지상주의 시대에는 이러한 토론이 이루어지지 않았다. 그 결과,

이러한 문제를 제대로 인식하지 못하는 사이에, 그렇게 하겠다고 결정하지도 않은 채, 우리는 시장경제를 가진(having a market economy) 시대에서 시장사회를 이룬(being a market society) 시대로 휩쓸려왔다.

두 개념의 차이는 이렇다. 시장경제는 생산활동을 조직하는 소중하고 효과적인 도구다. 이에 반해서 시장사회는 시장가치가 인간활동의 모든 영역에 스며들어간 일종의 생활방식이다. 시장사회에서는 시장의 이미지에 따라 사회관계가 형성된다.

현대 정치학이 놓치고 있는 가장 큰 문제는 시장의 역할과 그 영향력의 범위에 관한 논의다. 우리는 시장경제를 원하는가 아니면 시장사회를 원하는가? 공공생활과 개인 관계에서 시장은 어떤 역할을 맡아야 할까? 어떤 재화를 사고팔아야 할지, 어떤 재화가 비시장가치의 지배를 받아야 할지는 어떻게 판단할 수 있을까? 돈의 논리가 작용하지 말아야 하는 영역은 무엇일까?

이것이 이 책에서 다루고자 하는 문제들이다. 이러한 질문들은 올바른 사회와 올바른 삶에 대해 이론의 여지가 있는 의견들을 다루고 있으므로 이 책에서 결정적인 해답을 제시하겠다고 약속할 수는 없다. 하지만 최소한 이 책이 이러한 질문에 대한 공적 토론의 장을 마련하고 그에 대해 숙고할 철학적 틀을 제공하기를 바란다.

시장의 역할에 대해 다시 생각하기

시장의 도덕성에 대한 중요한 문제들을 고민해볼 필요가 있다는 데 동의해도, 우리의 공적 담론이 그러한 역할을 제대로 해낼 수 있을지 의문이 들 수 있다. 이것은 합당한 우려다. 시장의 역할과 영향력을 재고하려는 그 어떤 노력이든 두 가지 위협적 방해요소를 인지하는 데서 시작해야 한다.

한 가지 방해요소는 최악의 경제 실패(1929년 10월에 있었던 주가급락과 이에 따른 경제공황을 말한다-옮긴이)를 겪고 80년이 흐른 후에도 계속되고 있는 시장 중심적 사고의 영향력과 권위다. 두 번째 방해요소는 공적 담론에서 표출된 증오와 공허감이다. 이 두 가지는 서로 완전히 무관하지 않다.

첫 번째 요소는 수수께끼다. 2008년에 발생한 금융위기는 당시 30여 년 동안 만연했던 시장을 비판 없이 수용하는 정치권의 태도에 대한 도덕적 심판으로 널리 받아들여졌다. 한때 절대적 영향력을 행사했던 월가의 금융기업들이 붕괴 직전에 이르고, 납세자의 부담으로 막대한 규모의 구제금융이 요구되면서, 시장에 관한 재고가 확실하게 이루어질 것으로 보였다.

미국 연방준비제도이사회(U.S. Federal Reserve Board, FRB) 의장으로 시장지상주의 신념을 지키는 대제사장 역할을 했던 앨런 그린스펀(Alan Greenspan)조차 자본시장에 스스로 규율하는 힘이 있다고 믿었던 자신의 경제관이 잘못되었다는 사실을 깨닫고 '믿기지 않는 충격'에 빠졌다고 시인했다.[19] 자유시장경제를 강력하게 옹호하는 영국 경제전문지 《이코노미스트》도 진흙탕에 빠진 경제학 서적을 표지에 싣고 "경제, 무엇이 문제인가?(What went wrong with economics?)"라는 표제를 달았다.[20]

시장지상주의 시대는 통렬한 최후를 맞았다. 지금은 확실히 시장에 대해 냉철하게 재고하고 도덕적으로 판단해야 하는 시대다. 하지만 상황은 그러한 방향으로 전개되지 않고 있다.

금융시장의 극적인 실패로도 시장을 향한 신념은 일반적으로 거의 꺾이지 않았다. 사실상 금융위기로 은행보다는 정부가 신용을 잃었다. 2011년 조사 결과에 따르면 미국인들은 국가가 직면한 경제 문제를 놓고 두 배 이상의 차이로 월가의 금융기관보다 연방정부를 비난했다.[21]

금융위기는 미국과 세계경제를 대공황 이후 최악의 경기침체 상태로 몰아넣었고, 수백만 명에 이르는 실업자를 양산했다. 그러나 이는 시장에 관한 근본적인 재고를 촉구하진 못했다. 오히려 미국에서는, 정부를 향해 적대감을 품고 자유시장을 포용함으로써 로널드 레이건도 낯 뜨거워했을 '티 파티 운동(Tea Party movement, 2009년에 미국에서 시작한 보수주의 정치운동. 오바마 행정부의 의료보험 개혁정책, 사회보장제도 등을 비판하며 중산층과 부자를 위한 감세운동을 했다—옮긴이)'이 가장 주목할 만한 정치적 결과로 나타났다.

2011년 가을에 시작한 '월가 점령시위(Occupy Wall Street movement)'를 계기로 미국과 전 세계 도시에서 시위가 일어났다. 이러한 시위는 대형 은행과 기업 권력을 표적으로 삼으면서 수입과 부의 불평등이 고조되고 있는 현상을 규탄했다. 이념적 뿌리는 다르지만 티 파티 운동과 월가 점령시위로 정부의 구제금융에 반대하는 포퓰리즘 운동가들의 분노에 목소리가 실렸다.[22]

이렇듯 항의의 목소리가 드셌는데도 정작 정치계에서는 시장의 역할과 영향에 관한 진지한 토론이 대체로 이루어지지 않고 있다. 오랫동안 그래왔듯 민주당과 공화당은 과거보다 더욱 당파에 치우쳐서 영감을 주지도, 설득력을 지니지도 못한 채 세금·지출·재정적자에 관해 논쟁을 벌이고 있다. 정치 시스템이 공익을 위해 작용하지 못하고 가장 중요한 문제들을 표명하지도 못하는 데 대한 시민들의 실망감이 커지면서 정치에 대한 환멸이 깊어지고 있다.

공적 담론이 처한 위태로운 상황은 시장의 도덕적 한계에 관한 토론을 방해하는 두 번째 요소다. 정치적 논쟁이라는 이름으로 텔레비전 프로그램에서 아귀다툼을 벌이고, 라디오 토크쇼에서 당파에 치우쳐 신랄한 비판을 주고받거나, 의회 바닥에서 이념적인 밥그릇 싸움을 벌이는 행위가 주를 이루는 시대에는, 이렇듯 논쟁의 여지가 있는 도덕적 질문을 놓고 논리에 근거한 공적 토론을 벌이는 것이 임신과 출산·아동·교육·건강·환경·시민권, 그 밖의 재화의 가치를 평가하는 올바른 방식이라고 생각하기 어렵다. 그럼에도 나는 이러한 토론이 가능할 뿐 아니라 공적 생활에 활력을 불어넣으리라 믿는다.

어떤 사람들은 악의에 찬 정치판에 도덕적 신념이 범람한다고 말한다. 너무 많은 사람이 자기 신념을 지나치게 굳건하고 요란하게 믿으며 타인에게 그 신념을 강요하고 싶어한다는 뜻이다. 이는 우리가 맞이한 곤경을 잘못 해석한 것이다. 현대 정치는 도덕적 논쟁이 지나치게 많아서가 아니라 지나치게 적어서 문제다. 오늘날 정치판은 도덕적·정신적 내용이 거의 비어 있기 때문에 과열되어 있다. 또한 사람들이 관심을 기울이는 중대한 질문에 적극적으로 개입하는 데 실패하고 있다.

현대 정치에서 도덕의 부재를 나타내는 증거는 많다. 한 가지는 공적 담론에서 좋은 삶에 대한 개념을 추방하려는 시도다. 우리는 종종 당파 분쟁을 피하고 싶은 마음에서, 시민이 공공의 장에 들어오면 자신의 도덕적·정신적 신념을 접어야 한다고 주장한다. 하지만 의도가 좋더라도 좋은 삶에 관한 논의를 정치 영역에서 받아들이기를 주저한다면, 시장지상주의로 향하는 동시에 시장논리를 계속 유지하는 길을 닦는 셈이다.

또한 시장논리는 그 나름의 방식으로 공공생활에서 도덕적 논쟁을 결여시킨다. 시장이 지닌 매력 중 하나는 스스로 만족하는 선택에 판단을 내리지 않는다는 점이다. 시장은 재화의 가치를 평가하는 방식이 다른 것보다 기준이 높은지, 혹은 더 가치가 있는지 따지지 않는다. 누군가 섹스를 하거나 간을 이식받는 대가로 기꺼이 돈을 지불하고 여기에 동의한 성인이 기꺼이 팔고자 한다면, 경제학자가 던질 수 있는 유일한 질문은 "얼마죠?"일 뿐이다. 시장은 고개를 가로젓지 않을 것이다. 시장은 훌륭한 선택과 저급한 선택을 구별하지 않는다. 거래하는 쌍방은 교환 대상에 어떤 가치를 둘지 스스로 판단할 뿐이다.

이렇듯 재화에 대한 가치판단이 배제된 태도가 시장논리의 핵심이며, 시장이 지닌 매력을 상당 부분 설명해준다. 하지만 시장을 포용하면서 도덕적·정신적 논쟁을 꺼리는 태도 때문에 우리는 무거운 대가를 치르고 있다. 이러한 태도가 공적 담론에서 도덕적 에너지와 시민의 에너지를 고갈시키고, 오늘날 많은 사회를 괴롭히는 기술관료 지향의 경영정치가 발달하도록 부추기기 때문이다.

시장의 도덕적 한계에 대한 논의는 우리가 한 사회의 구성원으로서, 시장이 공익에 기여할 수 있는 영역은 어디인지, 시장논리가 속할 수 없는 영역은 어디인지 판단할 수 있도록 할 것이다. 또한 좋은 삶에 관해 대립되는 개념들을 공공의 장에 받아들임으로써 정치에 활력을 줄 것이다. 이러한 논의가 달리 어떻게 진행될 수 있겠는가? 특정 재화를 사고파는 행위가 그 가치를 퇴색시키거나 손상시킨다는 점에 동의한다면, 그것의 가치를 좀 더 적절하게 평가하는 방식이 존재한다는 것을 믿어야 한다. 부모나 시민의 자격을 갖출 수 있는 좀 더 바람직한 방법이 있다고 생각하지 않는다면, 그 자격에 담긴 가치가 퇴색되었다고 운운하는 것이 이치에 맞다고 할 수 없기 때문이다.

우리가 여전히 목격하는 시장의 한계 뒤에는 이러한 도덕적 판단이 도사리고 있다. 우리는 부모가 자식을 팔거나 시민이 투표권을 팔도록 허용하지 않는다. 그 이유 중 하나는 솔직히 말해서, 이러한 행위에 도덕적 판단이 가해지기 때문이다. 우리는 자녀를 팔거나 투표권을 파는 행위가 이들의 가치를 잘못된 방식으로 평가하고 나쁜 태도를 부추긴다고 믿는다.

시장의 도덕적 한계를 곰곰이 생각해보면 이러한 의문을 피할 수 없다. 따라서 우리가 소중하게 생각하는 사회적 재화를 평가하는 방법에 관해 공적인 방식으로 함께 토의해야 한다. 도덕적으로 더 고무된 공적 담론이 최상의 모습으로 이루어진다 하더라도, 상충하는 모든 의문에 관해 합의점에 도달하리라 기대한다면 어리석은 일일 것이다. 하지만 더욱 건강한 공공생활을 형성할 것이다. 또한 무엇이나 거래의 대상이 되는 사회에서 살아갈 때 치러야 하는 대가를 좀 더 의식하게 될 것이다.

시장의 도덕성에 관해 생각하면 무엇보다 월가의 은행들과 그들의 무모한 비행, 헤지펀드, 구제금융 조치, 규제개혁을 머리에 떠올린다. 하지만 오늘날 우리가 직면한 도덕적·정치적 도전은 이보다 보편적이고 일상적이다. 다시 말해서 사회관습, 인간관계, 일상생활에서 시장의 역할과 영향력에 대해 다시 생각해 보아야 한다.

1

새치기

JUMPING THE QUEUE

'선착순'의 개념이 점차 희미해지고 있다. 약간의 돈만 더 내면 공항 보안검색대든 놀이공원의 인기 놀이기구든 줄을 서서 기다릴 필요 없이 빨리 이용할 수 있기 때문이다. 지불할 수 있는 능력에 따라 재화를 분배하는 시장논리가 '선착순'이라는 전통적 관행에까지 영향을 미치고 있다. 차례대로 줄을 서서 기다리는 미덕이 지니는 가치는 무엇이며 이것이 시장논리에 지배당할 때 어떤 일이 벌어질까?

줄서서 기다리는 것을 좋아하는 사람은 없다. 그래서 이따금 돈을 지불하고 새치기를 하기도 한다. 멋진 음식점에서 지배인에게 팁을 두둑하게 쥐어주면 손님이 많은 저녁 시간이라도 대기 시간을 줄일 수 있다는 것은 오래 전부터 잘 알려진 사실이다. 이러한 팁은 뇌물에 가까워서 은밀하게 다뤄진다. 50달러짜리 지폐를 찔러주는 사람에게 바로 테이블을 내어준다는 표지판은 음식점 어디에도 걸려 있지 않다. 하지만 최근 들어 새치기 권리를 파는 행위가 공공연히 이루어져 낯설지 않은 관행이 되고 있다.

우선 탑승권

공항 보안검색대를 통과하기 위해 길게 줄을 서는 것은 여행을 할 때 치러야 하는 고역이다. 하지만 모든 승객이 뱀처럼 기다랗게 줄을 서서 기다려야 하는 것은 아니다. 일등석이나 비즈니스석 항공권을 구매한 승객은 줄의 맨 앞으로 나가 전용 카운터에서 심사를 받을 수 있다. 영국 항공은 비싼 항공료를 지불하는 승객들이 여권과 입국 심사를 통과하기 위해 줄을 설 필요가 없는 '패스트 트랙(Fast Track)' 서비스를 실시한다.[1]

하지만 일등석을 이용할 만한 경제적 여유가 없는 승객이 대부분이므로, 항공사는 일반석 승객도 '맞춤 특권' 서비스를 구매해서 새치기 자격을 누릴 수 있게 했다. 유나이티드 항공은 덴버를 출발해 보스턴으로 가는 승객이 39달러를 추가로 지불하면 보안검색대 통과와 탑승에 우선권을 부여한다. 영국 런던의 루턴 공항은 훨씬 저렴한 비용으로 우선 탑승권을 판매하고 있다. 공항 보안검색대를 통과하기 위해 기다랗게 줄을 서고 싶지 않은 승객은 3파운드만 지불하면 줄의 맨 앞으로 갈 수 있다.[2]

비판자들은 공항 보안검색대를 우선적으로 통과하는 권리가 매매 대상이 되어서는 안 된다고 주장한다. 엑스트라 레그룸(extra legroom, 일반석 중 다리를 뻗을 수 있는 공간이 충분한 좌석-옮긴이)이나 우선 탑승권 같은 서비스와 달리, 보안검색은 국가 안보의 문제이기 때문에 테러리스트들의 탑승을 막는 데 따르는 부담을 승객 모두가 똑같이 나누어 져야 한다는 것이다. 항공사는 모든 사람이 동일한 수준의 보안검사를 받지만 단지 비용에 따라 기다리는 시간이 다를 뿐이라고 대답한다. 그래서 모든 승객이 동일하게 몸수색을 받는 한, 보안검색대에서 새치기할 권리는 항공사가 자유롭게 팔 수 있어야 한다고 주장한다.[3]

놀이공원도 새치기 권리를 팔기 시작했다. 일반적으로 방문객은 인기 있는 놀이기구를 타거나 볼거리를 즐기려면 몇 시간씩 줄을 서서 기다리기도 한다. 하지만 요즘 유니버설 스튜디오 할리우드(Universal Studio Hollywood)를 비롯한 많은 놀이공원은 줄을 서지 않을 수 있는 방법을 마련하고 있다. 일반 입장료의 두 배가량을 내고 줄의 맨 앞으로 갈 수 있는 허가증을 파는 것이다. '미라의 복수(유니버설 스튜디오에 있는 롤러코스터로 탑승해서 고대 이집트 문화를 경험할 수 있다-옮긴이)'에 앞질러 올라타서 짜릿한 흥분을 맛볼 때 느끼는 도덕적 부담감은 공항 보안검색대를 신속하게 통과할 때보다 적을지 모른다. 하지만 이를 본 사람들은 이러한 행위에 대해 한탄하며 건전한 시민 습관이 변질되었다고 생각한다. 한 논객은 이렇게 말했다. "예전에는 테마 파크로 놀러온 가족들이 민주적 방식으로 줄을 서서 차례를 기다렸다. 이제 놀이공원에서의 줄서기가 평등의 위대한 상징이었던 시대는 지났다."4

흥미롭게도 놀이공원은 자신들이 파는 특별한 권리를 숨길 때가 많다. 일부 공원은 일반 고객의 기분을 상하게 하지 않으려고 단골 고객을 뒷문이나 전용 문으로 안내한다. 어떤 공원은 VIP 고객이 새치기할 때 길을 터주기 위해 에스코트 서비스를 제공한다. 놀이공원이 이렇게 신중하게 행동하는 이유는 놀이공원에서조차 돈으로 새치기 권리를 사는 행위는, 공정함이란 줄을 서서 차례를 기다리는 것이라는 불편한 진실을 거스르기 때문이다.

하지만 유니버설 스튜디오 할리우드의 온라인 입장권 구매사이트에서는 이렇듯 신중한 태도를 찾아볼 수 없다. 구매사이트를 들어가보면 퉁명스럽기 짝이 없는 어조로 '줄의 맨 앞으로 가는 허가증(Front of

Line Pass)'을 149달러에 구매하라고 줄기차게 권한다. "모든 놀이기구, 쇼, 볼거리를 줄의 맨 앞에서 즐기세요!"⁵

놀이공원의 새치기 때문에 기분이 불쾌해서 엠파이어스테이트 빌딩처럼 전통적인 관광지를 선택할 수도 있다. 성인 22달러, 아동 16달러를 지불하면 엘리베이터를 타고 86층 전망대까지 올라가 화려한 뉴욕 시의 전경을 즐길 수 있다. 애석하게도 엠파이어스테이트 빌딩에는 연간 수백만 명의 관광객이 드나들기 때문에 엘리베이터를 타려면 때때로 몇 시간을 기다려야 한다. 그래서 요즈음 엠파이어스테이트 빌딩은 자체적으로 우선 탑승권을 판매하고 있다. 일인당 45달러를 지불하면 보안검색대와 엘리베이터 앞에서 새치기가 허용된다. 4인 가족이 지불해야 하는 급행료 180달러는 빌딩의 꼭대기에 빨리 도착하기 위해 내는 비용으로는 매우 비싸게 느껴질 수 있다. 하지만 입장권 구매 웹사이트에서 지적하듯 우선 탑승권은 "줄을 서지 않고 멋진 경치를 볼 수 있는 전망대로 직행함으로써, 뉴욕과 엠파이어스테이트 빌딩에 머무는 시간을 최대한 활용할 수 있는 환상적 기회"다.⁶

렉서스 차로

새치기 특권은 미국을 가로지르는 고속도로에서도 볼 수 있다. 교통체증에서 벗어나 빨리 달릴 수 있는 급행차로로 돈을 내고 들어서는 통근자들이 늘어나고 있다. 급행 통행권은 1980년대 카풀차로의 보급과 더불어 판매되기 시작했다. 미국의 여러 주 정부는 교통체증과 대기오염을 줄이려고 자신의 자동차를 다른 사람과 함께 타고자 하는 통근자를 위해 급행차로(카풀차로)를 만들었다. 나 홀로 운전자가 카풀차로로 달리다가 적발되면 무거운 벌금을 물어야 했다. 그래서 어떤 운전자는 고속도로 순찰대의 눈을 속이기 위해 조수석에 바람을 넣은 커다란 인형을 앉혀놓고 달리기도 했다. 텔레비전 코미디 프로그램 〈열정을 억제하라(Curb Your Enthusiasm)〉에서 래리 데이비드(Larry David)는 카풀차로를 이용할 수 있는 기발한 방법을 생각해낸다. LA 다저스가 출전하는 야구경기를 보러가는 도중에 고속도로의 교통체증이 심해지자 매춘부를 고용한다. 섹스를 하기 위해서가 아니라 자동차에 태워 야구장까지 가기 위해서다. 그는 이렇게 카풀차로로 빨리 자동차를 몰아 제 시간에 야구경기장에 도착할 수 있었다.[7]

미국의 여러 주 정부는 나 홀로 운전자에게 카풀차로 이용권을 판매한다. 일부 사람들은 이러한 새치기 권리의 매매에 반대하면서, 우선통행 체계의 확산으로 부유한 사람은 혜택을 받는 반면, 가난한 사람은 줄 뒤로 밀려나고 있다고 주장한다.

오늘날 많은 통근자들은 래리처럼 사람을 따로 고용하지 않고도 카풀차로를 이용할 수 있다. 나 홀로 운전자가 러시아워에 최대 10달러를 내면 카풀차로 이용권을 살 수 있기 때문이다. 샌디에이고·미니애폴리스·휴스턴·덴버·마이애미·시애틀·샌프란시스코를 비롯한 여러 도시가 카풀차로로 더욱 빨리 통근할 수 있는 권리를 팔고 있다. 일반적으로 요금은 교통상황에 따라 달라서 교통량이 많을수록 올라간다. 대부분의 지역에서 탑승자가 두 명 이상인 자동차는 여전히 급행차로를 무료로 이용할 수 있다. 로스앤젤레스 동부에 있는 리버사이드 고속도로에서 러시아워에 돈을 지불한 운전자는 카풀차로를 시속 100~105킬로미터로 힘차게 달릴 수 있지만 무료차로에 있는 자동차는 시속 25~30킬로미터로 기어간다.[8]

일부 사람들은 새치기 권리의 매매에 반대한다. 그들은 우선통행 체계의 확산으로 부유한 사람은 혜택을 받는 반면, 가난한 사람은 줄 뒤로 밀려나고 있다고 주장한다. 급행차로 이용권을 파는 제도에 반대하는 사람들은 이러한 차로를 '렉서스 차로(Lexus Lanes, 나 홀로 운전자도 돈만 내면 이용할 수 있는 카풀차로로 렉서스를 타는 사람들에게 통행료쯤은 그리 큰 부담이 되지 않아 생겨난 용어다-옮긴이)'라고 부르면서 경제적 여유가 없는 통근자에게 부당한 제도라고 힘주어 말한다. 이러한 주장에 반대하는 사람들도 있다. 그들은 추가 비용을 받고 좀 더 빠른 서비스를 제공하는 일은 전혀 잘못이 아니라고 주장한다. 예를 들어 페덱스(Federal Express)는 당일 배달에 할증료를 청구한다. 동네 세탁소도 당일 세탁 서비스에는 추가 금액을 받는다. 하지만 아무도 페덱스나 세탁소가 다른 사람보다 먼저 자신의 소포를 배달해주거나 셔츠를 세탁해주는 것이 부당하다고 불평하지 않는다.

경제학자의 입장에서, 재화와 서비스를 확보하기 위해 줄이 길게 늘어서는 현상은 낭비이면서 비효율적 행동이고, 가격체계가 수요와 공급을 조절하는 데 실패하고 있다는 신호다. 그들은 공항, 놀이공원, 또는 고속도로에서 좀 더 빠른 서비스를 받기 위해 돈을 지불하는 것은 사람들이 자신의 시간에 가격을 매김으로써 경제적 효용을 높이는 것이라 믿는다.

대리 줄서기 사업

새치기 권리를 살 수 없는 곳이라도 때로 사람을 고용해서 대신 줄을 서게 할 수 있다. 여름마다 뉴욕 시의 퍼블릭시어터(Public Theater)는 센트럴파크에서 셰익스피어 무료 야외공연을 연다. 오후 1시부터 배포하는 저녁 공연 입장권을 받기 위해 사람들은 몇 시간 전부터 줄을 서기 시작한다. 2010년 〈베니스의 상인〉에서 알파치노가 샤일록(Shylock)으로 출연했을 당시 입장권 수요는 특히 엄청났다.

많은 뉴요커들은 연극을 보고 싶었으나 줄을 설 시간이 없었다. 《뉴욕데일리뉴스》가 보도한 대로 이런 곤란한 상황에서 작은 사업거리가 새로 등장했다. 편리를 얻는 대가로 기꺼이 비용을 지불할 의사가 있는 사람을 위해 대신 줄을 서고 입장권을 받아주는 사업이었다. 대리로 줄 서는 사람을 가리키는 라인스탠더(line standers)들은 온라인 벼룩시장 사이트 크레이그스리스트(Craigslist)와 기타 웹사이트에 자신들의 서비스를 광고했다. 그들은 줄을 서서 기다리는 수고를 견뎌내는 대가로 무료 공연 입장권에 한 장당 125달러의 수고비를 청구했다.[9]

극장 측은 "공원에서 이루어지는 줄서기 대리행위는 셰익스피어 정신에 어긋난다."라고 주장하면서 라인스탠더들의 영업을 막기 위해 노력했다. 국가 보조금을 받는 비영리 사업체인 퍼블릭시어터의 사명은 모든 계층의 시민들이 훌륭한 극장시설을 이용할 수 있게 하는 것이다. 당시 뉴욕 검찰총장이었던 앤드루 쿠모(Andrew Cuomo)는 크레이그스리스트에 압력을 가해 대리 줄서기로 입장권을 구해준다는 광고를 중단하게 만들었다. 그러면서 그는 이렇게 강조했다. "무료여야 하는 입장권을 판매하는 행위는 기관이 납세자의 후원을 받아 제공하는 혜택을 누릴 뉴요커의 권리를 침해한다."[10]

대리로 줄을 서고 돈을 벌 수 있는 곳은 센트럴파크만이 아니다. 워싱턴에서도 줄서기 사업은 빠른 속도로 정부의 관행이 되어가고 있다. 의회 위원회는 발의된 법안에 관해 공청회를 열면서 방청석 일부를 언론에게 제공하고 일반 대중에게도 선착순으로 분배한다. 사람들은 공청회 주제와 회의실 크기에 따라 공청회 좌석을 확보하기 위해 하루 전이나 그보다도 일찍 줄을 서기 시작하고, 때로는 비를 맞거나 겨울의 혹한에도 줄을 선다. 기업 로비스트들은 휴식시간에 입법자들과 대화를 나누며 자신들의 사업에 영향을 미칠 만한 법안을 추적하기 위해서 이러한 공청회에 반드시 참가하려 한다. 하지만 그들은 방청석 자리를 확보하기 위해 몇 시간씩 줄을 서는 것을 극도로 싫어한다. 이때 그들이 생각해낸 해결책이 바로 대신 줄을 서주는 회사에 수천 달러를 지불하고 대리로 줄 서는 사람을 고용하는 것이다.

대리 줄서기 회사들은 악천후를 무릅쓰며 줄을 서줄 퇴직자나 퀵서비스 배달원을 고용하고, 요즘에는 노숙자도 점점 더 많이 모집하고 있다. 라인스탠더들은 바깥에서 기다리다가 줄이 움직이면 의회 건물 안으로 들어가 공청회실 앞에 줄을 선다. 공청회가 시작하기 직전에 돈이 많은 로비스트들이 도착해서 남루한 옷을 걸친 라인스탠더들과 자리를 바꾸고 공청회 입장권을 받는다.[11]

대리 줄서기 회사는 줄을 서주는 비용으로 로비스트에게 시간당 36~60달러를 청구한다. 이대로라면 공청회 방청석 한 좌석에 1천 달러 이상 드는 셈이다. 라인스탠더들은 회사로부터 시간당 10~20달러를 받는다. 《워싱턴포스트》는 대리 줄서기 관행을 비판하며 이러한 세태가 "의회의 품위를 떨어뜨리고 대중을 모욕했다."는 사설을 실었다. 미주리 주 민주당의 클레어 매캐스킬(Claire McCaskill) 상원의원은 대리 줄서기를 금지시키려 노력했지만 성공하지 못했다. 그녀는 "마치 콘서트나 축구경기의 입장권을 사는 것처럼 특수 이익집단이 의회 공청회 좌석을 돈으로 산다는 개념이 불쾌하다."라고 말했다.[12]

대리 줄서기 사업은 최근 의회에서 미국 연방대법원까지 확산되고 있다. 대법원에서 열리는 굵직한 헌법 소원 사건의 구두 변론을 방청하기란 쉽지 않다. 하지만 비용을 지불할 의사가 있다면 라인스탠더를 고용해 미국 최고 법정에 좋은 좌석을 확보할 수 있다.[13]

대리 줄서기 기업인 라인스탠딩닷컴(LineStanding.com)은 스스로를 '의회 대리 줄서기 사업의 리더'로 부른다. 매캐스킬 상원의원이 대리 줄서기 관행을 금지하는 법안을 제출하자, 라인스탠딩닷컴의 소유주 마크 그로스(Mark Gross)는 이에 반대하고 나섰다. 그는 대리 줄서기를 헨리 포드(Henry Ford)의 조립라인에서 이루어지는 분업에 비유하면서, "줄을 서는 각 일꾼도 자신이 맡은 특정 임무에 책임을 진다."라고 말했다. 로비스트들이 공청회에 참석해서 "모든 증언을 분석하는 데" 능숙하고 상원의원과 하원의원이 "현명한 결정을 내리는 데" 정통하듯, 라인스탠더들은 기다리는 데 실력을 발휘한다는 것이다. 그로스는 "분업이 미국을 일하기 좋은 곳으로 만들었다. 대리 줄서기가 이상한 관행처럼 여겨질 수 있겠지만 궁극적으로는 자유시장 경제체제에서 가능한 하나의 정직한 직업이다."라고 주장했다.[14]

전문 라인스탠더인 올리버 고메스(Oliver Gomes)도 그로스의 의견에 동의한다. 그는 노숙자 보호시설에서 살고 있을 때 라인스탠더 자리를 제의받았다. CNN은 기후변화에 관한 공청회에 출석하려는 로비스트를 대신해 줄을 서 있는 고메스를 인터뷰했다. 그는 CNN에 이렇게 말했다. "의회 복도에 앉아 있으면 기분이 조금 좋아져요. 마음이 으쓱해지면서 마치 내가 이곳에 속해 있기라도 한 것처럼, 아주 사소하더라도 여하튼 무언가에 기여를 하고 있다는 느낌이 들거든요."[15]

하지만 고메즈의 기회가 일부 환경운동가들에게는 좌절을 의미하기도 한다. 환경운동가 집단은 기후변화 공청회를 방청하기 위해 도착했지만 정작 공청회장에 들어갈 수 없었다. 로비스트들에게 고용된 라인스탠더들이 일반 방청객에 배정된 좌석 전부를 독차지해버렸기 때문이다.[16] 물론 환경운동가들이 그토록 공청회를 방청하고 싶었다면 밤새 줄을 서거나 노숙자를 고용해 대리로 줄을 서게 할 수도 있었다는 주장도 나올 수 있다.

진료 예약권 암거래

돈을 받고 대리로 줄서는 관행은 미국에만 있는 것이 아니다. 나는 최근 중국을 방문하는 동안 베이징 소재 일류 병원에서 대리 줄서기 사업이 일상화되고 있는 현장을 목격했다. 중국에서는 지난 20여 년 동안 진행된 시장 개혁의 결과, 특히 지방 공립병원과 진료소에 대한 자금지원이 삭감되었다. 따라서 지방에 있는 환자들은 수도에 있는 주요 공립병원까지 원정을 와서 접수창구 앞에 길게 줄 서있어야 한다. 그들은 의사와 진료 예약을 하기 위해 밤새, 때로는 며칠 동안 줄을 선다.[17]

진료 예약권은 14위안(약 2달러)으로 저렴하지만 손에 넣기가 쉽지 않다. 그래서 의사의 진료를 급하게 받아야 하는 일부 환자들은 며칠씩 줄을 서는 대신 암표상에게 예약권을 산다. 암표상은 수요와 공급 사이에 크게 벌어진 틈을 이용해 돈을 번다. 그들은 사람을 고용해 줄을 세워 예약권을 받고 이를 수백 달러에 판다. 이는 일반 농부가 몇 개월 동안 일해서 버는 수입보다 많은 금액이다. 일류 전문의의 진료 예약권은 특히 귀해서 마치 월드시리즈의 박스석이라도 되는 것처럼 암표상에게 빠르게 팔린다. 《LA타임스》는 베이징 병원의 등록창구 밖에서 벌어지는 진료권 매매 장면을 이렇게 묘사했다. "닥터 탕, 닥터 탕. 닥터 탕의 진료 예약권 사세요! 관절염과 면역 전공의입니다!"[18]

진료 예약권의 암표 판매에는 불쾌한 구석이 있다. 우선 이러한 관행으로 보상을 받는 사람은 진료 제공자가 아니라 고약한 중개인이라는 점이다. 관절염 환자의 진료 예약권이 100달러라면, '닥터 탕'은 예약권 판매금의 대부분이 자신이나 병원이 아닌 암표상에게 돌아가는 이유를 따져물어야 마땅하다. 경제학자라면 이 점에 동의하고 병원에 진료비를 인상하라고 조언할지 모른다. 실제로 베이징 소재 병원들은 진료비용이 좀 더 비싸면서 줄이 훨씬 짧은 특별 진료 예약 창구를 설치하고 있다.[19] 이 값비싼 특별 진료 예약 창구는 놀이공원이나 공항의 우선 탑승권처럼 새치기 권리를 돈 주고 사는 관행을 병원에 도입한 것이다.

하지만 암표상이든 병원이든 과잉 수요로 인한 혜택을 누가 누리든 간에, 관절염 전문의의 진료를 우선적으로 받을 수 있는 권리에는 좀 더 기본적인 의문이 따른다. 환자들은 단지 추가 비용을 지불했다는 이유로 진료 예약의 순서를 새치기할 수 있을까?

베이징 소재 병원들의 특별 진료 예약 창구와 암표 거래가 이러한 질문을 생생하게 제기하는 사례다. 하지만 미국에서 점차 늘어나고 있는 좀 더 교묘한 형태의 새치기 현상인 '전담 의사'의 출현에도 똑같은 질문을 던질 수 있다.

전담 의사 제도

미국 병원에는 암표상이 들끓지는 않지만 진료를 받으려고 오래 기다려야 하는 경우가 자주 발생한다. 의사를 만나려면 몇 주 전, 때로는 몇 달 전에 예약을 해야 한다. 예약 시간에 도착해도 의사와 고작 10~15분 정도 만나기 위해 대기실에서 무작정 기다려야 할 수도 있다. 보험사가 일반 진료에 대해서 1차 진료기관에 지불하는 보험료가 많지 않기 때문이다. 따라서 일반 진료기관의 의사들이 경제적으로 여유 있게 생활하려면 등록된 환자를 3천 명 이상 보유해야 하고 하루에 25~30명의 환자를 진료해야 한다.[20]

많은 환자와 의사는 이렇듯 의사가 환자에 대해 문진하거나 환자의 질문에 대답해줄 시간이 넉넉하지 않은 의료체계에 좌절감을 느낀다. 그래서 미국에서는 '전담 진료'처럼 환자에게 관심을 더욱 기울일 수 있는 진료 서비스를 제공하는 의사가 점차 늘어나고 있다. 별 다섯짜리 호텔의 지배인(concierge)처럼 전담 의사(concierge physician)는 24시간 내내 의료 서비스를 제공한다. 연회비 1500~2만 5천 달러를 지불하는 환자는 전화한 당일이나 다음날 틀림없이 진료를 받을 수 있고, 의사를 만나기 위해 기다릴 필요도 없고, 느긋하게 건강 상담을 받을 수 있으며, 이메일이나 휴대전화로 24시간 내내 언제나 의사와 대화할 수 있다. 특정 분과의 일류 전문의를 만나야 하는 경우에도 전담 의사

가 주선해준다.[21]

이렇게 친절한 진료 서비스를 제공하기 위해서 전담 의사는 자신의 진료 환자 수를 대폭 줄인다. 전담 진료로 전환하겠다고 결정한 의사들은 기존 환자들에게 편지를 보내 선택을 하라고 말한다. 기다릴 필요 없이 진료를 받을 수 있는 새로운 서비스에 연회비를 지불하고 신청하든지 다른 의사를 물색하라고 말이다.[22]

업계 최초이자, 연회비가 가장 비싼 전담 의료기관 중 하나는 1996년 시애틀에 설립된 MD 스퀘어드(MD^2)다. 이 병원은 연회비로 개인 1만 5천 달러, 가족 2만 5천 달러를 내면 "무조건적이고 무한하게, 그리고 독점적으로 개인 전담 의사를 이용할 수 있다."라고 약속한다.[23] 각 의사는 50개 가정에만 진료 서비스를 제공한다. 병원이 자사 웹사이트에서 설명하듯 "제공하는 서비스의 이용 가능도와 수준을 유지하려면 선택받은 소수로 진료를 제한할 수밖에 없다."[24] 잡지 《타운앤컨츄리(Town & Country)》에 실린 기사는 MD^{2}의 대기실이 "의사 진료실이라기보다 리츠칼튼호텔 로비에 가깝다."라고 보도했다. 하지만 MD^{2}를 찾아가는 사람은 거의 없다. 대부분의 환자는 의사의 진료실에 가느라 시간을 낭비하고 싶지 않고, 자택이나 사무실에서 사적으로 진료를 받고 싶어하는 CEO와 사업가들이다.[25]

중산층을 겨냥한 또 하나의 전담 의료기관이 있다. 플로리다에 본사를 두고 있는 영리 전담 의료기업인 MDVIP는 연회비 1500~1800달러에 당일 예약과 신속한 진료(전화벨이 두 번 울리기 전에 전화를 받는다)를 제공하고, 표준 의료절차에 따른 진료비는 보험으로 처리해준다. 참여 의사들은 환자 개인에게 좀 더 많은 시간을 할애하기 위해 전담 환자

수를 600명으로 제한한다.[26] MDVIP는 "우리 의료 서비스에서는 절대 기다리는 일이 없을 것"이라고 환자들에게 약속한다.《뉴욕타임스》에 따르면, 플로리다 주 보카 레이튼에 있는 MDVIP는 대기실에 과일 샐러드와 스펀지케이크를 준비해둔다. 하지만 진료 차례를 기다리는 환자가 거의 없기 때문에 음식이 그대로 남아 있을 때가 많다.[27]

연회비를 지불하는 고객과 전담 의사의 입장에서 전담 진료는 의료 기관이 갖춰야 할 모든 조건을 충족한다. 의사는 하루에 30명이 아닌 8~20명의 환자를 진료하면서도 경제적으로 여유롭게 생활할 수 있다. 연회비의 3분의 2가 의사에게, 3분의 1은 회사에 돌아가기 때문이다. 따라서 MDVIP와 제휴한 의사가 환자 600명을 진료하면 보험회사에서 받는 상환금을 제외하고 연회비로만 연간 60만 달러를 벌 수 있다. 연회비를 지불할 경제적 여유가 있는 환자들에겐, 느긋하게 진료 예약을 잡을 수 있고 밤낮으로 의사에게 연락할 수 있는 특권은 충분히 지불할 가치가 있는 호사인 것이다.[28]

문제는, 소수를 위한 전담 진료가 결국 경제적 여유가 없는 다른 환자들을 일반 의사의 붐비는 진료실로 밀어넣고 있다는 점이다.[29] 따라서 전담 진료 서비스는 우선 탑승권 사례와 마찬가지로, 줄이 천천히 움직이는 곳에 힘없이 남아 있는 사람들에게는 불공평하다는 반대에 부딪힌다.

전담 진료는 베이징 병원의 특별 진료 예약 창구나 예약권 암표 판매와는 확실히 다르다. 미국에서 전담 의사를 둘 만한 경제적 여유가 없는 사람도 대개는 다른 의사에게 괜찮은 일반 진료를 받을 수 있는 반면, 베이징에서 암표를 살 만한 경제력이 없는 사람은 진료를 받기 위해 며칠 밤낮을 기다려야 한다.

하지만 두 시스템에는 공통점이 있다. 둘 다 부유한 사람에게는 새치기를 허용해서 의료 서비스를 받을 수 있게 해준다는 점이다. 새치기는 보카 레이튼보다 베이징에서 더욱 뻔뻔하게 이루어진다. 사람들로 붐벼서 시끌벅적한 병원 접수창구와 손도 대지 않은 스펀지케이크가 있는 조용한 대기실 사이에는 상당한 차이가 있어 보인다. 하지만 차이가 발생하는 유일한 이유는, 전담 진료를 받는 환자들이 약속시간에 나타났을 때는 연회비를 납부함으로써 눈에 보이지 않는 줄서기가 이미 끝난 후이기 때문이다.

새치기의 시장논리

지금까지 살펴본 사례는 시대를 반영하는 징후다. 공항과 놀이공원, 의회 복도와 병원 대기실에서 '선착순'이라는 줄서기 윤리가 '돈을 낸 만큼 획득한다'는 시장 윤리로 대체되고 있다. 또한 이러한 변화는 한때 비시장 규범이 지배했던 삶의 영역에 돈과 시장의 영향력이 커지고 있다는 것을 의미한다.

새치기 권리의 매매가 이러한 경향을 나타내는 가장 지독한 사례는 아니다. 하지만 대리 줄서기, 암표 거래, 그리고 여러 새치기 형태들에 대해 옳고 그름을 곰곰이 생각해보면 시장논리의 도덕적 영향과 한계를 살펴보기에 유익할 것이다.

사람을 고용해 대리로 줄을 세우거나 암표를 파는 행동이 잘못일까? 대부분의 경제학자들은 "아니다."라고 말한다. 줄서기의 도덕성에 대해 거의 공감하지 않기 때문이다. 대리로 줄을 세우기 위해 노숙자를 고용하는 경우에, 대부분의 경제학자는 "도대체 뭐가 불만이죠?"라고 묻는다. 입장권을 자신이 사용하지 않고 다른 사람에게 팔고 싶은 경우에도 그들은 "내가 그렇게 하겠다는데 왜 방해하죠?"라고 묻는다.

줄서기에 관해 시장을 옹호하는 입장에는 두 가지 주장이 있다. 하나는 개인의 자유 존중에 대한 것이고, 다른 하나는 행복이나 사회적 효용의 극대화에 대한 주장이다. 첫 번째는 자유지상주의자(Libertarian)의 입장이다. 그들은 타인의 권리를 침범하지 않는 한 원하는 재화는 무엇이든 자유롭게 사고팔 수 있어야 한다고 주장한다. 자유지상주의자는 매춘이나 장기 매매 금지법에 반대하는 것과 같은 이유로 암표 매매 금지법에 반대한다. 이러한 법은 성인이 상호 동의에 따라 내린 선택을 방해함으로써 개인의 자유를 침해한다고 믿기 때문이다.

시장을 옹호하는 두 번째 주장은 경제학자에게 좀 더 친숙한 것으로 공리주의자(Utilitarian)의 입장이다. 공리주의자는 시장에서의 거래가 구매자와 판매자에게 똑같이 이익을 제공하고, 결과적으로 집단의 행복이나 사회적 효용을 향상시킨다고 말한다. 돈을 지불한 사람과 돈을 받고 대리로 줄을 선 사람 사이에 거래가 성립했다는 것은 결과적으로 양측이 모두 이익을 얻었다는 뜻이다. 125달러를 내고 라인스탠더를 고용한 사람은 줄을 서지 않고 셰익스피어 연극을 관람함으로써 틀림없이 행복을 느낀다. 그렇지 않다면 애당초 라인스탠더를 고용하지 않았을 것이다. 몇 시간 동안 줄을 서서 125달러를 번 라인스탠더도 행복을 느낀다. 그렇지 않다면 애당초 그 일을 하지 않았을 것이다.

이렇게 시장 거래의 결과로 구매자와 판매자는 모두 행복해지고 효용은 증가한다. 이것이 바로 자유시장이 재화를 효율적으로 분배한다고 주장하는 경제학자들의 입장이다. 시장은 사람들이 상호 유리한 방향으로 거래하는 것을 허용함으로써, 재화에 가장 높은 가치를 매기는 사람에게 그 재화를 할당한다. 그리고 그 기준은 얼마나 지불할 의사가 있느냐로 측정한다.

미국에서 가장 널리 쓰이는 경제학 교과서 중 한 권을 저술한 동료 경제학자 그레고리 맨큐(Gregory Mankiw)는 암표 판매를 예로 들어 자유시장의 미덕을 설명한다. 첫째, 경제적 효율성이란 "사회구성원 전체의 경제적 행복"을 극대화하는 방식으로 재화를 분배하는 것이다. 맨큐는 자유시장이 "얼마만큼의 돈을 지불할 의사가 있느냐를 기준으로 재화의 가치를 가장 높게 평가하는 구매자에게 재화를 공급함으로써" 이러한 목적에 기여한다고 주장한다.[30] 그는 암표 거래 현상을 예로 들면서 이렇게 말했다. "부족한 자원을 효율적으로 분배하려면, 재화는 그 가치를 가장 높게 평가하는 소비자에게 돌아가야 한다. 암표 거래가 바로 시장이 효율적 결론에 도달하는 방식을 나타내는 예다. …… 암표상은 티켓에 시장이 감당할 수 있는 최고 가격을 매김으로써, 가장 높은 가격을 지불할 의사가 있는 소비자가 실제로 티켓을 손에 넣을 수 있도록 보장한다."[31]

자유시장을 옹호하는 주장이 맞다면, 줄서기의 본질을 침범했다는 이유로 암표상과 대리 줄서기 회사를 비난해서는 안 된다. 오히려 가격이 낮게 책정된 재화를 가장 많은 대가를 지불하려는 사람에게 돌아가게 만들어 사회적 효용을 증가시킨 공로로 칭찬해야 마땅하다.

시장 대 줄서기

그렇다면 줄서기의 도덕성 측면에서는 어떤 주장을 펼칠 수 있을까? 센트럴파크나 국회의사당에서 대리 줄서기와 암표 판매를 금지하려는 이유는 무엇일까? 센트럴파크에서 열리는 셰익스피어 공연의 대변인은 다음과 같은 근거를 댔다. "대리 줄서기와 암표 판매는 공원에서 셰익스피어 공연을 간절하게 보고 싶어하는 사람에게서 좌석과 입장권을 빼앗고 있다. 우리는 사람들이 공연을 무료로 관람하기를 원한다."[32]

이 주장의 앞부분은 오류다. 라인스탠더를 고용했다고 해서 공연을 관람하는 사람의 전체 수가 줄어들지는 않기 때문이다. 관람하는 주체가 바뀔 뿐이다. 대변인의 주장대로, 공연을 보고 싶어 줄을 섰던 사람에게 돌아갔을 입장권 일부를 라인스탠더가 가로챈 것은 사실이다. 하지만 최종적으로 입장권을 손에 넣은 사람들도 열렬하게 공연을 보고 싶어하기는 마찬가지다. 그래서 125달러를 지불하고 라인스탠더를 고용한 것이다.

아마도 대변인의 의도는 암표 거래는 125달러를 지불할 만한 경제적 여유가 없는 사람에게 불공정한 행위라는 것이리라. 보통사람은 그만큼 불리하게 되어 입장권을 손에 넣기가 더욱 힘들어진다. 이 주장은 좀 더 설득력이 있다. 라인스탠더나 암표상이 입장권을 확보했다면 그 뒤에 서 있던 사람, 즉 암표 가격을 지불할 만한 경제적 여유가 없는 사람은 손해를 본다.

이러한 주장에 대해 자유시장 옹호자들은 다음과 같은 반응을 보일 수 있다. 극장 측이 연극을 열렬하게 관람하고 싶어하는 사람들로 관람석을 채우고 공연이 주는 즐거움을 극대화하고 싶다면, 그 가치를 가장 높게 평가하는 사람에게 입장권이 돌아가기를 원해야 한다. 그런데 그 사람은 바로 입장권에 최고 가격을 지불하는 사람들이다. 따라서 공연에서 최대의 즐거움을 끌어낼 관객으로 극장을 채울 수 있는 최선의 방법은 입장권을 자유시장에 맡기는 것이다. 다시 말해 시장이 수용할 수 있는 가격이 얼마가 됐든 그 가격에 입장권을 판매하든지, 아니면 라인스탠더와 암표상이 가장 높은 가격을 지불하려는 사람에게 입장권을 팔 수 있도록 허용하는 것이다. 최고 가격을 자발적으로 지불하는 사람에게 입장권이 돌아가게 하는 것이 셰익스피어 공연의 가치를 가장 높게 평가하는 사람을 결정하는 최고의 방법이다.

하지만 이러한 주장은 설득력이 없다. 우리의 목적이 사회적 효용을 극대화하는 것이라 할지라도, 자유시장이 줄서기보다 믿음직스럽지 않을 수도 있다. 어떤 재화에 기꺼이 가격을 지불하려는 것이 꼭 해당 재화의 가치를 높게 평가한다는 뜻은 아니기 때문이다. 시장 가격에는 자발적으로 지불하려는 마음만큼이나 지불할 수 있는 능력도 반영된다. 셰익스피어 연극이나 레드삭스 경기를 가장 간절하게 보고 싶어하는 사람이라도 입장권을 살 만한 경제적 여유가 없을 수 있다. 그리고 어떤 경우에는 최고 가격을 내고 입장권을 손에 넣은 사람이라도 그 경험의 가치를 전혀 높게 평가하지 않을 수도 있다.

예를 들어, 나는 야구장에 늦게 도착해 비싼 관람석에 앉았다가 일찍 자리를 뜨는 사람들을 자주 목격한다. 그럴 때면 그들이 야구를 얼마나 좋아하는지 의심스럽다. 이렇듯 홈플레이트 바로 뒤 관람석에 앉을 수 있는 경제적 능력은 경기를 향한 열정보다는 주머니 사정과 관계가 깊을 수 있다. 오히려 박스 관람석에 앉을 만한 경제적 여유는 없지만, 선발 출전 선수들의 평균 타율을 전부 꿰고 있는 팬들, 특히 젊은 팬들이 그들보다 야구를 좋아하는 것만은 확실하다. 시장 가격은 자발적으로 가격을 지불하려는 마음뿐만 아니라 능력도 반영하므로, 누가 특정 재화의 가치를 가장 높게 평가하는 사람인지 가려내기에는 불완전한 지표다.

이는 낯설지 않으면서 명쾌한 설명이다. 하지만 재화가 그 가치를 가장 높게 평가하는 사람에게 돌아가게 하는 데에 줄서기보다 시장이 항상 낫다는 경제학자들의 주장에는 의문이 생긴다. 어떨 때는 공연을 관람하거나 야구경기를 보기 위해 자발적으로 줄을 서고자 하는 태도가 가격을 지불하고자 하는 태도보다 관람을 정말 원하는 사람을 나타내는 지표일 수 있다.

암표 거래를 옹호하는 사람들은 줄서기가 "시간이 남아도는 사람들에게 유리한 차별"이라고 비판한다.[33] 맞는 말이지만, 시장이 돈 많은 사람들을 유리하게 '차별'한다는 말과 같은 맥락에서만 그러하다. 시장이 자발적으로 돈을 지불하려는 마음과 능력을 바탕으로 재화를 분배하듯, 줄서기는 자발적으로 기다리려는 마음과 능력을 바탕으로 재화를 분배한다. 그리고 자발적으로 가격을 지불하려는 마음이, 자발적으로 줄을 서서 기다리려는 마음보다 더 나은 가치 평가 기준이라고 추정할 근거는 없다.

따라서 줄서기보다 시장논리가 더 낫다는 공리주의자의 입장은 우연에 상당한 지배를 받는다. 그 가치를 가장 높게 평가하는 사람에게 재화를 분배하는 역할은 시장이 수행할 때도 있고 줄서기가 수행할 때도 있기 때문이다. 어떤 경우에든 시장이 이 역할을 더 잘 수행할지, 줄서기가 더 잘 수행할지는 추상적인 경제적 논리에 따라 미리 결정할 수 없는 경험적 문제다.

시장과 부패

그런데 줄서기보다 시장논리를 옹호하는 공리주의자들의 주장은 더욱 근본적인 반박에 부딪히기 쉽다. 즉 공리주의적 사고가 유일하게 중요한 견해는 아니라는 반박이다. 어떤 재화는 구매자와 판매자에게 부여하는 효용을 넘어선 가치를 지닌다. 재화의 분배방식은 재화가 지닌 본질의 일부일 수도 있다.

 퍼블릭시어터에서 주관하는 여름 셰익스피어 무료 공연에 관해 다시 한 번 생각해보자. 대변인은 대리 줄서기에 반대하는 극장의 입장을 밝히면서 "우리는 사람들이 공연을 무료로 관람하기를 원한다."라고 말했다. 하지만 그렇게 말한 이유는 무엇일까? 입장권이 사고팔린다고 해서 공연 관람이 어떻게 감소한다는 것일까? 물론 연극을 보고 싶지만 입장권을 구매할 경제적 여유가 없는 사람에게는 공연을 관람할 기회가 축소될 것이다. 하지만 문제는 공정성만이 아니다. 공립극장의 무료공연이 시장 상품으로 바뀌면 무언가가 사라진다. 그 상실의 결과는 가격경쟁에서 밀린 사람들이 느끼는 실망만이 아니다.

 퍼블릭시어터는 무료 야외 공연을 대중의 축제이자 일종의 시민 축하행사로 생각한다. 말하자면 시(市)가 스스로에게 베푸는 선물인 셈이다. 물론 좌석수는 한정되어 있다. 정해진 저녁시간에 시민 전체가 참석할 수는 없기 때문이다. 하지만 퍼블릭시어터의 취지는 관람료 지불

능력과 전혀 관계없이 누구나 평등하게 셰익스피어 공연을 무료로 관람할 수 있게 하는 것이다. 본래 선물이어야 하는 행사로 입장료를 받거나 암표상이 이득을 취하게 허용하는 일은 이러한 취지에 어긋난다. 이는 공공의 축제를 돈벌이, 즉 사적 이익을 취득하기 위한 도구로 바꾸는 행위다. 그런 처사는 시가 독립기념일에 불꽃놀이를 구경한 사람들에게 돈을 받는 것과 같다.

이런 방식으로 생각한다면 돈을 받고 국회의사당 앞에 대리로 줄을 서는 관행이 왜 잘못인지 알 수 있다. 한 가지 이유는 공정성 때문이다. 부유한 로비스트가 평범한 시민에게서 기회를 빼앗아 의회 공청회 방청권을 독점하는 행위는 불공정하다. 하지만 불공평한 방청권 획득만이 이러한 행위의 문제점은 아니다. 대리 줄서기 회사를 이용하는 로비스트에게 세금을 부과하고, 그렇게 거둔 세금으로 일반 시민이 대리 줄서기 서비스를 이용할 수 있게 해주었다고 가정해보자. 보조금은 대리 줄서기 회사가 할인율을 적용해 교환 가능한 쿠폰 형태로 지급할 수 있다. 이러한 정책을 실시하면 현재 시스템이 안고 있는 불공정성을 완화할 수 있을 것이다. 하지만 의회 공청회 방청권을 상품으로 바꾸는 행위는 의회의 품위를 손상시키고 부패시킨다는 더욱 심각한 반대에 부딪힌다.

경제학적 관점에서 생각하면 의회 공청회에 무료 방청을 허용하는 것은 줄을 서게 만들면서 해당 재화(의회 공청회 방청)의 가격을 "합당한 수준보다 낮게" 책정한다. 대리 줄서기 산업은 시장 가격을 형성하여 이러한 비효율성을 바로잡는다. 최대 가격을 지불하려는 사람에게 좌석을 할당하기 때문이다. 하지만 이러한 관행은 대의정부라는 재화의 가치를 잘못된 방식으로 평가하는 것이다.

의회가 애당초 공청회 방청권에 '합당한 수준보다 낮은 가격을 매긴' 이유를 생각해본다면 이 점을 더욱 분명하게 알 수 있다. 국가 부채를 감소하기 위해 애쓰는 의회가 공청회의 입장료를 받기로 결정하여, 세출위원회의 맨 앞줄 좌석에 앉으려면 1천 달러를 지불해야 한다고 가정해보자. 입장료를 받는 정책은 이를 지불할 경제적 여유가 없는 사람들에게 불공평할 뿐만 아니라, 대중에게 의회 공청회 입장료를 청구하는 행위는 부패라는 근거로 많은 사람들의 반대에 부딪힐 것이다.

부패라고 하면 흔히들 부정 이득을 연상한다. 하지만 부패는 뇌물이나 불법 거래 그 이상의 것을 의미한다. 어떤 재화나 사회 관행을 부패시키는 행위는 그 평판을 깎아내리는 행위고, 가치를 합당한 수준보다 낮게 평가하는 행위다. 이러한 의미에서 의회 공청회 방청권에 가격을 매기는 것은 일종의 부패다. 의회를 대의정부의 기관이 아니라 하나의 사업체로 생각하고 다루는 셈이기 때문이다.

냉소주의자들은 이미 특정 이해집단에 영향력과 특혜를 일상적으로 팔고 있다는 점을 들어 의회가 일종의 사업체라고 말할지 모르겠다. 그렇다면 의회가 이러한 점을 공공연하게 인정하고 공청회의 입장료를 받는 것은 어떨까? 대답은, 이미 의회가 시달리고 있는 로비활동, 정치가의 불법적인 영향력 행사, 자기거래(self-dealing) 또한 부패의 사례라는 것이다. 이러한 예는 공익 측면에서 볼 때 정부의 타락을 뜻한다. 부패했다는 비난의 이면에는 기관(여기서는 의회)이 마땅히 추구해야 할 목적을 위배했다는 뜻이 담겨 있다. 국회의사당을 배경으로 펼쳐지는 대리 줄서기 산업은 로비 산업이 팽창한 현상이고, 이러한 의미에서 부패다. 대리 줄서기 산업이 불법은 아니며 가격 지급도 공개적으로 이루어진다. 하지만 의회를 공익 실현의 도구가 아닌 개인적 이윤추구의 원천으로 다룸으로써 의회의 품위를 떨어뜨린다.

암표 거래는 무엇이 잘못일까?

어떤 행위는 불쾌하게 여겨지지 않는데, 돈을 지불하고 얻는 새치기 권리, 대리 줄서기, 암표 거래 등과 같은 사례는 불쾌하게 여겨지는 이유가 무엇일까? 시장적 가치는 어떤 재화는 손상시키기도 하지만 어떤 재화에는 적합하기도 하기 때문이다. 특정 재화를 시장논리로 분배할지 줄서기로 분배할지 아니면 다른 방식으로 분배할지 결정하기 전에, 우리는 그것이 어떤 종류의 재화인지, 어떻게 가치를 매길 것인지 결정해야 한다.

　이것을 알아내기란 항상 쉽지만은 않다. 최근에 암표 거래 현상을 일으켰던 '저평가된' 재화의 세 가지 예를 생각해보자. 그것은 요세미티국립공원의 야영지, 교황 베네딕트 16세가 집전하는 노천 미사, 브루스 스프링스틴(Bruce Springsteen)의 라이브콘서트다.

요세미티국립공원 야영지 사용권의 암표 거래

캘리포니아 주 요세미티국립공원에는 연간 400만 명 이상의 방문객이 모여든다. 일급 야영지 중 900여 곳은 1박에 20달러라는 저렴한 가격으로 미리 예약할 수 있다. 예약은 5개월 전부터 시작해서 매달 15일 오전 7시부터 전화나 온라인으로 가능하다. 하지만 예약을 하기가 결코 쉽지 않다. 수요가 많기 때문이다. 특히 여름에는, 야영지 예약을 시작한 지 몇 분 만에 완전히 동이 나고 만다.

2011년 《세크라멘토 비(The Sacramento Bee)》가 보도한 바에 따르면, 암표상들이 1박에 100~150달러 가격으로 요세미티 야영지 사용권을 판매한다는 광고를 크레이그스리스트에 올린다고 한다. 예약의 재판매를 금지하고 있는 국립공원관리청(The National Park Service)은 암표상에 대한 비난이 쇄도하자 불법 거래를 금지하기 위해 노력했다.[34] 일반적인 시장논리에 따르면 왜 그래야 하는지 분명하지 않다. 국립공원관리청이 요세미티로부터 얻을 수 있는 행복한 사회이념을 최대화하고 싶다면, 비용을 자발적으로 지불하려는 정도를 기준으로 야영지 사용의 가치를 가장 크게 평가하는 사람들이 쓸 수 있게 해야 한다. 따라서 암표상을 없애기 위해 노력할 것이 아니라 오히려 환영해야 한다. 아니면 야영지 사용료를 시장청산가격(market-clearing price, 수요량과 공급량을 일치시키는 가격 - 옮긴이)까지 인상해서 수요 과잉 현상을 없애야 한다.

> 특정 재화를 시장논리로 분배할지 줄서기로 분배할지 아니면 다른 방식으로 분배할지 결정하기 전에, 우리는 그것이 어떤 종류의 재화인지, 어떻게 가치를 매길 것인지 결정해야 한다.

하지만 요세미티 야영장 사용권의 암표 판매 현상에 대한 대중들의 분노는 이러한 시장논리를 거부한다. 이러한 사실을 폭로한 신문은 "암표상, 요세미티공원에 일격을 가하다: 더 이상 성역은 없는가?"라는 표제로 암표상을 비난하는 사설을 실었다. 사설은 암표 거래를 사회적 효용을 높이는 서비스가 아니라 마땅히 금지해야 하는 사기행위로 보았다. 사설은 "요세미티의 경이로운 자연경관은 암표상에게 많은 웃돈을 줄 경제적 여유가 있는 사람들만의 것이 아니라 우리 모두의 소유다."
라고 주장했다.[35]

요세미티 야영장의 암표 거래에서 드러난 적대감의 이면에는 실제로 다음과 같은 두 가지 반박이 있다. 하나는 공정성에 대한 것이고, 또 하나는 국립공원의 가치를 평가하는 적절한 방식에 대한 것이다. 첫 번째 반박은 암표 거래가 야영장에서의 1박에 150달러를 지불할 만한 경제적 여유가 없는 사람들에게 불공평하다고 우려하는 목소리다. 두 번째 반박은 신문 사설의 "더 이상 성역은 없는가?"라는 수사학적 질문에 담긴 주장으로, 세상에는 팔아서는 안 되는 것도 있다는 견해에 근거를 두고 있다. 이러한 관점에 따르면 국립공원은 단지 사용의 대상이나 사회적 효용의 근원 정도에 머물지 않는다. 국립공원은 자연의 경이로움과 아름다움이 깃든 장소이고 그 진가를 감상하고 심지어는 경외심까지 품어야 하는 대상이다. 그러므로 이러한 장소에 입장하는 권리를 경매에 부치는 암표상들의 행위는 일종의 신성모독이다.

> 요세미티 야영장의 암표 거래에 대한 반박은 첫째, 경제적 여유가 없는 사람들에게 불공평하다는 것이었고, 둘째는 국립공원을 감상하고 야영하는 권리는 사고팔아서는 안 되는 대상이라는 것이었다.

교황 집전 미사의 입장권 판매

시장가치와 신성한 재화가 충돌하는 사례가 또 하나 있다. 교황 베네딕트 16세가 첫 미국 방문길에 뉴욕 시와 워싱턴 소재 경기장에서 미사를 집전한다는 소식이 발표되자, 미사에 참석하려는 사람의 수가 양키 스타디움 좌석수를 훨씬 초과했다. 가톨릭 교구와 지역 성당을 통해 무료 입장권이 배포되었다. 하지만 입장권이 온라인에서 200달러 이상에 판매되는 등 입장권 암표 매매가 기승을 부리자, 성당 관계자들은 종교의식의 입장권을 사고팔아서는 안 된다는 근거를 들어 암표 거래 현상을 비난했다. 한 성당 대변인은 "입장권이 시장에서 거래되어서는 안 된다. 돈을 지불하고 성사(聖事)에 참석할 수는 없다."라고 못박았다.[36]

암표상에게 입장권을 구매한 사람들은 성당의 이러한 주장에 반대할 수도 있다. 어쨌거나 그들은 돈을 내고 성사에 참석할 수 있었다. 하지만 나는 교회 대변인이 지적하려 했던 핵심을 달리 해석했다. 암표상에게 입장권을 사서 교황 집전 미사에 참석할 수는 있겠지만, 미사에 참석하는 경험 자체가 매매 대상이 된다면 성사의 정신이 훼손된다고 강조한 것이다. 종교의식이나 자연의 경이로움을 사고팔 수 있는 재화로 다루는 것은 그것을 향해 경의를 표현하는 태도가 아니다. 신성한 재화를 이윤 추구의 수단으로 바꾸는 행위는 그 가치를 잘못된 방식으로 평가하는 것이다.

스프링스틴 콘서트 시장

하지만 상업적 사업의 요소를 부분적으로 포함하는 행사는 어떨까? 2009년 브루스 스프링스틴은 자신의 고향인 뉴저지 주에서 두 번의 콘서트를 열었다. 그는 입장료를 훨씬 높게 책정해도 공연장을 가득 채울 수 있었지만 최고 입장료를 95달러로 정했다. 이렇게 입장료 최고액을 제한하자 암표 판매가 기승을 부렸고 스프링스틴에게는 수입을 더 많이 올릴 수 있는 기회가 사라졌다.

반면 롤링스톤즈는 최근 순회공연에서 최고 입장료로 450달러를 받았다. 초기 스프링스틴 콘서트의 입장료에 관해 연구했던 경제학자들은 스프링스틴이 입장료를 시장 가격보다 낮게 책정함으로써 당일 저녁 공연에서만 약 400만 달러를 놓쳤다고 밝혔다.[37]

그렇다면 스프링스틴이 입장료를 시장 가격만큼 높이지 않은 이유는 무엇일까? 스프링스틴 입장에서는 상대적으로 감당할 수 있을 만한 가격을 책정하는 것이 자신을 좋아하는 노동자 계급에게 신의를 지키는 하나의 방법이었던 것이다. 또한 자신의 콘서트가 지향하는 목표를 표현하는 방식이기도 했다. 스프링스틴의 콘서트는 수입을 창출하기 위한 일종의 사업인 것은 확실하지만 이는 부분적인 이유였을 뿐이다. 콘서트의 성공 여부가 관객의 성격과 구성에 달려 있는 기념행사이기도 했다. 그의 공연은 노래뿐 아니라 가수와 관객의 관계, 그리고 양측을 하나로 모으는 정신으로 구성되었다.

록 콘서트의 경제학을 주제로 《뉴요커(The New Yorker)》에 기고한 기사에서 존 시브룩(John Seabrook)은 라이브콘서트가 완전한 상품도 시장 재화도 아니라고 지적하며, 만약 그렇게 다룬다면 라이브콘서트의 가치를 손상시키는 것이라 말했다. "레코드는 상품이고, 콘서트는 사회적 행사다. 라이브콘서트에서의 경험을 상품화하려는 것은 경험 전체를 망칠 위험성이 있다." 시브룩은 스프링스틴 콘서트 입장료에 관해 연구해온 경제학자 앨런 크루거(Alan Krueger)의 말을 인용했다. "록 콘서트에는 아직까지 상품시장보다 파티에 가까운 요소가 존재한다." 크루거의 설명에 따르면, 스프링스틴 콘서트 입장권은 시장 재화에 그치지 않고 몇 가지 측면에서 일종의 선물로 보아야 한다. 스프링스틴이 콘서트 입장료를 시장이 감당하는 수준까지 높게 책정한다면 팬들에게 주는 선물이라는 개념을 약화시키는 것이다.[38]

이것이 단순한 홍보수단, 즉 명분을 유지하기 위해 당장의 수입 축소를 감수하고 장기적 수입을 극대화하려는 전략일 뿐이라고 생각하는 사람이 있을 수 있다. 하지만 이것이 스프링스틴의 의도를 이해하는 유일한 길은 아니다. 스프링스틴은 자신의 라이브 공연을 순수하게 시장 재화로 다루면 공연의 가치가 손상되고 이를 잘못된 방식으로 평가하게 된다고 믿고 있을 것이고, 또 그렇게 믿는 것이 맞을 것이다. 적어도 이런 맥락에서는 스프링스틴도 교황 베네딕트 16세와 공통점이 있는 것 같다.

줄서기의 도덕

가격을 지불하고 새치기하는 방법으로 라인스탠더 고용, 입장권 암표 구매, 항공사나 놀이공원의 새치기 특권 직접 구매 등을 알아보았다. 이러한 거래는 자기 차례를 줄서서 기다리는 줄서기의 도덕을, 더욱 빨리 서비스를 받으려고 가격을 지불하는 시장의 도덕으로 대체한다.

시장과 줄서기, 즉 가격을 지불하는 행위와 기다리는 행위는 재화를 분배하는 서로 다른 방식이며, 각 방식에 적합한 활동은 다르다. 줄서기 도덕은 '선착순' 원칙으로 평등주의적 매력을 지닌다. 따라서 적어도 어떤 목적을 달성하려면 특권·영향력·풍부한 재력 등을 무시할 수 있어야 한다.

우리는 어릴 때부터 "네 차례를 기다리렴. 새치기 하면 안 돼."라고 배웠다. 이 원칙은 운동장이나 버스 정류장, 극장이나 야구장의 공중 화장실에서 줄을 설 때 적절해 보인다. 우리는 자기 앞으로 끼어드는 사람에게 분노한다. 누군가가 급한 일이 있으니 줄에 끼어달라고 하면 사람들은 대부분 그 부탁을 들어준다. 하지만 뒤에 서 있는 사람이 10달러를 줄 테니 자리를 바꿔달라고 제의하거나, 관리자가 부유한 사람이나 정말 급한 사람의 편의를 봐주기 위해 무료 화장실 옆에 유료 급행 화장실을 설치한다면 이상하게 생각할 것이다.

하지만 줄서기 도덕이 모든 상황을 지배하지는 않는다. 집을 팔려고 시장에 내놓은 경우에, 단지 첫 번째라는 이유만으로 매수 제안을 받아들일 의무는 없다. 집을 파는 것과 버스를 기다리는 것은 서로 다른 행위로 각기 다른 규범의 지배를 받는다. 그러므로 모든 재화가 줄서기나 돈을 지불하는 것 중 어느 한 가지 원칙에 의해 분배되어야 한다고 생각하는 것은 타당하지 않다.

때때로 규범은 변하며, 어떤 원칙이 우선해야 하는지는 분명하지 않다. 은행이나 보건소, 유선 텔레비전 방송국에 전화해서 교환원과 통화하기 위해 기다리는 동안 수화기 너머로 반복해서 듣는 녹음 메시지 내용을 떠올려보자. "전화가 걸려온 순서대로 응답하겠습니다." 이것이 바로 줄서기 도덕의 핵심이다. 마치 공정성이라는 진통제로 고객의 조급함을 완화시키려는 것 같다.

하지만 녹음된 메시지를 지나치게 곧이곧대로 믿지는 마라. 남보다 빨리 통화할 수 있는 사람도 있기 때문이다. 이를 가리켜 '전화통화 새치기'라고 부를 수도 있겠다. 점점 많은 수의 은행이나 항공사, 신용카드 회사가 우수고객에게 전용 전화번호를 제공하거나, 신속하게 응대할 목적으로 우수고객의 전화를 전용 콜센터로 돌린다. 콜센터 기술의 발달로 인해 기업들은 수신 전화를 검토해서 부유한 지역에서 걸려오는 전화에 신속한 서비스를 제공할 수 있게 되었다. 최근 델타 항공은 단골 승객들에게 논란의 여지가 있는 특권을 제안했다. 5달러를 추가로 지불하면 인도 소재 콜센터를 거치지 않고 미국의 고객 서비스센터와 직접 통화할 수 있다는 내용이었다. 하지만 델타 항공은 대중들의 반대에 부딪혀 계획을 철회해야 했다.[39]

우수고객이나 유망한 잠재고객의 전화를 우선적으로 받는 정책은 무엇이 잘못일까? 이는 기업이 판매하는 재화의 종류에 달려 있다. 고객이 전화한 이유가 초과인출 수수료 때문인가? 아니면 맹장수술 때문인가?

물론 시장과 줄서기가 재화를 분배하는 유일한 방법은 아니다. 가치나 필요, 혹은 추첨이나 우연이 재화를 분배하기도 한다. 일반적으로 대학교는 가장 먼저 지원하거나 가장 많은 돈을 등록금으로 지불하는 학생을 받아들이는 것이 아니라, 재능이 많고 장래가 유망한 학생들에게 입학을 허가한다. 병원 응급실은 환자가 도착한 순서나 진찰을 먼저 받으려고 기꺼이 추가비용을 지불하려는 태도가 아니라, 증상의 위급한 정도를 기준으로 환자를 치료한다. 배심원 의무는 추첨으로 분배되고, 배심원으로 소환된 경우에는 다른 사람을 고용해서 자기 대신 의무를 수행하게 할 수 없다.

줄서기를 비롯해 재화를 분배하는 기타 비시장적 방식이 시장논리로 대체되는 경향은 현대 생활에 깊이 스며들어 있기 때문에 우리는 더 이상 그러한 현상을 제대로 알아차리지 못한다. 이 장에서 살펴본 공항, 놀이공원, 셰익스피어 축제, 의회 공청회, 콜센터, 의사 진료실, 고속도로, 국립공원에서 벌어지고 있는 새치기 권리 구매 현상은 30여 년 전만 해도 거의 상상할 수 없었던 것으로, 대부분 최근에 발달했다는 사실이 이목을 끈다. 이러한 영역에서의 줄서기 관행의 종말이 신기한 현상으로 보일지 모르겠다. 하지만 시장이 침범하고 있는 영역은 여기에 그치지 않는다.

2

인센티브

INCENTIVES

시장지향적 경제논리는 결혼과 이혼을 어떻게 분석할까? 결혼에서 기대하는 효용이, 독신으로 남거나 좀 더 나은 짝을 찾는 경우에 기대하는 효용을 초과할 때 결혼하기로 결정한다. 이와 비슷하게 기혼자는 독신이 되거나 다른 사람과 결혼하는 경우에 기대하는 효용이, 자녀와의 물리적 별거, 공동 자산의 분리, 법률 비용 등 이별로 상실하는 효용을 초과할 때 결혼생활에 종지부를 찍는다. 이처럼 인간의 모든 행동을 시장논리로 설명하려는 움직임이 학계뿐 아니라 일상생활에서도 두드러지고 있다. 이러한 변화가 생겨난 한 가지 이유는 사회문제를 해결하려는 금전적 인센티브의 사용이 늘어났기 때문이다.

불임시술을 장려하기 위한 현금보상

매년 수십만 명에 이르는 아기들이 마약 중독자에게서 태어난다. 이 아기들 중 일부는 마약에 중독된 상태로 출생하고, 또 상당히 많은 아기가 학대나 방임으로 고통 받는다. 노스캐롤라이나 주에 본부가 있는 자선단체 프로젝트프리벤션(Project Prevention)의 설립자, 바버라 해리스(Barbara Harris)는 이러한 문제에 대해 시장기반 해결책을 제시했다. 마약 중독 여성이 불임시술을 받거나 장기간 피임하면 현금 300달러를 지급한다는 내용이었다. 해리스가 1997년 프로그램을 시작한 이후 3천 명 이상의 여성이 해리스의 제안을 받아들였다.[1]

  비판자들은 이 프로그램을 "도덕적으로 비난 받아 마땅한 불임시술용 뇌물"이라 부른다. 그들은 마약 중독 여성에게 재정적 유인책을 사용해서 생식능력을 포기하게 만드는 행위는 강압에 해당하고, 특히 가난한 동네에 거주하고 돈의 유혹을 뿌리치기 힘든 여성들이 이 프로그램의 표적이 되기 때문에 더욱 그렇다고 주장한다. 또한 돈이 마약 중독을 극복하게끔 수령자들을 돕기보다는 오히려 마약의 구매를 부추겨 마약 중독을 유도한다고 비판한다. 심지어 프로그램 광고전단지에도 "임신이 당신의 마약 습관을 망치도록 놔두지 마세요."라는 문구가 적혀 있다.[2]

해리스는 마약에 중독된 여성들이 프로그램에서 받은 현금으로 주로 마약을 다시 산다는 사실을 인정한다. 하지만 아이들이 마약에 중독된 상태로 태어나는 비극을 막기 위해 치러야 하는 자그마한 대가라고 믿는다. 불임시술을 받겠다고 약속하고 현금을 받은 여성 중 일부는 십여 차례 넘게 임신한 전력이 있고 이미 여러 자녀를 위탁 가정에 보낸 경우도 많다.

해리스는 "출산을 할 권리가, 아이들이 정상적으로 생활할 권리보다 중요한 이유가 무엇인가?"라고 묻는다. 그러면서 자신이 직접 겪은 경험을 예로 든다. 해리스 부부는 로스앤젤레스 지역에 거주하는 코카인 중독 여성들에게서 태어난 네 명의 아이를 입양했다. "나는 아이들을 고통에서 건질 수만 있다면 무슨 일이든 할 작정이다. 누구도 자신의 중독을 다른 인간에게 억지로 떠넘길 권리는 없다."[3]

2010년 해리스는 인센티브 제도를 영국에 도입했지만 《텔레그래프》가 이를 '섬뜩한 계획'이라고 부를 만큼 영국 언론과 영국의학협회(British Medical Association)의 극렬한 반대에 부딪혔다. 하지만 해리스는 전혀 위축되지 않고 해당 프로그램을 케냐까지 확대 실시해서, 에이즈바이러스 양성 반응을 보이는 여성이 장기 피임의 한 형태인 자궁 내 피임장치를 삽입하면 40달러를 지급하고 있다. 해리스가 다음으로 이 프로그램을 실시하고자 하는 케냐와 남아프리카공화국의 보건 담당 관리들과 인권 운동가들은 분노와 반대의 목소리를 내고 있다.[4]

시장논리의 관점에서 볼 때, 바버라의 프로그램이 분노를 유발하는 이유는 분명하지 않다. 일부 비판자들은 프로그램이 나치의 우생학을 상기시킨다고 하지만, 불임시술에 현금을 지급하는 프로그램은 당사자 간의 자발적 협정이다. 주 정부는 개입되지 않았고, 또한 자신의 의지에 거슬러 불임시술을 받은 사람도 없다. 한편, 돈이 절실하게 필요한 마약 중독자들에게 현금을 쉽게 손에 넣을 수 있는 기회가 제공된다면, 순수하게 자발적인 선택을 할 수 없다고 주장하는 사람도 있다. 이러한 주장에 대해 해리스는 그들의 판단력이 그 정도로 심각하게 손상되었다면 임신과 자녀양육에 대해 어떻게 분별 있는 결정을 내릴 수 있겠느냐고 반박한다.[5]

시장 거래 측면에서 보면 이러한 협정으로 양쪽 모두 이익을 얻고 사회적 효용은 증가한다. 마약 중독자는 생식능력 포기에 따른 교환으로 300달러를 얻는다. 이 300달러로 해리스와 프로젝트프리벤션은 마약 중독자가 더 이상 마약에 중독된 아기를 낳지 않으리라는 것을 보장받는다. 일반적인 시장논리대로라면 이때 성립하는 교환은 경제적으로 효율적이다. 최대 가격을 자발적으로 지급해서 재화(마약 중독자의 생식능력에 관한 통제권)의 가치를 가장 높게 평가한다고 추정할 수 있는 사람(해리스)에게 재화를 분배하기 때문이다.

그렇다면 어째서 이 문제에 대해 그토록 반박이 심할까? 시장논리의 도덕적 한계를 지적하는 두 가지 이유를 들 수 있다. 불임시술에 현금을 보상하는 제안을 가리켜 강압이라 부르는 사람도 있고, 뇌물이라 비판하는 사람도 있다. 이들은 사실 서로 다른 종류의 반박이다. 이들은 원래는 속하지 않았던 시장의 영역에 대해 각기 다른 이유로 저항한다.

불임시술에 현금을 보상하는 제안이 강압이라고 반박하는 사람들은 마약 중독 여성이 돈을 받고 불임시술을 받기로 동의한 것은 자유의지에 따른 행동이 아니라고 우려한다. 누가 그녀의 머리에 총을 겨누고 있지는 않지만, 재정적 유인책 자체가 너무 매력적이어서 뿌리치기 어려울 수 있다는 것이다. 마약 중독 여성의 중독 상태와 그 여성들 대부분이 가난하다는 점을 고려한다면, 300달러를 받고 불임시술을 받겠다는 결정은 실제로 자유롭지 않을 수 있다. 사실상 해당 여성은 자신이 처한 상황 때문에 어쩔 수 없이 강요당할 가능성이 있다. 물론 어떤 상황에서 어떠한 유인책이 강압으로 작용하는가에 관해서는 사람마다 의견이 다르다. 따라서 시장 거래의 도덕적 상태를 평가하려면 우선 이렇게 물어야 할 것이다. "시장 거래는 어떤 조건에서 자유로운 선택이 가능하며, 어떤 조건에서 강압적으로 이루어지는가?"

불임시술에 지급하는 현금을 뇌물이라고 반박하는 사람들은 논리가 다르다. 그들은 협상 조건이 아니라 사고파는 재화의 본질에 관해 반박한다. 일반적인 뇌물의 경우를 생각해보자. 비양심적인 인물이 부당 이익을 획득하거나 청탁을 하기 위해 판사나 정부 관리에게 뇌물을 줄 때, 그 추악한 거래는 오로지 자발적으로 이루어진다. 따라서 양쪽 모두 강압되지 않으면서 이익을 취할 수 있다. 뇌물이 불미스러운 이유는 강압이어서가 아니라 부패 행위이기 때문이다. 부패는 유리한 판결이나 정치적 영향력 등 판매해서는 안 되는 대상을 사고파는 행위다.

공무원에게 주는 불법 뇌물을 부패와 관련시키는 경우가 많다. 하지만 1장에서 살펴보았듯 부패에는 좀 더 광범위한 의미가 있다. 명분이나 활동이나 사회적 관행은 적합한 수준보다 낮은 규범에 의해 다뤄질 때 부패된다. 극단적인 예를 들자면, 팔아서 수익을 얻을 목적으로 아이를 임신하는 행위는 부모의 역할이 부패한 것이다. 자녀를 사랑해야 할 존재로 보지 않고 사용해야 할 사물로 다루기 때문이다. 정치적 부패도 마찬가지 관점에서 볼 수 있다. 한 판사가 뇌물을 받고 부정한 판결을 내릴 때, 그는 자신의 사법적 권위가 대중의 신뢰가 아니라 개인의 이득을 취하는 수단인 양 행동하고 있는 것이다. 그는 적합한 수준보다 낮은 규범에 따라 사법적 권위를 다룸으로써, 자신의 공직을 타락시키고 그 품위를 떨어뜨린다.

불임시술의 대가로 지급하는 현금이 일종의 뇌물이라는 주장의 이면에는 좀 더 광범위한 부패 개념이 놓여 있다. 이렇게 주장하는 사람들은 강압 여부를 떠나 협상 자체가 부패라고 주장한다. 구매자(해리스)와 판매자(마약 중독 여성) 양측이 잘못된 방식으로 판매 재화(판매자의 생식능력)의 가치를 평가하기 때문이다. 해리스는 에이즈바이러스 양성반응을 보이는 마약 중독 여성들을 돈만 내면 스위치를 끌 수 있는 고장 난 아기제조 기계쯤으로 대우한다. 해리스의 제안을 받아들인 여성들은 스스로의 품격을 저하시키는 이러한 상황을 묵인한다. 이것이 불임시술에 현금을 지급하는 것은 뇌물이라는 주장을 뒷받침하는 도덕 논리다. 부패한 판사나 공무원처럼, 돈을 받고 불임시술

> 부패한 판사나 공무원처럼, 돈을 받고 불임시술을 받은 여성은 사고팔아서는 안 되는 대상을 판다. 그 여성들은 자신의 생식능력을 책임감과 보살핌의 규범에 따라 행사해야 하는 선물이나 의무의 대상으로 보지 않고 금전적 이익을 취하기 위한 도구로 다룬다.

을 받은 여성은 사고팔아서는 안 되는 대상을 판다. 그 여성들은 자신의 생식능력을 책임감과 보살핌의 규범에 따라 행사해야 하는 선물이나 의무의 대상으로 보지 않고 금전적 이익을 취하기 위한 도구로 다룬다.

이러한 주장을 놓고 비유가 잘못되었다고 반박할 수 있다. 부정한 판결을 내리는 조건으로 뇌물을 받은 판사는 자기 소유가 아닌 대상을 판다. 판결은 판사의 재산이 아니기 때문이다. 하지만 돈을 받고 불임시술을 받겠다고 동의한 여성은 자신에게 속한 것, 즉 자신의 생식능력을 판다. 돈을 제쳐놓고 생각하면 여성이 불임시술을 받거나 아이를 갖지 않겠다고 선택해도 아무 잘못이 없다. 하지만 판사는 설사 뇌물을 받지 않더라도 불공정한 판결을 내리면 잘못이다. 따라서 여성에게 개인적인 이유로 생식능력을 포기할 권리가 있다면, 대가를 받고 포기할 권리 또한 있다고 주장할 수도 있다.

이러한 주장을 인정한다면 불임시술을 받는 조건으로 현금을 주는 거래는 결국 뇌물이 아니다. 따라서 여성의 생식능력이 시장 거래의 대상이 되어야 할지 말아야 할지를 결정하려면 우선 그것이 어떤 종류의 재화인지 물어보아야 한다. "우리는 우리 몸을 원하는 대로 소유하고 사용하고 처분할 수 있는 소유물로 생각해야 할까? 아니면 자기 몸을 사용하는 방법에 따라 자기비하에 해당하는 행위도 있을까?" 이는 매춘, 대리모, 난자와 정자의 거래 등을 둘러싼 논쟁에서도 의견이 분분한 굵직한 질문이다. 우리는 시장논리가 이와 같은 영역에서도 적절한지 여부를 판단하기 전에, 어떤 규범이 우리의 성생활과 출산을 지배하는지 파악해야 한다.

삶에 접근하는 경제학적 방법

대부분의 경제학자들은 최소한 경제학자로서의 역할에서만큼은 도덕적 문제를 다루고 싶어하지 않는다. 그들은 자신들이 하는 일은 사람들의 행동을 설명할 뿐이지 판단하는 것이 아니라고 말한다. 어떤 규범이 어떤 활동을 지배해야 하는지, 어떤 재화에 어떤 가치를 두어야 하는지 사람들에게 말하는 것은 자신들의 일이 아니라고 주장한다. 가격 체계는 사람들의 선호도에 따라 재화를 분배하지만, 그 선호도에 대해 가치가 있다거나 훌륭하다거나 상황에 적절하다고 평가하지는 않는다는 얘기다. 그러나 이런 거부에도 불구하고, 경제학자들은 점점 더 도덕적 문제에 휩싸이고 있다.

이러한 현상이 발생하는 이유는 두 가지다. 하나는 세상이 변하기 때문이고, 또 하나는 경제학자들이 주제를 이해하는 방식이 바뀌기 때문이다.

최근 수십 년 동안 전통적으로 비시장 규범이 지배했던 삶의 영역에까지 시장과 시장 지향적 사고가 확대되고 있다. 비경제적 재화에 가격을 매기는 경향이 더욱 뚜렷해지고 있다. 해리스가 마약 중독 여성에게 불임시술의 대가로 300달러를 제안한 것도 바로 이러한 예다.

이와 동시에 경제학자들은 자신들의 원칙을 더욱 추상적이면서도 야심적으로 수정하고 있다. 과거 경제학자들은 인플레이션과 실업, 저축과 투자, 금리와 해외 무역처럼 명백히 경제적인 주제들을 다루었다. 그들은 국가가 부유해지는 방법과 가격체계를 통해 삼겹살을 비롯한 다른 시장 재화의 공급과 수요를 예측하는 방법 등을 설명했다.

그러나 요즘 경제학자들은 더욱 야심찬 계획을 세우고 있다. 그들은 경제학이 단순히 물적 재화의 생산과 소비를 파악하는 통찰력을 제공할 뿐만 아니라 인간행동을 설명하는 과학이라고 주장한다. 이러한 과학의 중심에는 단순하지만 포괄적인 개념이 자리하고 있다. 삶의 모든 영역에서, 사람은 눈앞에 놓인 선택사항에 대해 비용과 이익을 저울질하고 자신에게 최대의 행복이나 효용을 안겨주리라 생각되는 것을 선택한다고 가정함으로써 인간의 행동을 설명하는 것이다.

이러한 개념이 옳다면 무엇이든 가격을 매길 수 있다. 가격은 자동차나 토스터, 또는 삼겹살처럼 명확할 수 있다. 또는 섹스·결혼·자녀·교육·범죄행위·인종차별·정치참여·환경보호 심지어 인간생명처럼 암시적일 수도 있다. 우리가 의식하든 의식하지 못하든 수요와 공급의 법칙이 모든 재화의 조건을 결정한다.

이러한 견해를 나타내는 가장 영향력 있는 발언은 시카고대학교 경제학과 교수인 게리 베커(Gary Becker)의 『인간행동의 경제학적 접근(The Economic Approach to Human Behavior)』(1976)에 나온다. 베커는 경제학이 "물적 재화의 분배를 연구하는 학문"이라는 구식 개념을 거부한다. 그는 경제학에 관한 전통적 견해가 유지되는 이유는 "특정 종류의 인간행동이 경제학이라는 딱딱한 계산법의 지배를 받는 현상을 꺼리기 때문이다."라고 추측했다. 베커는 우리에게서 그러한 저항을 제거할 방법을 찾는다.[6]

베커에 따르면, 사람들은 어떤 활동을 하든지 자기 행복을 극대화할 목적으로 행동한다. 무자비하고 단호하게 적용되는 이러한 전제가 인간행동에 '경제학적으로 접근하는 방법의 핵심'이다. 경제학적 접근법은 생사에 대한 결정부터 커피 브랜드의 선택까지 재화의 종류에 상관없이 적용된다. 또한 배우자를 선택하거나 페인트 한 통을 살 때도 적용된다. 베커는 이렇게 주장을 이어나간다.

> 나는 경제학적 접근이 모든 인간행동에 적용할 수 있는 포괄적 접근법이라는 결론에 도달했다. 화폐 가격이나 잠재 귀속 소득, 반복적이거나 간헐적인 결정, 크거나 작은 결정, 감정적이거나 기계적인 목적, 부유하거나 가난한 사람, 남자나 여자, 성인이나 어린이, 명석하거나 어리석은 사람, 환자나 심리치료사, 사업가나 정치가, 교사나 학생과 관련된 행동도 마찬가지다.[7]

베커는 환자와 심리치료사, 사업가와 정치가, 교사와 학생들이 스스로 내린 결정이 경제적 원칙에 지배받는다는 사실을 실제로 이해하고 있다고는 주장하지 않는다. 그 이유는 다만 우리가 스스로의 행동의 원천을 종종 보지 못하기 때문이다. "경제학적 접근법은, 사람들이 자기 행동에 대한 이유를 극대화하거나 말로 표현하고 유익한 방향으로 서술하려는 노력을 본인이 반드시 의식한다고는 전제하지 않는다." 그러나 인간이 처한 온갖 상황에 내재된 가격 신호를 포착할 수 있는 예리한 안목을 지녔다면, 아무리 물질적 관심이 없다 하더라도 모든 인간행동을 비용과 이익에 따른 합리적 계산법으로 설명하고 예측할 수 있다.[8]

베커는 자신의 주장을 설명하기 위해 결혼과 이혼을 경제학적으로 분석했다.

경제학적 접근법에 따르면 결혼에서 기대하는 효용이, 독신으로 남거나 좀 더 나은 짝을 찾는 경우에 기대하는 효용을 초과할 때 결혼하기로 결정한다. 이와 비슷하게 기혼자는 독신이 되거나 다른 사람과 결혼하는 경우에 기대하는 효용이, 자녀와의 물리적 별거, 공동 자산의 분리, 법률 비용 등 이별로 상실하는 효용을 초과할 때 결혼생활에 종지부를 찍는다. 많은 사람이 배우자를 찾고 있기 때문에 결혼에도 시장이 존재한다고 말할 수 있다.[9]

어떤 사람들은 이같은 계산적 견해 때문에 결혼에서 낭만적 요소가 사라져간다고 생각한다. 그리고 사랑과 의무, 헌신은 금전적 조건으로 축소할 수 없는 이상적 요소라고 주장한다. 또한 좋은 결혼생활은 돈으로 살 수 없는 아주 귀중한 대상이라고 강조한다.

하지만 베커에게는 이러한 주장이 명석한 사고를 방해하는 감상주의일 뿐이다. 그가 쓴 글에 따르면, 경제학적 접근법에 반대하는 사람들은 인간행동을 "무지와 비합리성, 종잡을 수 없이 빈번한 가치변화, 관습과 전통, 어떤 식으로든 사회규범이 유도한 복종"에 따른 혼란스럽고 예측 불가능한 결과라고 설명한다. 베커는 이러한 혼란스러운 상황에 대해 거의 인내심을 발휘하지 못한다. 그는 오로지 수입과 가격 효과에만 초점을 맞추면 사회과학의 기반이 더욱 견고해지리라 믿는다.[10]

과연 인간의 모든 행동을 시장 개념으로 이해할 수 있을까? 경제학자, 정치학자, 법학자 등이 이러한 문제를 놓고 지속적으로 논쟁을 벌이고 있다. 하지만 확실한 것은, 학계뿐 아니라 일상생활에서도 시장 개념이 매우 강력해지고 있다는 것이다. 지난 수십 년 동안 사회적 관계도 시장관계의 개념에 맞추어 놀라울 정도로 수정되었음을 목격해왔다. 이러한 변화가 생겨난 한 가지 이유는 사회문제를 해결하려는 금전적 인센티브의 사용이 늘어났기 때문이다.

성적이 좋은 학생에게 주는 상금

불임시술을 하는 여성에게 돈을 지급하는 행위는 불미스러운 예다. 비슷한 예를 하나 더 들어보자. 현재 미국 전역의 교육구는 학생들의 학력을 향상시키기 위한 노력의 일환으로, 학교 성적이 좋거나 표준화된 시험에서 점수가 높은 학생에게 상금을 준다. 이렇듯 교육 개혁의 바람을 타고, 학교가 앓고 있는 문제를 현금 인센티브로 개선할 수 있다는 생각이 등장했다.

내가 다녔던 공립고등학교는 캘리포니아 주 퍼시픽 펠리세이즈에 있었는데, 학교는 꽤 괜찮았지만 학생들 사이의 경쟁이 지나치게 치열했던 곳이다. 나는 당시에 성적표에 'A'를 받아올 때마다 부모들에게 돈을 받는 아이들이 있다는 이야기를 종종 들었다. 우리 학생들은 대부분 이렇게 받는 보상을 창피하게 생각했다. 하지만 성적이 좋은 학생에게 학교가 스스로 발 벗고 나서서 돈을 지급하리라는 생각은 그 누구도 하지 않았다. LA 다저스가 홍보활동으로 고등학교 우등생들에게 입장권을 무료로 나눠주었던 기억은 난다. 우리는 이 제도에 전혀 거부감이 없었고, 나 또한 친구들과 함께 꽤나 많은 경기를 관람했다. 하지만 누구도 무료 입장권 배부가 인센티브라고 생각하지 않았고 오히려 쓸데없는 짓이라 여겼다.

그러나 지금은 사정이 다르다. 재정적 인센티브를 학력 향상을 위한 열쇠로 여기는 경향이 강해지고 있고, 이러한 생각은 학력이 낮은 도시의 학교에서 특히 그렇다.

《타임》지는 최근호 표지에서 "학교가 학생을 돈으로 매수해야 하는가?"[11]라는 퉁명스러운 질문을 던졌다. 일부 사람들은 이에 대해 그 뇌물이 효과가 있는지 여부에 달려 있을 뿐이라고 말한다.

하버드대학교 경제학과 교수 롤랜드 프라이어 주니어(Roland Fryer Jr.)는 이러한 질문에 대한 대답을 찾고 있다. 아프리카 출신 미국인으로 플로리다와 텍사스의 험한 동네에서 성장한 프라이어는 금전적 인센티브 제도가 도심지역 학교 학생들에게 동기부여를 할 수 있다고 믿는다. 그는 재단에서 재정지원을 받아 미국 최대 교육구 몇 군데를 대상으로 자신의 아이디어를 실험하고 있다. 2007년 초반, 그의 프로젝트는 아프리카계와 라틴아메리카계 저소득층 자녀가 주로 다니는 261개 도시의 학교 학생들에게 모두 630만 달러를 지급했다. 이때 도시마다 사용한 인센티브의 종류는 달랐다.[12]

- 뉴욕 시 소재의 참여 학교는 표준화된 시험의 점수가 높은 4학년 학생들에게 25달러를 지급했다. 7학년 학생은 시험을 볼 때마다 50달러를 받을 수 있었다. 평균 학력의 7학년 학생은 모두 231.55달러를 받았다.[13]

- 워싱턴 소재의 학교는 출석률이 좋고 품행이 단정하며 숙제를 제때에 제출한 중학생들에게 상금을 주었다. 성실한 학생은 2주 간격으로

100달러까지 받을 수 있었다. 보통 학생은 2주마다 약 40달러를 받아서 총 상금 수령액은 연간 532.85달러에 이르렀다.[14]

- 시카고에서 9학년 학생들은 교과목에서 좋은 성적을 받으면 상금을 받았다. A를 받으면 50달러, B를 받으면 35달러, C를 받으면 20달러를 받았다. 상위권 학생들이 일 년 동안 받은 상금은 1875달러에 달했다.[15]

- 댈러스에서 2학년 학생은 책을 한 권 읽을 때마다 2달러를 받는다. 상금을 받으려면 컴퓨터로 쪽지시험을 봐서 실제로 책을 읽었다는 것을 증명해야 한다.[16]

학생들에게 지급한 현금 인센티브는 상반된 결과를 나타냈다. 뉴욕 시에서는 시험 점수가 높은 학생에게 상금을 주는 것이 학업성과를 향상시키는 데 아무런 영향을 미치지 않았다. 시카고에서는 시험 점수가 높은 학생에게 상금을 주자, 출석률은 높아졌지만 시험 성적의 향상으로는 이어지지 않았다. 워싱턴에서는 히스패닉계 학생, 남학생, 행동에 문제가 있는 학생을 포함한 일부 학생들의 독해 점수가 향상되었다. 현금 인센티브 제도가 가장 효과를 발휘한 곳은 댈러스 소재의 초등학교 2학년생들이었다. 책을 한 권 읽을 때마다 2달러를 받은 학생들은 학년 말에 이르자 독해 점수가 상승했다.[17]

프라이어가 실시한 인센티브 프로그램은 최근 아이들이 학교생활을 충실하게 할 목적으로 실시한 여러 시도 중 하나다. 또 다른 프로그램으로는 AP과정(미국에서 고등학생이 대학 진학 전에 대학 인정 학점을 취득할 수 있는 고급 학습 과정-옮긴이)에서 좋은 성적을 얻은 학생들에게 현금을 지급하는 제도가 있다. 고등학교 학생들은 AP과정을 이수함으로써 수학·역사·과학·국어 등의 과목에서 대학 수준의 난이도 높은 교재를 접한다. 1996년 텍사스는 AP 인센티브 프로그램(Advanced Place-ment Incentive Program)을 시작해서 AP시험에서 합격 점수인 3점 이상을 받는 학생에게는 학교에 따라 100~500달러를 상금으로 지급했다. 학생을 지도한 교사도 합격생 한 명당 100~500달러의 상금과, 월급 외 추가 수당도 받는다. 현재 텍사스 소재 고등학교 60곳에서 운영하고 있는 이 인센티브 프로그램은 소수인종과 저소득층 학생들이 대학에 대비하는 능력을 향상시키기 위해 운영되고 있다. 현재 12개 주가 AP시험에 합격한 학생과 그 학생을 지도한 교사에게 인센티브를 제공한다.[18]

일부 인센티브 프로그램은 학생보다는 교사가 대상이다. 교원노조가 성과급 제안을 경계하고 있지만, 지도 학생의 학력 성취에 따라 교사에게 인센티브를 지급하는 제도는 유권자, 정치가, 일부 교육 개혁가 사이에서 인기가 높다. 2005년부터 덴버, 뉴욕 시, 워싱턴, 노스캐롤라이나 주 길포드 카운티, 휴스턴 소재의 교육구들에서는 교사에게 인센티브를 지급하는 제도를 적용하고 있다.

2006년 미국 의회는 학력 수준이 낮은 학교에 재직하는 교사들에게 성과급을 주기 위해 '교사 인센티브 기금(Teacher Incentive Fund)'을 제정했다. 오바마 행정부는 이 프로그램에 대한 자금지원을 늘렸다. 최근 내슈빌의 민간 자금을 지원받는 인센티브 제도는 학생들의 시험 성적을 향상시킨 중학교 수학 교사들에게 최대 1만 5천 달러까지 현금 보

너스를 지급했다.[19]

　내슈빌에서 교사에게 지급한 보너스 금액은 상당히 컸지만 정작 학생들의 수학 점수에는 전혀 영향을 미치지 못했다. 하지만 텍사스와 기타 지역에서 실시한 AP 인센티브 프로그램은 긍정적인 효과를 내고 있다. 저소득층과 소수인종 학생들을 비롯하여 더욱 많은 학생들이 AP 과목을 들으려고 하고 있다. 또한 많은 학생들이 대학교 학점으로 인정해주는 표준화 시험을 통과하고 있다. 이는 매우 좋은 소식이다. 하지만 재정적 인센티브에 대한 경제학적 기본개념, 즉 인센티브를 많이 지급할수록 학생들이 더욱 열심히 공부하고 결과도 나아진다는 개념은 아직 입증되지 않았다. 여기에 얽힌 문제는 더욱 복잡하다.

　성공을 거둔 AP 인센티브 프로그램이 학생과 교사에게 제공하는 것은 현금뿐만이 아니다. 학교 문화와 학생들의 학업 성취를 향한 태도를 변화시키기도 한다. 이 프로그램은 교사에게 특별연수 기회를 주고, 실험실 장비를 제공하고, 방과 후와 매주 토요일에 개인 과외 수업제도를 실시한다.

　매사추세츠 주 워체스터에 위치한 상황이 좋지 않은 한 도심 학교에서는 선별된 우수 학생뿐 아니라 모든 학생들에게 AP 수업을 개방하고, 랩 가수가 등장하는 포스터를 이용하여 학생을 모집하면서 "릴 웨인(Lil Wayne) 같은 래퍼를 좋아하고 힙합바지를 입는 학생들이 매우 어려운 내용의 수업을 듣는 것 자체를 멋져 보이게" 만들었다. 학년 말에 AP시험을 통과한 학생들에게 100달러의 인센티브를 지급하는 방법은, 돈 자체보다는 외부로 드러나는 효과 때문에 학생들의 학습동기를 유발하는 것으로 보인다. AP시험에 합격한 한 학생은《뉴욕타임스》

와의 인터뷰에서 "돈이요? 멋지죠. 특별 수당이잖아요!"라고 말했다. 프로그램에서 제공하는 주당 2회의 방과 후 수업과 토요일에 받는 총 18시간의 개인 과외수업도 학력 향상에 도움이 되었다.[20]

한 경제학자가 주로 저소득층 학생으로 구성된 텍사스 소재 학교에서 실행하는 AP 인센티브 프로그램을 밀착 조사했을 때, 이 프로그램은 돈을 많이 지급할수록 학생들의 점수가 높아진다는 일반적인 '가격 효과'가 아니라 다른 방식을 통해 학생들의 학력을 향상시킨다는 흥미로운 사실을 발견했다. AP시험에서 합격 과목마다 100달러를 지급하는 학교도 있고, 500달러를 지급하는 학교도 있었지만, 돈을 더욱 많이 지급한 학교에서의 결과가 더 나을 것은 없었다. 이 연구논문의 저자인 키라보 잭슨(Kirabo Jackson)은 AP 인센티브 프로그램에 참여한 학생들과 교사들이 "단지 수입을 극대화하려는 목적으로만 행동하지 않았다."라고 표현했다.[21]

그렇다면 어떤 현상이 벌어지고 있는 것일까? 돈은 결과를 외부로 드러내는 효과를 내서 학업 성취를 '멋진 것'으로 만든다. 이것이 바로 인센티브 액수가 학업 성취의 결정적 요인이 아닌 이유다. 대부분의 학교에서 AP 인센티브 프로그램의 대상 과목을 영어·수학·과학에 국한시켰지만, 역사와 사회 등 다른 AP 과목 수업의 출석률도 덩달아 높아졌다. 해당 프로그램이 성공한 이유는 학업 성취를 이루도록 돈으로 학생들을 매수해서가 아니라 학업 성취와 학교 문화에 대한 학생들의 태도를 변화시켰기 때문이다.[22]

건강 유지를 위한 뇌물

보건 분야에서도 현금 인센티브 제도가 유행하고 있다. 더욱 많은 의사, 보험회사, 고용주들이 사람들에게 약을 복용하거나 금연하거나 체중을 감량하는 등 건강을 유지하도록 돈을 지급한다. 질병이나 생명을 위협하는 고통을 피할 수 있다는 것만으로도 건강을 유지하기 위해 노력할 충분한 동기가 된다고 생각할지 모르겠다. 하지만 놀랍게도 그렇지 않은 경우가 많다. 환자의 3분의 1에서 2분의 1은 처방받은 대로 약을 복용하지 않는다. 결과적으로 상태가 악화하면 연간 수십 억 달러의 추가 의료비가 들어간다. 따라서 의사들과 보험회사는 환자가 약을 복용하도록 현금 인센티브를 제공하는 것이다.[23]

필라델피아에서는 혈액의 응고를 억제하는 와파린을 처방받은 환자들이 약을 복용하는 대가로 10달러에서 100달러에 이르는 보상금을 현금으로 받는다. 약상자가 전산화되어 약을 복용했는지 여부를 기록하고 환자에게 당일 보상금을 탔는지 알려주는 방식을 이용한다. 인센티브 제도 참가자들은 처방전대로 약을 복용하면 매월 평균 90달러를 받는다. 영국에서는 조울증이나 정신분열증을 앓는 환자가 매달 항정신병 약물 주사를 맞으러 진료소를 찾으면 15파운드를 받는다. 십대 소녀들은 자궁경부암을 유발할 수 있는 성관계로 인한 바이러스를 예방하는 백신을 맞으면 쇼핑 쿠폰 형태로 45파운드를 받는다.[24]

흡연은 직원에게 건강보험을 제공하는 기업에 커다란 재정적 부담을 가져다준다. 그래서 2009년 제너럴일렉트릭(General Electric, GE)은 일부 직원을 대상으로 일 년 동안 금연한 경우, 750달러를 지급하는 금연 정책을 쓰기 시작했다. 결과는 고무적이어서 GE는 미국에서 근무하는 직원 전체로 대상을 확대하고 있다. 식품점 체인인 세이프웨이(Safeway)는 금연하고 체중과 혈압을 유지하며 콜레스테롤 수치를 관리하는 직원에게 건강보험료의 본인 부담액을 인하해준다. 직원들이 스스로의 건강을 향상시키도록 당근과 채찍을 함께 사용하는 기업이 점차 늘어나고 있다. 현재 미국 대기업의 80퍼센트가 건강 증진 프로그램에 참여하는 직원에게 재정적 인센티브를 제공한다. 또한 거의 절반에 달하는 기업들은 건강에 바람직하지 못한 습관을 지닌 직원에게 건강보험료의 본인 부담액을 추가로 부과하는 방식으로 채찍을 가한다.[25]

가장 매력적이면서도 현금 인센티브 제도로 효과를 보기가 가장 까다로운 분야는 체중 감량이다. NBC에서 방영하는 리얼리티 쇼 〈도전! 팻 제로(원제: The Biggest Loser)〉는 체중 감량을 한 사람들에게 상금을 주는 것에 열광하는 최근의 현상을 극화했다. 이 쇼는 시즌 동안 체중 감량 비율이 가장 큰 참가자에게 25만 달러를 지급한다.[26]

의사, 연구자, 고용인은 이보다는 얌전한 형태의 인센티브를 제공하고 있다. 미국에서 실시한 한 연구에 따르면, 수백 달러의 상금은 비만 참가자들이 4개월 만에 약 6킬로그램을 감량하도록 자극을 줄 수 있었다. (안타깝게도 체중 감량은 일시적 현상으로 밝혀졌다.) 비만 관련 질병의 치료에 예산의 5퍼센트를 쓰는 영국 국립보건원(National Health Service, NHS)은 체중을 감량하고 2년 동안 감소한 체중을 유지하는 사람에게 최대 425파운드를 지급했다. 이는 〈파운드에는 파운드로(Pounds for Pounds)〉라는 프로그램이다.[27]

건강을 유지하는 행동에 대해 보상금을 지급하는 것에 관해서 다음 두 가지 질문을 던질 수 있다. 과연 이 제도는 효과가 있을까? 이 제도에 반박의 여지는 없을까?

경제학적 관점에서 보면, 건강을 유지하도록 사람들에게 돈을 지급하는 행위는 단순히 비용과 이익의 문제다. 이때 실제적으로 던질 수 있는 유일한 질문은 과연 인센티브 제도가 효과가 있는가다. 만약 돈이 사람들로 하여금 약을 복용하거나 금연하거나 헬스장에 나가 운동을 시작하도록 동기를 부여하고, 따라서 나중에 비싼 치료비를 내야 할 필요성이 줄어든다면, 왜 반대를 하겠는가?

하지만 여전히 반대하는 사람들도 많다. 건강에 좋은 행동을 증진하기 위해 사용하는 현금 인센티브 제도는 격렬한 도덕적 논쟁을 불러일으킨다. 하나는 공정성과 관련한 반박이고, 다른 하나는 뇌물과 관련한 반박이다. 공정성에 관한 반박은 정치적 입장에 따라 주장이 서로 다르다. 일부 보수주의자들은 과체중인 사람은 스스로 체중을 감량해야 하며, 체중 감량에 따른 보상으로 납세자가 낸 세금을 지급하는 것은 나태한 행동에 대한 불공정한 보상이라고 주장한다.

그들은 현금 인센티브가 "치료가 아닌 방종에 대한 보상"이라 생각한다. 이러한 반박의 이면에는 "우리는 누구나 자기 체중을 스스로 통제할 수 있기 때문에" 스스로 체중을 감량하지 못한 사람에게 보상금을 지급하는 행위는 불공정하다는 개념이 자리하고 있다. 특히 영국처럼 보상이 국립보건원에서 지급되는 경우에는 더욱 그러하다. "사람들에게 돈을 지급해서 나쁜 습관을 버리게 하는 것은 궁극적으로 '유모국가'의 사고방식으로서, 스스로의 건강에 대해 부담해야 할 모든 책임을 면제해주는 것이다."[28]

일부 자유주의자들은 정반대의 우려를 표명한다. 건강에 좋은 행동에 재정적 보상을 지급하거나 건강에 나쁜 행동에 불이익을 주는 것은 스스로 어쩔 수 없는 질병을 앓는 사람들에게 불공정하게 손해를 입힐 수 있다는 것이다. 보험료를 결정할 때 건강한 사람과 건강하지 못한 사람을 구별하는 권한을 기업이나 건강보험회사에 부여한다면, 아무런 잘못도 하지 않았지만 건강 상태가 좋지 않아 커다란 건강상의 위험에 놓인 사람들에게는 불공정하다. 체육관 이용료를 모든 사람들에게 할인해주는 것과 많은 사람들이 스스로 통제할 수 없는 건강 결과를 바탕으로 보험료를 결정하는 것은 별개의 문제다.[29]

건강에 좋은 행동을 장려하기 위한 현금 인센티브 제도가 뇌물이라는 반박은 파악하기가 더욱 어렵다. 언론은 보통 건강 인센티브를 뇌물로 지칭한다. 하지만 정말 그럴까? 불임시술의 대가로 현금을 지급하는 프로그램에서는 뇌물의 실체가 분명했다. 여성이 자신을 위해서가 아니라 외부적 목적, 즉 마약에 중독된 아기가 태어나는 상황을 막기 위해 자신의 생식능력을 포기하는 대가로 현금을 받기 때문이다. 많은 경우, 여성들은 스스로의 이익에 반하는 행동을 하도록 돈을 받는다.

하지만 사람들이 금연하거나 체중을 감량하도록 돕기 위한 현금 인센티브 제도까지 뇌물이라고 말할 수는 없다. 기업이나 국립보건원이 지불해야 하는 의료비용의 감소 등 외부적 목적이 무엇이든 간에, 돈은 수령인의 건강을 증진시키는 행동을 장려한다. 이것이 어떻게 뇌물일 수가 있겠는가?[30] 약간 다르게 질문하자면, 건강에 좋은 행동이 뇌물을 받은 사람의 이익과 부합하는데도 뇌물이라는 혐의가 적절하게 들리는 이유는 무엇일까?

나는 뇌물이라는 혐의가 적절하다고 생각한다. 금전상의 동기가 더욱 바람직한 다른 동기를 밀어낸다는 의심이 들기 때문이다. 이유는 이렇다. 건강에 좋은 자세는 콜레스테롤 수치와 체질량지수를 적절한 수준으로 유지하는 것에 국한되지 않는다. 이는 자신의 신체적 행복에 대해 올바른 태도를 계발하고 자기 신체를 돌보고 존중하는 것이다. 하지만 약을 복용하도록 사람들에게 돈을 지급하는 행위는 이러한 행동을 키울 수 없고 오히려 해칠 수도 있다.

이는 뇌물이 사람을 교묘하게 조종하기 때문이다. 뇌물은 수령인을 설득하는 절차를 생략하고 내재적 이유를 외재적 이유로 대체한다. "담배를 끊거나 체중을 감량해야 하는 웰빙에는 별로 관심이 없죠? 그렇다면 내가 750달러를 줄 테니 그렇게 해요."

건강 증진을 위한 뇌물은 우리를 속여서 어쨌거나 해야 하는 일을 하도록 만든다. 뇌물은 잘못된 이유로 올바른 일을 하도록 우리를 꼬드긴다. 때로는 우리가 속아 넘어가는 데 도움을 주기도 한다. 물론 혼자의 힘으로 담배를 끊거나 체중을 감량하기는 쉽지 않다. 하지만 결국 뇌물에 조종당하는 상황은 극복해야 한다. 그렇지 않으면 뇌물을 받는 것이 습관으로 굳어질지도 모른다.

건강 증진을 위한 뇌물이 효과가 있다면, 뇌물이 건강에 대한 좋은 태도를 변질시킬 수 있다는 우려는 대책 없이 배부른 소리처럼 들린다. 현금으로 비만 문제를 바로잡을 수만 있다면 조종당하는 것이 뭐가 문제란 말인가? 우선 우리의 신체적 행복에 적절하게 관심을 쏟는 것은 자기존중의 일부이기 때문이다. 좀 더 실질적인 또 다른 이유는 건강을 유지하고자 노력하는 태도가 없으면 인센티브가 중단되었을 때 감량

했던 체중이 되돌아올 수 있다는 것이다.

 이는 지금까지 살펴본 유급 체중 감량 프로그램에서 나타나는 것으로 보인다. 금연하는 사람에게 현금을 지급하는 제도에는 희미하나마 희망을 걸어볼 만하다. 하지만 가장 호의적인 연구 결과를 보더라도, 돈을 받고 금연을 시작한 흡연자 가운데 인센티브가 중단되고 6개월이 지나서 다시 담배를 피기 시작한 사람이 90퍼센트가 넘었다. 일반적으로 현금 인센티브는 장기간의 습관이나 행동을 바꾸기보다는 의사의 진찰을 받거나 주사를 맞는 등 특정 행사에 사람들을 참여하게 하는 경우에 효과가 있어 보인다.[31]

 사람들이 건강을 관리하도록 돈을 주는 것은, 건강을 유지하는 것에 대한 가치를 장려하는 데 실패함으로써 오히려 역효과가 발생할 수 있다. 만약 그렇다면 "현금 인센티브 제도가 효과가 있는가?"라는 경제학자의 질문과 도덕주의자의 "현금 인센티브에는 반박의 여지가 있는가?"라는 질문은 언뜻 들었을 때보다 훨씬 밀접한 관련이 있다. 인센티브가 "효과가 있는지 없는지"는 그 목적에 달려 있다. 그리고 적절하게 설정된 목적은 현금 인센티브가 퇴색시킬 수 있는 가치와 태도를 포함할 것이다.

왜곡된 인센티브

내 친구는 어린 자녀들이 감사 카드를 쓸 때마다 1달러씩 주었다. 아이들이 쓴 감사 카드를 읽어보면 억지로 썼다는 사실을 대부분 눈치챌 수 있었다. 이러한 방법은 장기간의 효과가 있을 수도 있고 없을 수도 있다. 감사 카드를 많이 쓰다보면 결국 감사의 참뜻을 알게 되고 더 이상 돈을 받지 않더라도 선물을 받았을 때 감사한 마음을 표현하게 될 수도 있다. 혹은 이와 반대로 아이들이 잘못된 교훈을 받아들여 감사 카드를 쓰는 일은 돈을 받기 위해 어쩔 수 없이 해야 하는 노동이자 짐이라고 생각할 수도 있다. 이런 경우에는 좋은 습관은 생기지 않고 보상이 끊어지면 더 이상 감사 카드를 쓰지 않을 것이다. 더욱 심한 경우에는 뇌물이 아이들의 도덕 교육을 변질시켜 감사의 미덕을 배우기가 더욱 어려워질 수 있다. 감사 카드를 쓰게 하려고 뇌물을 주는 방법은 단기간에 감사 카드의 수를 증가시킬지는 몰라도, 아이들에게 해당 재화에 대한 잘못된 가치부여 방식을 심어주기 때문에 결국 실패할 것이다.

  좋은 성적을 거두면 현금을 주는 경우에도 비슷한 문제가 발생한다. 좋은 성적을 거두거나 책을 읽는 것에 대한 보상으로 아이들에게 돈을 주면 어떨까? 그렇게 하는 목적은 아이들이 공부를 하거나 독서에 힘쓰도록 장려하기 위해서다. 돈을 주는 행위는 그러한 목적을 달성하기 위한 인센티브다. 경제학은 사람들이 인센티브에 반응한다고 가르친다. 아이들 중에는 배우는 과정을 좋아하기 때문에 책을 읽는 데 동기부여가 되는 아이들이 있는가 하면, 그렇지 않은 아이들도 있다. 그렇다면 돈을 추가적 인센티브로 사용하면 어떨까?

  경제학적 논리가 그러하듯, 인센티브는 한 가지보다는 두 가지를 사용할 때 효과가 클 수 있다. 하지만 금전적 인센티브가 내재적 인센티브를 손상시켜 아이들이 독서에 더욱 힘쓰기보다는 독서를 더욱 게을리 하는 결과를 낳을 수도 있다. 혹은 단기적으로는 독서량이 늘어나겠지만, 잘못된 이유 때문일 수도 있다.

이 시나리오에서 시장은 도구로서 작용하지만 순수한 도구는 아니다. 시장 메커니즘으로서 시작한 방법이 시장 규범이 되고 있다. 분명히 우려되는 점은, 독서를 장려하기 위해 돈을 주면 아이들이 독서를 돈 버는 수단으로 생각하는 데 익숙해지며, 결국 독서의 내재적 장점을 퇴색시키고 밀어내거나 서서히 파괴할 수 있다는 것이다.

체중을 감량하거나 책을 읽거나 불임시술을 받게 하려고 현금 인센티브를 제공하는 것은 삶에 대해 경제학적으로 접근하는 동시에 이를 확대하는 태도다. 1970년대 중반, 게리 베커는 우리가 비용과 이익을 계산한다고 전제하면 우리 행동 전체를 설명할 수 있다고 주장하면서 '그림자 가격(shadow prices)' 또는 잠재가격을 언급했다. 그림자 가격은 우리가 당면한 대안들과 우리가 내린 결정에 내포해 있는 가상 가격이다. 예를 들어, 어떤 사람이 이혼하지 않고 결혼을 유지하겠다는 결정을 내릴 때 가격은 발생하지 않지만, 당사자는 재정적 가격과 감정적 가격을 포함한 이별에 따르는 암묵적 가격을 고려하여 이혼으로 얻을 수 있는 이익이 그 가격을 상계하지 못한다고 결정한다.

하지만 오늘날 넘쳐나는 인센티브 제도는 그 수준을 넘는다. 물질적 추구와 거리가 먼 활동에도 분명하고 실질적인 가격을 매김으로써 베커의 그림자 가격을 그림자 밖으로 끌어내 실제 가격으로 만든다. 인센티브 제도는 모든 인간관계가 궁극적으로 시장관계라는 베커의 주장을 현실화하고 있다.

이와 관련해서 베커는 최근에 이민 정책을 둘러싼 열띤 논쟁에 대해 인상적인 시장 중심 해결책을 제안했다. 미국은 인원할당제, 포인트 시스템(이민자의 학력과 기술을 고려해서 부여한 포인트에 따라 이민이 결정된다-옮긴이), 가족 우선순위(초청하는 미국 시민권자나 영주권자와의 가족관계에 따라 1~4순위로 나뉜다-옮긴이), 대기 등으로 이루어진 복잡한 조건을 없애고 단순하게 이민권을 팔아야 한다고 주장한 것이다. 베커는 수요를 고려해 이민 허용 가격을 5만 달러, 혹은 그 이상으로 책정하라고 말한다.[32]

거액의 이민 허가 비용을 기꺼이 지불하려는 이민자들은 자동적으로 시민으로서 바람직한 특징을 지닐 것이라고 베커는 추론한다. 그들은 젊고 유능하고, 의욕적이면서 열심히 일하고, 복지 수당이나 실업 수당을 받지 않아도 될 만큼의 재산을 소유하고 있을 가능성이 크다. 1987년 베커가 처음 제안한 이민권 거래를 타당하지 않은 개념으로 생각하는 사람이 많았다. 하지만 경제학적 사고에 젖어 있는 사람들은 현명한 제안이라 여겼고 '어떤 망명자를 받아들일지 어떻게 판단해야 할까?'라는 골치 아픈 문제를 해결하기 위해 시장논리를 끌어들이는 확실한 방법이라고까지 생각했다.

경제학자 줄리언 사이먼(Julian L. Simon)도 같은 시기에 베커와 비슷한 계획을 제안했다. 사이먼은 이민 허용인구의 연간 할당치를 정해놓고 정원이 찰 때까지 경매를 통해 최고 입찰자에게 차례로 이민을 허가하자고 주장했다. 그는 "시장 지향적 사회에 걸맞은 기준, 즉 비용을 지불할 능력과 자발적 의사에 따라 권리를 차등 부여하므로" 이민권 거래는 정당하다고 주장했다. 이런 이민 정책이 부자만 이민 허가를 받을 수 있는 계획이라는 반박에 대해 사이먼은 입찰자가 정부에게 이민 허가 요금을 일부 빌리고 나중에 소득세를 납부하면서 상환하는 방법을

제시했다. 또한 상환할 수 없는 경우에는 언제라도 추방당할 수 있다고 강조했다.[33]

일부 사람들은 이민권 거래 개념에 불쾌감을 드러냈다. 하지만 시장의 힘에 의존하는 시대가 열리면서 베커와 사이먼의 제안에 담긴 핵심 개념이 법으로 구체화되었다. 1990년 의회는 미국에 50만 달러를 투자한 외국인이 가족과 함께 2년 동안 미국에 이주해서 생활하도록 허용하고 투자 결과 2년 후에 열 개 이상의 일자리가 창출되면 영주권을 부여하는 법을 통과시켰다. 현금을 내고 영주권을 발급받는 계획은 궁극적으로 새치기를 통해 시민권을 취득하는 것이었다.

2011년 상원의원 두 명이 금융위기 여파로 여전히 침체되어 있는 고급 주택 시장을 부양하기 위해 이와 비슷하게 현금 인센티브를 제공하는 법안을 발의했다. 50만 달러 이상의 주택을 구매하는 외국인에게는 집을 소유하고 있는 동안 구매자, 배우자, 미성년 자녀가 미국에서 생활할 수 있도록 비자를 발급해주자는 취지였다. 《월스트리트저널》은 "주택 사고 비자 받고(Buy House, Get a Visa)"라는 제목의 글로 이러한 거래 내용을 보도했다.[34]

심지어 베커는 박해를 피해 도망 온 난민에게도 입국 비용을 물리자고 제안했다. 그는 자유시장에 맡기면 어떤 난민을 받아들여야 할지 쉽게 결정할 수 있다고 주장했다. 이때 받아들여지는 난민은 비용을 기꺼이 지불하고자 하는 사람이 될 것이다. "당연히 정치적 망명자들과 조국에서 박해를 받는 사람들은 자유로운 나라에 들어오는 권리를 획득하기 위해 상당한 거액의 요금을 기꺼이 지불할 것이다. 따라서 요금 제도는 그들이 조국으로 돌아간다면 실제로 신체적 위험에 처할지의 여부를 공청회를 열어 결정하는 등 시간을 낭비하는 사태를 자동적으로 피하게 해줄 것이다."[35]

그러나 박해를 피해 도피한 망명자에게 5만 달러를 내라고 요구하는 것은 경제학자들이 비용을 지불하려는 마음과 지불할 수 있는 능력의 차이를 구별하는 데 실패한 사례로서, 좀 당황스러울지도 모르겠다. 따라서 망명자 문제를 해결할 다른 시장적 제안을 한 가지 더 살펴보자. 법학 교수 피터 슈크(Peter Schuck)는 다음과 같이 주장한다.

> 한 국제기관에 권한을 주어 부유한 정도에 따라 연간 난민의 수를 각 국가에 할당한다. 그리고 국가 간 난민 수용 의무를 서로 사고팔 수 있게 허용한다. 예를 들어, 일본이 연간 2만 명의 망명자를 할당받았지만 받아들이고 싶지 않다면 이 의무를 러시아나 우간다에 돈을 지불하고 팔 수 있다. 시장논리의 기준에 따르면 이렇게 하는 경우에 모두가 이익을 얻는다. 러시아나 우간다는 새로운 국가 수입원을 가질 수 있고 일본은 외주를 통해 난민 수용 의무를 이행하고, 더 많은 난민들이 피난처를 찾는 대신 구조를 받을 수 있을 것이다.[36]

설사 더 많은 난민들에게 피난처를 찾아줄 수 있다 하더라도, 난민 시장은 무언가 불미스러운 요소가 있다. 하지만 정확하게 그것이 무엇일까? 그것은 난민 시장으로 인해, 난민이란 누구인가와 그들을 어떻게 대우해야 하는가에 관한 우리의 견해가 바뀐다는 사실이다. 난민 시장이 성립하면 구매자, 판매자, 흥정 대상이 되는 피난처를 소유한 국가를 비롯한 당사자들은 난민을 위험에 처한 인간존재로 보기보다는 털어버려야 하는 짐이나 수입원쯤으로 생각할 것이다.

난민 시장이 난민에 대한 생각을 변질시키는 효과가 있다는 사실을 인정하면서도 실보다는 득이 많다고 결론짓는 사람도 있을 수 있다. 하지만 사례를 통해 알 수 있듯, 시장은 단순한 메커니즘이 아니다. 그것은 특정 규범을 나타낸다. 또한 교환되는 재화에 가치를 부여하는 특정 방식을 전제하기도 하고, 장려하기도 한다.

경제학자들은 흔히 시장은 무기력해서 스스로 통제하는 재화에 관여하거나 이를 손상시키지 않는다고 가정한다. 하지만 이것은 사실이 아니다. 시장은 사회 규범에 흔적을 남긴다. 종종 시장 인센티브는 비시장 인센티브를 잠식하거나 밀어낸다.

이스라엘의 어린이집에 관한 한 연구는 이러한 현상이 어떻게 일어나는지 보여준다. 어린이집에는 흔히 볼 수 있는 문제가 있었는데, 이따금 부모들이 아이들을 늦게 데리러 오는 것이었다. 교사는 퇴근하지 못하고 부모들이 도착할 때까지 아이들을 지키고 있어야 했다. 어린이집은 이런 문제를 해결하기 위해 벌금제도를 도입했다. 과연 어떤 일이 벌어졌을까? 실제로 아이들을 늦게 데리러 오는 경우가 더 늘어났다.[37]

사람들이 인센티브에 반응한다고 가정하면 이것은 헷갈리는 결과다. 벌금을 매기면 아이를 늦게 데리러 오는 경우가 늘어나지 않고 줄어들 것이라 예측했을 것이다. 그렇다면 무슨 일이 벌어진 것일까? 금전적 지불 방법을 도입한 것

> 이스라엘 어린이집의 사례는 '사람은 인센티브에 반응한다.'고 주장하는 일반 경제학 논리의 모순을 보여준다. 아이를 늦게 데리러 올 때 느꼈던 죄책감이 요금을 지불하고 누릴 수 있는 '서비스'로 변질되어 역효과를 불러일으켰다. 금전적 인센티브가 규범을 바꾼 것이다.

이 규범을 바꾼 것이다. 예전에는 아이를 늦게 데리러 온 부모들은 교사들에게 불편을 끼쳤다고 생각하여 죄책감을 느꼈다. 하지만 이제 부모들은 아이들을 늦게 데리러 오는 것이 자발적으로 비용을 지불하고 누릴 수 있는 서비스로 생각했다. 벌금을 마치 요금이라고 생각한 것이다. 부모들은 교사에게 불편을 끼친다기보다는, 오히려 그들이 일한 시간이 늘어난 만큼 비용을 지불한다고 생각했다.

벌금 대 요금

벌금과 요금의 차이는 무엇일까? 둘의 차이를 깊이 생각해볼 필요가 있다. 벌금은 도덕적으로 승인 받지 못하는 행동에 대한 비용인 데 비해, 요금은 도덕적 판단이 배제된 단순한 가격일 뿐이다. 쓰레기 투기로 벌금을 부과 받았다면 쓰레기를 버리는 행위는 잘못이라는 뜻이다. 그랜드캐니언에 맥주 캔을 버리면 단순히 청소 비용만 지불하면 되는 것이 아니다. 이는 우리가 사회구성원으로서 자제해야 하는 나쁜 행동임을 의미한다.

> 벌금과 요금의 차이는 무엇일까? 벌금은 도덕적으로 승인 받지 못하는 행동에 대한 비용이고 요금은 도덕적 판단이 배제된 단순한 가격이다.

그랜드캐니언에 쓰레기를 버릴 때 부과되는 벌금이 100달러이고, 어떤 부자 등산객이 빈 깡통을 계속 들고 공원 밖으로 나가는 수고를 아낀 대가로 그 정도 비용은 낼만 하다고 생각했다고 가정하자. 그는 벌금을 요금으로 생각해서 맥주 캔을 그랜드캐니언에 던져버린다. 그 부자가 돈을 냈다 하더라도 우리는 그가 잘못된 행동을 했다고 생각한다. 그랜드캐니언을 값비싼 쓰레기통으로 취급함으로써 그랜드캐니언의 가치를 적절한 방식으로 존중하지 않았기 때문이다.

　장애인 전용 주차공간을 예로 들어보자. 시간에 쫓기기는 하지만 신체가 멀쩡한 사업가가 자신이 일하는 건물 가까이에 주차하고 싶어 한다. 자신의 편의를 위해 장애인 전용 주차공간에 차를 세우는 대가로 다소 비싼 벌금을 기꺼이 낼 용의가 있다. 그는 벌금이 자신이 비즈니스를 하는 데 따르는 비용이라 생각한다. 그러나 비록 그가 벌금을 내더라도 우리는 그가 잘못 행동했다고 생각하지 않을까? 그는 벌금을 단순히 비싼 주차비 정도로 취급한 것이다. 하지만 사업가의 이러한 태도에는 도덕적 중요성이 빠져 있다. 그는 벌금을 요금으로 취급함으로써 장애인의 형편을 존중하지 않고, 일정 주차공간을 할애하여 장애인을 배려하려는 지역사회의 노력을 무시한 것이다.

21만 7천 달러짜리 과속범칙금

사람들은 벌금을 요금으로 대할 때 벌금이 나타내는 규범을 무시한다. 종종 사회는 이러한 태도에 대해 반격을 가한다. 일부 부유한 운전자들은 과속범칙금을 자신이 원하는 만큼 빨리 자동차를 모는 비용으로 생각한다. 핀란드 법률은 속도위반자의 수입에 비례해 벌금을 부과함으로써 그러한 사고방식과 운전방식에 대해 비우호적인 태도를 취한다. 2003년 27세의 소시지 기업 상속자인 조시 살로노야(Jossi Salonoja)는 시속 40킬로미터 구간을 시속 80킬로미터로 달려서 17만 유로(당시 환율로 21만 7천 달러)의 벌금을 물었다. 핀란드 최대 부자 중 한 명인 살로노야의 당시 연간 수입은 700만 유로였다. 그 전까지 가장 비싼 과속범칙금을 기록한 사람은 휴대전화 회사인 노키아(Nokia)의 중역 안시 반요키(Anssi Vanjoki)였다. 2002년 반요키는 할리데이비슨(Harley-Davison) 오토바이를 몰고 헬싱키를 과속으로 달리다가 11만 6천 유로의 범칙금을 물어야 했다. 반요키는 노키아의 수익감소로 자신의 수입이 감소했다는 자료를 제시했고 판사는 이를 참작하여 벌금 액수를 줄여주었다.[38]

핀란드의 과속범칙금이 요금이 아니라 벌금인 이유는 수입에 비례한다는 사실 때문만은 아니다. 과속범칙금을 부과한 이면에는 속도위반 행위가 잘못이라는 도덕적 비난이 숨어 있다. 누진소득세 역시 수입에 비례하지만 이는 벌금이 아니다. 누진세의 목적은 국가가 재원을 확충하려는 것이지, 수입 창출 활동을 처벌하려는 것이 아니기 때문이다. 핀란드의 21만 7천 달러짜리 범칙금은 사회가 위험한 행동으로 발생한 비용을 물리고, 위법행위와 위반자의 은행 잔고에 걸맞은 처벌을 가하고 싶어한다는 사실을 보여준다.

속도제한을 무시하고 자동차를 모는 일부 부자들의 오만한 태도에도 불구하고, 벌금과 요금은 쉽게 구분지어지지 않는다. 대부분의 지역에서는 단속에 걸려 속도위반 딱지를 받는 것은 여전히 낙인으로 인식된다. 경찰관이 단지 위반자에게 요금을 거두거나, 좀 더 빨리 통근하는 편의에 대한 계산서를 내민다고 생각하는 사람은 없다. 나는 최근에 과속범칙금이 아닌 과속 '요금'이 실제로 어떤 것인지를 보여줌으로써, 이러한 논리를 명료히 밝혀주는 엉뚱한 사례를 접할 수 있었다.

2010년 무소속 네바다 주지사 후보인 유진 지노 디시몬(Eugene Gino DiSimone)은 주 정부 예산을 위해 재원을 확충할 특이한 방법 하나를 제안했다. 하루 25달러를 내는 사람에게는 제한 속도를 초과해 시속

145킬로미터로 네바다 주의 지정 도로를 달릴 수 있게 허용하자는 것이었다. 이따금 과속을 하고 싶다면, 전파중계기를 사서 자동차에 설치하고 급하게 가야 할 곳이 생길 때마다 휴대폰으로 자신의 계정에 전화를 건다. 그러면 신용카드에 25달러가 청구되고 24시간 동안 단속에 걸리지 않고 자유롭게 속도를 내어 운전할 수 있다. 속도 측정기를 들고 단속에 나선 교통경찰이 고속도로에서 질주하는 자동차를 발견하면, 전파중계기가 당신은 과속 비용을 지불한 사람이라는 신호를 보내고 과속딱지는 떼이지 않을 것이다.

디시몬은 자신의 제안을 시행하면 세금을 인상하지 않아도 주 정부에 적어도 연간 13억 달러 이상의 수입을 안겨줄 것이라 추정했다. 주 정부의 수입에 대해서는 귀가 솔깃할 만한 제안이긴 했지만, 네바다 고속도로 순찰대는 이 계획이 공공의 안전을 위협할 것이라 반박했고 디시몬은 결국 낙선했다.[39]

지하철 무임승차와 비디오 대여

실생활에서 벌금과 요금의 차이는 일정하지 않으며, 논쟁의 여지가 있을 수도 있다. 다음 사례를 생각해보자. 요금 2달러를 내지 않고 파리 지하철을 타면 최고 60달러에 이르는 벌금을 내야 한다. 벌금은 요금을 내지 않고 시스템을 속인 행위에 대한 위약금이다. 하지만 최근에 상습적인 무임승차자들이 벌금을 요금으로 바꾸는 영리하면서도 저렴한 방법을 생각해냈다. 무임승차 단속에 걸렸을 때 벌금을 대신 지불해주는 보험 기금을 마련한 것이다. 회원들은 매달 약 8.5달러를 부정행위자 상호공제조합(mutuelle des fraudeurs)이라는 기금에 납부하는데, 이는 합법적인 한 달 정기승차권 가격인 74달러보다 훨씬 적은 금액이다.

상호공제조합원들은 자신들이 무임승차하는 이유는 돈 때문이 아니라 이념적으로 무료 대중교통 제도를 믿기 때문이라고 주장한다. 조합의 한 지도자는《LA타임스》와의 인터뷰에서 "이것은 우리가 함께 저항하는 방법입니다. 프랑스에서는 교육과 병원 진료 등을 무료로 받습니다. 그러니 교통수단도 그래야 하지 않을까요?"라고 말했다. 비록 이러한 '부정행위자'들이 사회에 널리 퍼져 있는 것 같지는 않지만 그들의 기발한 아이디어는 부정행위에 따른 벌금을 교통체계에 저항하기 위해 자발적으로 지불하는 월 정기보험료로 바꾸어놓았다.[40]

벌금과 요금 중에 어느 것이 적절한지 결정하려면 논의되는 사회제도의 목적과 그 목적을 지배하는 규범을 파악해야 한다. 그 해답은 어린이집에 맡긴 아이를 늦게 찾으러 가는 것, 요금을 내지 않고 파리 지하철 개찰구를 넘어가는 것, 또는 동네 비디오 가게에 연체된 DVD를 돌려주는 것 등 무엇에 대해 논의하느냐에 따라 달라질 것이다.

비디오 대여점이 생겨나던 초기에 연체료는 벌금의 성격을 띠었다. 비디오를 늦게 반납하면 카운터에 앉아 있는 직원이 떨떠름한 태도를 보였다. 마치 비디오를 사흘이나 연체하는 것은 도덕적으로 잘못된 행동이라는 식이었다. 나는 직원의 이러한 태도가 잘못되었다고 생각했다. 상업적인 비디오 대여점은 결국 공공도서관과는 다르다. 도서관이 연체된 책에 부과하는 비용은 요금이 아닌 벌금이다. 운영 목적 자체가 지역주민이 책을 무료로 공유할 수 있게 하는 것이기 때문이다. 따라서 연체된 책을 반납할 때에는 죄책감을 느끼는 것이 마땅하다.

하지만 비디오 대여점은 사업체다. 비디오를 빌려주고 돈을 버는 것이 목적인 것이다. 따라서 비디오를 늦게 반납하고 그만큼 연체료를 지불한다면, 도덕적으로 문제가 있는 것이 아니라 더 유익한 손님으로 대우받아야 한다. 적어도 나는 그렇게 생각했다. 이러한 규범은 차츰 바뀌고 있다. 요즘은 비디오 대여점에서도 연체료를 벌금이 아닌 요금으로 생각하는 것 같다.

중국의 한 자녀 낳기 정책

종종 도덕성의 문제가 크게 부각되기도 한다. 가끔씩 벌금과 요금 사이에서 흐릿해지는 경계를 놓고 벌이는 논쟁을 생각해보자. 중국에서는 정부의 한 자녀 낳기 정책을 위반할 때 내는 벌금이 부자들에게는 점점 자녀를 더 낳기 위한 가격으로 여겨지고 있다. 중국이 인구 증가율을 떨어뜨리기 위해 30여 년 이상 시행해온 한 자녀 낳기 정책은 도시에 거주하는 대부분의 부부가 한 자녀만을 가지도록 제한한다(농촌 가정에서는 첫 아이가 딸이면 둘째 아이를 낳을 수 있도록 허용한다). 벌금은 지역마다 다르지만 주요 도시에서는 20만 위안(약 3만 1천 달러)에 달한다. 이는 보통 노동자들에게는 다리가 휘청거릴 만한 액수지만 부유한 사업가나 스포츠 선수, 유명 인사들에게는 어렵지 않게 낼 수 있는 금액이다. 중국의 한 소식통에 의하면, 광저우에 거주하는 한 임산부와 그녀의 남편이 지역 산아제한 사무실에 의기양양하게 들어와 책상에 돈을 집어던지면서 "여기 20만 위안이에요. 우리는 미래의 우리 아기를 지켜야 하니까 더 이상 찾아와 소란피우지 말아요."라고 말했다고 한다.[41]

산아제한 담당 관리는 부유한 위반자들에게 부과하는 벌금을 인상하고, 정책을 위반한 유명 인사를 비판하는 동시에 그들이 텔레비전에 출연하지 못하도록 금지했다. 또한, 자녀를 더 낳는 회사 중역들에게는 정부가 하청을 주지 않는 등 제재 조치에서 징벌적 측면을 강조하기 위한 방법을 찾고 있다. 중국인민대학교 사회학과 교수 자이전우는 다음과 같이 설명했다. "벌금은 부자들에게는 푼돈이다. 정부는 부자들이 실제로 타격을 받을 만한 영역, 즉 사회에서 그들이 차지하는 지위, 평판, 명예 등을 더욱 세게 겨냥했어야 한다."[42]

정부 당국자들은 국민들이 정책을 위반했을 때 내는 벌금을 처벌로 생각하고, 여기에 따라다니는 불명예를 그대로 유지하고 싶어한다. 그들은 벌금이 요금으로 귀속되기를 원하지 않는다. 주된 이유는 부자들이 자녀를 너무 많이 낳을까봐 걱정해서가 아니다. 실제로 부유한 위반자들의 수는 상대적으로 적다. 문제는 정책의 이면에 놓인 규범이다. 벌금이 단순히 요금 개념으로 바뀐다면, 능력 있고 돈을 지불하고자 하는 사람들에게 자녀를 더 출산할 수 있는 권리를 판매하는 이상한 산업에 정부가 관여하게 되는 것이다.

출산 허가증 거래

신기하게도 일부 서구 경제학자들은 인구 통제 방법으로 중국이 회피하려는 요금 기반 체계와 놀랄 만큼 비슷한 시장 기반 접근법을 실행하라고 제안해왔다. 그들은 인구 제한이 필요한 국가에 거래 가능한 출산 허가증을 발행할 것을 촉구한다. 1964년 경제학자 케네스 볼딩(Kenneth Boulding)은 인구 과잉 문제를 해결하는 방식으로 거래 가능한 출산 허가증 제도를 제안했다. 정부는 각 여성에게 자녀를 한 명씩 출산할 수 있는 허가증(정책에 따라 두 장이 될 수도 있다)을 발행한다. 여성은 허가증을 자유롭게 사용하거나 시세대로 팔 수 있다. 볼딩은 자녀를 갖고 싶어하는 사람들이 (볼딩이 사용한 무례한 표현을 그대로 옮기자면) "가난한 사람, 수녀, 독신 여성 등"에게서 출산 허가증을 구매하는 시장을 생각했다.[43]

볼딩의 계획은 중국의 한 자녀 출산 정책 같은 고정 할당제와 비교해서 강제성이 낮다. 그리고 가장 자발적으로 대가를 치르고자 하는 소비자에게 재화(이 경우에는 아이들)가 돌아가기 때문에 경제적 효율성은 더 높다. 최근에 벨기에 경제학자 두 명이 볼딩의 이러한 제안을 부활시켰다. 그들은 부자들이 가난한 사람에게서 출산 허가증을 구매할 가능성이 크기 때문에, 이 제도는 가난한 사람에게 새로운 수입원이 생겨 경제적 불평등이 감소하는 장점도 있다고 지적했다.[44]

인구 과잉 현상을 피하기 위해 출산 권리를 합법적으로 제한할 수 있다고 믿는 사람들이 있는가 하면, 출산을 제한하는 모든 규정에 반대하는 사람들도 있다. 반대 의견을 잠시 접어두고, 어떤 사회가 인구 통제 정책을 강제로 실시하기로 결정했다고 상상해보자. 반감이 덜 드는 정책은 무엇인가? 각 부부가 한 자녀만 출산하도록 제한하고 이를 어기는 부부에게 벌금을 부과하는 고정 할당제일까? 아니면 부부가 자녀 한 명을 출산할 수 있는 출산 허가증을 발행해서 거래할 수 있게 만드는 시장 기반 체계일까?

경제학적 논리의 관점에서 본다면, 시장 기반 체계가 분명히 더 낫다. 허가증을 직접 사용할지 팔지를 자유롭게 선택할 수 있으므로 이익을 얻는 사람은 있지만, 손해를 보는 사람은 없다. 출산 허가증을 사거나 파는 사람은 서로에게 유리한 거래를 함으로써 이익을 얻고, 시장에 참여하지 않는 사람이라도 여전히 한 명의 아이는 낳을 수 있기 때문에 고정 할당제로 통제될 때보다 손해 보지 않는다.

하지만 자녀 출산권을 사고파는 체계에는 여전히 문제가 있다. 그 중 하나는 조건이 평등하지 못하기 때문에 발생하는 불공정성 때문이다. 우리는 아이를 가난한 사람이 아닌 부자들만 감당할 수 있는 사치품으로 만드는 것을 주저한다. 자녀 출산이 인류 번성의 핵심이라면, 돈을 지불할 능력에 따라 이러한 재화에 접근할 기회를 주는 처사는 공정하지 않다.

공정성에 대한 반박 외에 뇌물에 관한 문제도 있다. 시장 거래의 중심에는 도덕적으로 불안한 행위가 있다. 아이를 더 낳고 싶은 부모는 다른 잠재 부모에게 출산 허가증을 팔라고 꼬드기거나 유도해야 한다. 도덕적인 관점에서 이러한 행동은 부유한 부모가, 아기가 하나밖에 없는 부부에게 그 자녀를 팔라고 꼬드겨 구매하는 것과 크게 다르지 않다.

경제학자들은 돈을 지불할 능력을 기준으로 그 가치를 가장 높게 평가하는 사람에게 아이를 분배하므로 아동 시장이나 출산권 시장이 효율성의 미덕을 지니고 있다고 주장할지 모르겠다. 하지만 출산권을 사고팔게 되면 아이를 금전적 측면으로만 보는 태도를 부추겨 부모의 의미를 오염시킨다. 부모애에 관한 규범의 핵심은 자녀는 양도할 수 없는 존재라는 점이고, 자녀가 거래 대상이 된다는 것은 생각할 수조차 없다. 따라서 다른 잠재 부모에게서 아이나 아이를 낳을 권리를 사는 것은 이처럼 부모의 의미에 어두운 그림자를 드리운다. 다른 부부를 자녀

없이 살라고 매수하여 자신이 자녀를 얻게 된다면, 내 아이를 사랑하는 경험의 가치가 변질되지 않겠는가? 최소한 자신의 자녀에게는 이러한 사실을 숨기고 싶지 않을까? 그렇다면 그 이익이 무엇이든, 출산 허가증 거래 시장이 괴상한 고정 할당제도 하지 않을 방식으로 부모의 의미를 변질시킬 것이라는 결론은 당연하다.

오염권 거래제도

벌금과 요금을 구별하는 문제는 온실가스와 탄소배출량의 감축 방법을 둘러싼 논쟁에도 적용될 수 있다. 정부는 온실가스와 탄소배출의 제한량을 정하고 이를 초과하는 기업에게 벌금을 부과해야 할까? 아니면 오염권 거래제도를 도입해야 할까? 두 번째 접근법에 따르면 실제로 오염배출은 쓰레기 투기와 달라서 사업할 때 발생하는 비용이다. 하지만 과연 그럴까? 아니면 대기에 과도한 오염물질을 뿜어대는 기업에 도덕적 오명을 씌워야 할까? 이러한 질문에 관해 대답을 찾으려면 비용과 이익을 계산해야 할 뿐 아니라, 우리가 환경에 대해서 어떤 태도를 취해야 할지 결정해야 한다.

 1997년 지구 온난화를 주제로 열린 교토회의에서 미국은 어떤 오염 배출 방지 강제규정이든 거래 개념을 포함시켜 모든 국가가 오염권을 사고팔 수 있게 해야 한다고 주장했다. 예를 들어, 미국은 온실가스 배출량을 손수 줄이거나 다른 나라에서 배출량을 줄이도록 비용을 지불함으로써 교토의정서의 배출량 감소 의무를 이행할 수 있다. 자국에서 배기가스를 내뿜는 자동차에 세금을 부과하기보다는, 아마존 열대우림을 복구하거나 개발도상국의 낡은 화석연료 사용 공장을 현대화하는 데 비용을 댄다는 뜻이다.

당시에 나는 배출권 거래제도에 반대하는 취지의 칼럼을 《뉴욕타임스》에 기고했다. 기사에서 나는 국가가 오염권을 사는 행위는 사람들이 쓰레기를 버리는 데 돈을 지불하는 것과 같다고 걱정했다. 우리는 환경오염 행위에 따른 도덕적 오명을 약화하지 말고 강화하기 위해 노력해야 한다고 주장했다. 또한 부유한 나라가 자국의 오염배출량을 감축할 의무를 돈을 지불함으로써 벗어버릴 수 있게 한다면, 전 지구가 협력해 환경을 보호하는 데 필요한 공동 희생 정신을 약화시키게 될 것이라 우려했다.[45]

이 기사가 나가자 신문사에는 내 주장을 신랄하게 비판하는 글이 쏟아져 들어왔는데, 대부분 경제학자들이 쓴 글이었고 개중에는 나와 함께 하버드대학교에 몸담고 있는 동료들의 글도 있었다. 그들은 내가 시장의 가치를 이해하지 못하거나 거래의 효율성이나 경제적 합리성의 기본 원칙도 모르고 있다고 주장했다.[46] 비난이 물밀듯 쏟아지는 와중에, 내가 다녔던 대학교의 경제학과 교수 한 분이 동정어린 내용의 이메일을 보내왔다. 그는 내가 주장하려는 요점을 이해한다고 썼다. 하지만 내게 경제학을 가르친 교수가 누구인지는 공개하지 않는 것이 어떻겠냐는 작은 부탁을 덧붙였다.

경제학자들이 강조하는 이론적 이유 때문은 아니지만, 그후로 오염배출 거래제에 대한 내 생각을 어느 정도 재고하고 있다. 고속도로를 달리면서 차창 밖으로 쓰레기를 버리는 행위와는 달리, 이산화탄소 배출 자체가 비난받을 만한 일은 아니다. 누구나 숨을 내쉴 때마다 이산화탄소를 배출한다. 이산화탄소를 대기에 배출하는 행위에 근본적인 잘못은 없다. 문제는 에너지를 낭비하는 생활방식에 젖어 이산화탄소를 지나치게 많이 배출하는 것이다. 따라서 에너지를 낭비하는 생활방식과 이를 부추기는 태도가 바로 우리가 지양해야 할 바이며, 심지어 오명을 씌우는 일도 불사해야 한다.[47]

오염배출량을 감축할 수 있는 한 방법은 정부가 규제하는 것이다. 자동차 회사에 높은 탄소배출 기준을 준수하도록 요구하고, 화학 공장과 제지 공장이 유독성 폐기물은 수로에 버리지 못하게 하고, 공장 굴뚝에 세정 집진장치를 설치하게 하는 등의 규제가 있을 수 있다. 그리고 만약 이를 지키지 못하면 벌금을 부과하는 것이다. 이것은 미국이 1970년대 초반, 환경법 제정 이후 첫 세대 동안 시행했던 조치였다.[48] 벌금으로 뒷받침되었던 규제는 기업에 환경을 오염시킨 대가를 치르게 하는 방식이었다. 이러한 규제에는 다음과 같은 도덕적 메시지가 담겼다. "수은과 석면을 호수와 강에 쏟아내고 숨막힐 것 같은 스모그를 뿜어내어 대기를 오염시키는 행위는 수치다. 이는 우리의 건강에 해로울 뿐만 아니라 지구를 다루는 올바른 방법도 아니다."

일부 사람들은 산업에 높은 비용을 부과하는 요인은 무엇이든 싫어하기 때문에 이러한 규제에 반대했다. 하지만 환경보호에 공감하는 사람들은 이를 좀 더 효과적으로 달성할 수 있는 방법을 찾았다. 1980년대 들어 시장의 위세가 강해지고 경제학적 사고방식이 미치는 영향력이 커지면서, 일부 환경보호론자들은 지구를 구하기 위한 시장 기반 접근방식을 선호하기 시작했다. 그들은 오염물질 배출 기준을 모든 공장에 부과하지 말고 오염배출에 가격을 매긴 후에 나머지는 시장에 맡기라고 주장했다.[49]

오염배출에 가격을 매기는 가장 간단한 방법은 세금을 부과하는 것이다. 오염배출에 부과되는 세금은 벌금이 아닌 요금으로 간주될 수 있으나, 세금이 적절히 무겁게 책정된다면 오염을 배출하는 자들에게 자신이 환경에 끼친 손상에 따른 비용을 지불하게 하는 장점이 있다. 바로 이러한 이유 때문에 정치적으로 오염을 규제하는 법률을 제정하기가 어렵다. 그래서 정책입안자들은 오염배출에 대해 오염 거래제라는 좀 더 시장친화적인 해결책을 수용하고 있다.

1990년 조지 H. W. 부시 대통령은 석탄 화력발전소에서 배출되는 이산화황이 유발하는 산성비를 줄이기 위한 법률에 서명했다. 이 법률은 각 화력발전소에 고정된 배출 한계량을 정하지 않고, 각 에너지기업에 일정량의 오염배출 허가증을 발급해서 기업들 간에 서로 허가증을 사고팔 수 있게 했다. 따라서 기업은 오염배출량을 자체적으로 감축하든지, 할당량보다 오염물질을 적게 배출한 기업에게서 허가증을 살 수 있었다.[50]

이산화황의 배출량은 줄어들었고 오염권 거래제도는 성공을 거둔 것처럼 여겨졌다.[51] 1990년대 후반에 이르자, 사람들의 관심은 지구 온난화로 모아졌다. 기후변화에 관한 교토의정서에 따라 각 국가에는 선택권이 주어졌다. 각 국가는 자체적으로 온실가스 배출량을 감축하든지, 아니면 다른 나라가 자국의 배출량을 감축하도록 돈을 지불할 수 있었다. 이러한 오염배출 거래제의 논리적 근거는 규정 준수에 따른 비용을 줄이려는 것이다. 미국에서 배출량을 감축하는 것보다 인도 마을의 석유램프를 교체하는 비용이 싸다면 램프를 교체하지 않을 이유가 없지 않은가?

이러한 유인책이 주어졌는데도 미국은 교토의정서에 가입하지 않았고 그후로 세계 기후회담은 이루어지지 않고 있다. 하지만 나는 협약 자체보다는, 협약이 오염배출에 대해 세계시장이 부담해야 하는 도덕적 대가를 어떻게 설명하는지가 더욱 흥미롭다.

출산 허가증 거래에 따르는 도덕적 문제점은, 자녀를 갖고 싶은 부부가 다른 부부를 매수해서 자녀 출산 기회를 포기하게 만드는 시스템이라는 것이다. 이러한 행위는 자녀를 양도할 수 있고 판매할 수 있는 상품으로 간주하도록 부모를 부추김으로써, 부모애의 규범을 무너뜨린다. 하지만 오염배출권 시장이 안고 있는 도덕적 문제는 이와 다르다. 여기서의 쟁점은 뇌물이 아니라 의무를 외부에 위탁하는 행위다. 이러한 현상은 국내보다는 국제무대에서 더욱 첨예하게 나타난다.

국제적 협조가 필요한 상황에서, 부유한 국가가 다른 국가에게서 오염권을 사거나 다른 국가가 오염배출량을 감축할 수 있는 프로그램을 금전적으로 지원하는 방법으로 자국의 에너지 사용량을 감소해야 하는 의무를 피할 수 있도록 허용한다면 두 가지 규범에 위배된다. 우선 자연을 도구로 생각하는 태도를 굳히고, 국제 환경윤리를 구축하는 데 필요한 공동 희생정신을 약화시킨다. 만약 부유한 국가가 돈으로 자국의 탄소배출량 감축 의무를 회피할 수 있는 방법을 살 수 있다면, 결국 그랜드캐니언을 찾은 등산객의 경우와 다를 바가 없다. 단지 이 경우에는 부자 관광객이 히말라야에서 자신이 버린 쓰레기를 주워줄 사람을 고용하여 벌금을 내는 대신, 아무런 처벌도 받지 않고 그랜드캐니언에 빈 맥주깡통을 버릴 수 있는 것이다.

물론 두 경우가 정확히 일치하는 것은 아니다. 쓰레기는 온실가스보다 대체 가능성이 떨어진다. 그랜드캐니언에 던진 맥주깡통은 지구 반 바퀴 떨어져 있는 깨끗한 풍경으로 상쇄되지 않기 때문이다. 이와는 대조적으로 지구 온난화는 누적되는 피해다. 하늘에서 본다면 지구의 어느 지역에서 하늘에 탄소를 더 적게 보내는지는 중요하지 않다.

> 부유한 국가들이 자국의 환경파괴적인 습관을 바람직하게 바꿔야 할 의무를 돈으로 벗어던질 수 있게 한다면, 자연에 대한 잘못된 태도를 강화시켜서 지불할 능력이 있는 사람에게 자연은 쓰레기장이 되어버린다.

하지만 그것은 도덕적으로도 정치적으로도 중요하다. 부유한 국가들이 자국의 환경파괴적인 습관을 바람직하게 바꿔야 할 의무를 돈으로 벗어던질 수 있게 한다면, 자연에 대한 잘못된 태도를 강화시켜서 지불할 능력이 있는 사람에게 자연은 쓰레기장이 되어버린다. 대개 경제학자들은 지구 온난화 문제를 해결하려면 올바른 인센티브 제도를 세우고 각 국가가 서명하게 만들면 된다고 예상한다. 하지만 이러한 예상에는 규범이 중요하다는 핵심이 빠져 있다. 기후 변화에 국제적으로 대응하려면 우리가 함께 살아가는 자연계에 대한 새로운 태도, 즉 새로운 환경윤리가 필요할 것이다. 효율성이 어떠하든 국제시장에서 오염배출권이 거래된다면 책임 있는 환경윤리에 필요한 공동 희생정신과 자제의 습관을 계발하기가 더욱 힘들어질 수 있다.

탄소상쇄 정책

자발적으로 점차 확대 시행되고 있는 탄소상쇄 정책(carbon offsets, 배출된 이산화탄소의 양만큼 온실가스 감축활동을 하거나 환경기금에 투자하는 정책 - 옮긴이)에도 비슷한 문제가 따른다. 현재 정유회사와 항공사는 고객들에게 지구 온난화에 기여한 것을 상쇄하도록 돈을 지불하라고 권고한다. 브리티시페트롤륨(British Petroleum, BP)은 웹사이트에서 고객들이 자가운전으로 배출하는 이산화탄소 양을 계산하여, 개발도상국이 실시하는 녹색 에너지 프로젝트에 금전적으로 기부하게 함으로써 자신의 오염배출 행위를 상쇄하도록 유도한다. BP의 웹사이트에 따르면 영국인 운전자는 약 20파운드로 연간 배출량을 상쇄할 수 있다. 영국 항공도 비슷한 제안을 한다. 평균 16.73달러로 뉴욕과 런던을 한 차례 왕복 비행하면서 배출하는 온실가스 양을 상쇄할 수 있는 것이다. 영국 항공은 승객이 지불한 16.73달러를 내몽고에 있는 풍력발전 지역에 보냄으로써 비행을 하며 하늘에 입힌 손상을 회복시킬 것이다.[52]

    탄소상쇄 정책에는 고무적인 점이 있다. 각자의 에너지 사용으로 지구에 미치는 손상에 대해 비용을 책정하고 이를 바로잡는 비용을 개별적으로 물게 하기 때문이다. 개발도상국에서 추진하는 삼림사업과 청정에너지 프로젝트를 후원하기 위해 기금을 마련하는 일은 확실히 가치가 있다. 하지만 탄소상쇄 정책에도 위험이 도사리고 있다. 탄소상쇄권을 구입한 사람은 기후변화에 대해 더 이상의 책임을 면제받았다고 생각할 것이기 때문이다. 탄소상쇄 정책은 적어도 일부 사람들에게는 환경문제에 대처하는 습관, 태도, 생활방식의 근본적인 변화를 힘들이지 않고 회피할 수 있는 구실을 돈으로 살 수 있는 방법이 될 것이다.[53]

    탄소상쇄 정책을 비판하는 사람들은 중세시대 죄인들이 죄를 용서받기 위해 교회에 돈을 지불하고 샀던 면죄부에 이 정책을 비유한다. 웹사이트 치트뉴트럴닷컴(www.cheatneutral.com)은 불륜을 상쇄하는 면죄부를 거래하는 시장을 열어 탄소상쇄 정책을 패러디한다. 만약 런던에 거주하는 사람이 배우자를 속이고 불륜을 저질러 죄책감을 느낀다면 배우자에게 충실한 맨체스터 시민이 계속 신의를 지킬 수 있도록 금전적 후원을 함으로써 자기 죄를 '상쇄'할 수 있다. 물론 두 사례가 도덕적으로 같다고 볼 수는 없다. 불륜은 단지 세상의 불행의 전체량을 증가시켰다는 이유만으로 불쾌한 것은 아니다. 그것은 다른 곳에서 고결하게 행동한다 하더라도 원래 잘못이 사라지지는 않는 잘못된 행위다. 이와는 대조적으로 탄소배출은 전체량을 모두 합쳤을 때 잘못된 현상일 뿐, 불륜처럼 그 행위 자체가 잘못된 것은 아니다.[54]

하지만 탄소상쇄 정책을 비판하는 견해에도 일리가 있다. 온실가스배출량 감축에 대한 책임을 상품화하고 개별화하면, 어린이집에서 아이를 늦게 데려가는 부모에게 벌금을 물렸을 때와 같이 잘못된 행동을 줄이기는커녕 오히려 부추기는 모순이 발생할 수 있다. 모순이 어떻게 일어나는지 살펴보자. 지구 온난화 시대에 사륜구동 지프를 모는 행위는 신분의 상징으로 보이기보다는 일종의 방종이자 낭비벽으로 비친다. 반대로 하이브리드 차량을 몰면 인정을 받는다. 하지만 탄소상쇄 정책은 환경오염에 도덕적 허가증을 부여하는 것처럼 비치면서, 이러한 규범을 해칠 수 있다. 사륜구동 지프 운전자가 브라질의 식수(植樹)사업에 돈을 대줌으로써 죄책감을 덜 수 있다면, 연비가 낮은 휘발유 자동차를 굳이 하이브리드 자동차로 바꾸려 하지 않을 것이다. 사륜구동 지프 운전자는 무책임하기보다 브라질을 후원하는 존경받을 만한 사람으로 보일지 모르고, 기후변화에 광범위하게 공동으로 대응해야 한다는 압박감이 감소할 수 있다.

내가 지금까지 서술한 시나리오는 물론 추측에 지나지 않는다. 벌금과 요금, 기타 금전적 인센티브가 규범에 어떤 영향을 미치는지는 확실하게 예측할 수 없고 상황마다 다르다. 요점은 시장이 특정 규범, 즉 거래 재화의 가치를 평가하는 방식을 반영하고 조장한다는 것이다. 그러므로 어떤 재화를 상품화할지 말지 결정할 때는 효율성과 분배 정의 이상의 요소를 고려해야 한다. 또한 시장 규범이 비시장 규범을 밀어낼 것인지 물어봐야 하고, 만약 그러하다면 그것이 우려할 만한 상실인지도 판단해야 한다.

나는 환경·부모애·교육에 대해 고결한 태도를 취하자는 견해가 이와 상충되는 다른 견해보다 늘 우선해야 한다고 주장하는 것은 아니다. 뇌물을 주는 것이 때로는 효과가 있다. 가끔은 옳은 일일 수도 있다. 학력 미달인 아이에게 돈을 주어 읽기 능력을 극적으로 향상시킬 수 있다면, 배움의 즐거움은 나중에 가르칠 수도 있겠다는 희망을 품고 우선 그렇게 시도해보기로 결정할지 모르겠다. 하지만 이때 우리가 가담한 뇌물 제공은 독서를 좋아해서 책을 읽는 높은 차원의 규범을 돈을 벌기 위해 책을 읽는 낮은 차원의 규범으로 대체하는, 도덕적으로 타협된 관행이라는 점을 기억해야한다.

시장과 시장지향적 사고가 건강·교육·출산·난민정책·환경보호 등 전통적으로 비시장 규범의 지배를 받았던 삶의 영역으로 영향력을 뻗어가면서 이러한 딜레마가 더욱 자주 발생하고 있다. 경제성장이나 경제적 효율성을 이룰 수 있다는 가망성이 돈으로 살 수 없다고 생각했던 재화에 가격을 매기는 것을 뜻한다면 어떻게 해야 할까? 때로 우리는 도덕적으로 의문의 여지가 있는 시장에서, '훌륭한 목적'을 달성하겠다는 희망을 품고 거래해야 할지 말아야 할지를 놓고 갈등하는 자신의 모습을 발견할 수 있다.

검은코뿔소 사냥권 구매

예를 들어 멸종위기에 놓인 검은코뿔소를 보호하는 것이 목적이라고 생각해보자. 1970년에서 1992년까지, 아프리카에 서식하는 검은코뿔소가 6만 5천 마리에서 2500마리 이하로 감소했다. 멸종위기 동물 사냥이 불법임에도 불구하고 대부분의 아프리카 국가들은 코뿔소 뿔을 아시아와 중동에 거액을 받고 팔아넘기는 밀렵꾼으로부터 코뿔소를 보호할 수 없었다.[55]

1990년대와 2000년대 초, 일부 야생동물 보호 단체와 남아프리카공화국 생물다양성 관리자들은 멸종위기에 놓인 동물을 보호하기 위해 시장 인센티브를 사용하는 방법을 고려하기 시작했다. 만약 목장 주인이 제한된 수의 검은코뿔소를 사냥할 수 있는 권리를 사냥꾼에게 팔 수 있도록 허락한다면, 코뿔소를 번식시키고 돌보면서 밀렵으로부터 보호하리라 생각한 것이다.

2004년 남아프리카공화국 정부는 '멸종위기에 처한 야생동식물의 국제거래에 관한 협약(CITES)'의 승인을 받아 다섯 차례에 걸친 검은코뿔소 사냥을 허가했다. 검은코뿔소는 상당히 위험하고 죽이기 어려운 동물이어서 트로피 헌팅(주로 크고 강한 야생동물을 선별해서 사냥하고, 사냥한 동물의 가죽·뿔·머리 등을 기념으로 박제해서 벽에 걸어놓거나 보관하는 사냥 형태-옮긴이)을 좋아하는 사냥꾼들에게는 정말 귀한 표적이었다. 수십 년 만에 처음 허용된 합법적인 사냥 기회는 15만 달러로, 금융업에 종사하는 한 미국인 사냥꾼에게 돌아갔다. 다음 고객으로 석유회사를 소유한 러시아인 억만장자는 검은코뿔소 세 마리를 사냥할 수 있는 돈을 지불했다.

시장 중심 해결책은 효과가 있는 것처럼 보인다. 코뿔소 사냥이 여전히 금지되고 있는 케냐에서는 토종식물이 사라지고 서식지가 농업과 가축 사육 용도로 전환되면서 검은코뿔소의 수는 2만 마리에서 600마리로 줄어들었다. 그러나 남아프리카공화국에서는 땅주인이 자신의 커다란 목장에서 야생동물을 사육하고 이에 대하여 금전적 인센티브를 받자 검은코뿔소의 수는 다시 증가하기 시작했다.

트로피 헌팅이 벌어지고 있는 현실에 별로 괴로워하지 않는 사람들 입장에서는 검은코뿔소를 죽일 수 있는 권리를 파는 것은 시장 인센티브를 사용해 멸종위기에 놓인 동물을 구조하는 현명한 방법이다. 사냥꾼이 검은코뿔소 한 마리를 사냥하기 위해 15만 달러를 자발적으로 지불한다면 목장 주인은 코뿔소를 키우고 보호해서 공급을 늘리는 데 인센티브를 받게 되는 것이다. 하지만 이는 왜곡된 생태관광이다. "돈을 내고 멸종위기에 놓인 검은코뿔소를 사냥하세요. 당신은 잊지 못할 경험과 함께, 동물보호라는 명분에 기여할 수 있습니다."

경제적 논리의 관점에서는 시장 중심 해결책이 분명 승리한 것처럼 보인다. 거래 당사자들은 이익을 얻었고 손해를 본 사람은 아무도 없기 때문이다. 목장 주인은 돈을 벌고, 사냥꾼은 위협적인 동물에게 몰래 접근하여 총으로 쏠 기회를 잡았고, 멸종위기에 놓인 동물은 멸종 직전의 낭떠러지에서 되살아났다. 그렇다면 누가 불평할 수 있겠는가?

이 질문에 대한 대답은 트로피 헌팅의 도덕적 수준에 달려 있다. 오락을 목적으로 야생동물을 죽이는 행위가 도덕적으로 못마땅하다면, 코뿔소 사냥권을 사고파는 것은 악마의 거래이고 일종의 도덕성에 대한 강탈 행위다. 코뿔소 보호에 기여한 것은 환영할지 모르지만, 부자 사냥꾼들의 비뚤어진 쾌락에 영합해 이룬 결과라는 사실에 개탄할 것이다. 이는 마치 벌목꾼이 부유한 기증자에게 나무 몇 그루에 자기 이름을 새길 수 있는 권리를 팔 수 있도록 허용하여 오래된 삼나무를 멸종위기에서 구하는 것과 같다.

그렇다면 어떻게 해야 할까? 트로피 헌팅의 도덕적 추악함이 멸종위기에 처한 동물을 보존한다는 이점을 능가한다는 근거를 들어 시장 중심 해결책에 반대할 수 있다. 혹은 멸종위기에서 검은코뿔소를 구하려는 희망으로 도덕성의 강탈이라는 대가를 치르고라도 코뿔소 몇 마리를 사냥할 권리를 팔기로 결정할 수도 있다. 정답은 시장이 약속한 이익을 정말 가져다줄 수 있는가에 일부 달려 있다. 또한 사냥꾼들이 야생동물을 오락의 대상으로 다루는 잘못을 저지르는가에도 달려 있으며, 만약 그렇다면 그러한 잘못의 도덕적 무게에 좌우된다.

우리는 늘 그렇듯이 도덕적 논리가 없이는 시장논리도 불완전하다는 사실을 알게 된다. 코뿔소의 가치를 적절하게 평가하는 방식을 둘러싼 도덕적 의문을 해결하지 않고서는 코뿔소를 사냥하는 권리를 거래할지 여부를 결정할 수 없다. 물론 이것은 어떤 사람들은 동의하지 않을 만한 의견이 분분한 문제다. 하지만 시장의 입장에서 생각하면 교환되는 재화의 가치를 올바르게 평가하는 방법이 무엇인지에 관한 논란에 부딪힐 수 밖에 없다.

맹수 사냥꾼들은 이 점을 본능적으로 파악하고 있다. 그들은 자신들의 오락활동과 코뿔소 사냥권리 매매의 도덕적 합법성은 야생동물을 다루는 적절한 방식에 대한 견해에 좌우된다고 알고 있다. 일부 트로피 헌팅 사냥꾼들은 사냥감을 존경할 뿐 아니라 크고 강력한 동물을 죽이는 행위 자체가 존경의 한 형태라고 주장한다. 2007년 검은코뿔소 사냥권을 산 한 러시아 사업가는 이렇게 말했다. "검은코뿔소를 총으로 쏜 이유는, 그 행위가 내가 검은코뿔소에게 줄 수 있는 최대의 찬사였기 때문이다."[56] 비판자들은 동물을 죽이는 행위는 존경의 비뚤어진 방식이라고 말할 것이다. 트로피 헌팅이 적절한 방식으로 야생동물의 가치를 평가하는가의 여부는 논란의 핵심을 이루는 도덕적 문제다. 이 문제는 우리를 다시 한 번 태도와 규범의 문제로 돌아가게 한다. 멸종위기에 놓인 동물 사냥권을 시장에서 거래할 것인지의 여부는, 그러한 행위가 동물의 수를 늘리는 데 기여하는지 뿐만 아니라 동물의 가치를 평가하는 올바른 방식을 나타내고 증진하는지의 여부에 따라서도 좌우된다.

검은코뿔소 시장은 야생동물에 관한 미심쩍은 태도를 부추겨 멸종위기에 놓인 동물을 보호하려 하기 때문에 도덕적으로 복잡하다. 여기 시장논리로 풀기에는 훨씬 어려운 의문이 생기는 사냥 사례가 하나 더 있다.

바다코끼리 사냥권리

수백 년 동안 대서양 바다코끼리는 미국 서부에 퍼져 있는 들소만큼이나 많이 캐나다 북극 지방에 서식하고 있었다. 고기·가죽·기름·상아

엄니가 높은 가격에 거래되었기 때문에 이 거대하고 무방비 상태의 해양 포유류는 사냥꾼들에게 손쉬운 먹잇감이 되었고, 그 결과 19세기 말까지 개체수가 급격하게 줄어들었다. 급기야 1928년 캐나다는 4500년 동안 바다코끼리 사냥을 생계수단으로 삼았던 이누이트(Inuit) 사냥꾼을 제외하고는 바다코끼리 사냥을 전면 금지했다.[57]

1990년대 이누이트 지도자들이 캐나다 정부와 접촉해서 한 가지 의견을 내놓았다. 자신들에게 할당된 수의 바다코끼리를 사냥할 수 있는 권리를 사냥꾼들에게 팔 수 있도록 허용해달라는 내용이었다. 그렇더라도 죽는 바다코끼리의 수는 같을 것이니 말이다. 이누이트 족은 사냥 요금을 받고, 사냥꾼의 가이드로 일할 수 있고, 사냥 과정을 감시할 수 있으며, 늘 해왔던 대로 고기와 가죽을 가질 수 있을 터였다. 이 방법은 기존의 사냥 할당수를 초과하지 않고도 가난한 공동체의 경제상황을 향상시킬 수 있었다. 캐나다 정부는 이 제안에 동의했다.

오늘날 세계 각지의 부유한 트로피 헌터들이 바다코끼리를 사냥하려고 대서양으로 향한다. 그들은 바다코끼리를 사냥하는 특권을 누리기 위해 6천~6500달러를 지불한다. 하지만 잘 잡히지 않는 사냥감을 쫓거나 몰래 다가가서 사냥하는 전율을 느끼려고 가는 것은 아니다. 바다코끼리는 동작이 굼뜨고 위협적이지 않은 동물이기 때문에 총을 가진 사냥꾼에게 전혀 상대가 되지 않는다. C.J. 시버스(Chivers)는 《뉴욕타임스매거진》에 기고한 흥미로운 기사에서 이누이트 족의 감독 하에 이루어지는 바다코끼리 사냥을 "기다란 보트를 타고 총으로 아주 커다랗고 둥근 빈-백 의자(beanbag chair)를 쏘는" 행위에 비유했다.[58]

사냥 가이드들은 바다코끼리의 10여 미터 근처까지 보트를 몰고 가서 사냥꾼들에게 언제 총을 쏴야 할지 말해준다. 시버스는 텍사스에서 온 사냥꾼이 사냥감을 사격하는 장면을 이렇게 묘사했다. "사냥꾼의 총알이 수컷의 목을 강타하자 바다코끼리의 머리가 홱 젖혀지면서 옆으로 나뒹굴었다. 총알이 들어간 구멍에서 피가 솟구쳤다. 수컷은 미동도 없이 누워 있었다. 사냥꾼은 총을 내려놓고 비디오카메라를 집어들었다." 이누이트 가이드들은 죽은 바다코끼리를 유빙 위로 끌어올리고 시체를 도려내기 시작한다.

이러한 사냥에 어떤 매력이 있는지는 가늠하기 어렵다. 도전하는 맛도 없고 오락활동이라기보다 죽음관광에 가깝다. 심지어 사냥꾼은 집에 돌아가 벽에 박제를 걸어놓을 수도 없다. 미국에서는 바다코끼리가 보호 대상이라서 신체 부위를 반입하는 것 자체가 불법이기 때문이다.

그렇다면 바다코끼리를 사냥하는 이유는 무엇일까? 틀림없이 사냥클럽에서 제공하는 목록에 올라 있는 동물의 모든 종을 사냥해보겠다는 목적을 달성하기 위해서다. 예를 들어, 그 목록에는 아프리카 '5대 동물'로 표범·사자·코끼리·코뿔소·아프리카물소가 있고 북극지방의 '그랜드슬램'으로 순록·사향 소·북극곰·바다코끼리가 있다.

이는 칭찬받을 만한 목적도 아니고, 여기에 반감을 품는 사람들도 많다. 하지만 시장은 스스로 만족하는 욕구에 판단을 가하지 않는다는 사실을 기억하라. 사실 시장논리의 관점에서 본다면, 이누이트 족이 일정 수의 바다코끼리를 사냥하는 권리를 팔 수 있도록 하는 정책을 실시한 데는 그럴 만한 충분한 이유가 있다. 기존의 사냥 할당수를 초과하지 않으면서도 이누이트 족은 새로운 수입원을 챙길 수 있고 사냥꾼들은 그들의 살생부 명단을 완성할 기회를 얻는다. 이러한 측면에서 바다코끼리를 죽이는 권리를 파는 행위는 자녀 출산 권리나 오염배출권을 파는 것과 같다. 할당량이 정해져 있기만 하다면, 시장논리는 사냥 허가증의 거래를 허용함으로써 전체 행복을 향상할 수 있다는 것이다. 그러면 손해를 입는 사람 없이, 행위에 가담한 당사자들은 이익을 얻는다.

그러나 바다코끼리 사냥 시장에는 도덕적으로 용인할 수 없는 측면이 있다. 논쟁을 위해, 이누이트 족이 수백 년 동안 해왔던 대로 생계를 위한 바다코끼리 사냥을 허용하는 정책이 합당하다고 가정해보자. 그렇다 하더라도 바다코끼리를 죽일 권리를 사냥꾼들에게 팔도록 허용하는 것은 두 가지 이유 때문에 도덕적으로 반박의 여지가 여전히 있다.

한 가지 이유는 바다코끼리 사냥이라는 이상야릇한 시장이 사회적 효용에 전혀 보탬이 되지 않는 비뚤어진 욕구를 채워줄 뿐이기 때문이다. 맹수사냥을 어떻게 생각하든지간에 바다코끼리 사냥은 좀 다른 문제다. 아무 노력도 기울이지 않고 사냥감을 쫓지도 않으면서, 단순히 사냥 목록을 채우기 위해 무력한 포유동물을 가까운 거리에서 죽이고자 하는 욕구는 설사 이누이트 족에게 별도의 수입원을 안겨준다 하더라도 충족할 가치가 없다.

두 번째 이유는 이누이트 족이 자기 부족에게 할당된 바다코끼리 사냥 권리를 외부인에게 파는 것은 애당초 자신들의 공동체가 부여받은 면제 혜택의 의미와 목적을 변질시키기 때문이다. 이누이트 족의 생활방식을 기리고 그들이 오랫동안 바다코끼리 사냥으로 생계를 유지해왔다는 사실을 존중하는 것과 특권을 악용하여 동물을 죽여 현금을 손에 쥐는 부업으로 삼는 것은 엄연히 다르다.

인센티브와 도덕적 혼란

20세기 후반 폴 사무엘슨(Paul Samuelson)이 쓴 『경제학(Economics)』은 미국에서 널리 읽힌 경제학 교과서였다. 최근에 나는 경제학에 대한 사무엘슨의 생각을 읽어보려고 이 책의 초기 개정판(1958년 판)을 훑어보았다. 그는 경제학을 전통적인 주제인 '가격, 임금, 이자율, 주식과 채권, 은행과 신용, 세금과 지출의 세계'와 동일시했다. 그는 경제학의 임무는 구체적이고 제한적으로, 경기침체·실업·인플레이션 등을 피하는 방법을 설명하고 '높은 생산성을 유지하는 원칙'과 '사람들의 생활수준을 향상시키는 원칙'을 연구하는 것이라고 했다.[59]

오늘날 경제학이 다루는 주제의 범위는 본래 전통적인 범위보다 훨씬 넓어졌다. 그레고리 맨큐가 자신의 영향력 있는 경제학 교과서의 최근 개정판에서 제시한 경제에 관한 정의를 생각해보자. "'경제'가 무엇인지는 분명하다. 경제는 사람들의 무리가 살아가면서 상호작용하는 것일 뿐이다."

이러한 설명에서 경제학은 물적 재화의 생산·유통·소비를 다룰 뿐 아니라 일반적으로 인간의 상호작용과 개인이 결정을 내리는 원칙을 다룬다. 맨큐에 따르면 이들 중 가장 중요한 원칙은 "사람은 인센티브에 반응한다."는 것이다.[60]

인센티브에 대한 논의는 현대 경제학에 워낙 널리 퍼져 있어서 급기야 독자적으로 규정된 영역을 갖기에 이르렀다. 시카고대학교 경제학자인 스티븐 레빗(Steven Levitt)과 스티븐 더브너(Stephen Dubner)는 『괴짜 경제학(Freakonomics)』의 첫 장에서 "인센티브는 현대 삶의 초석"이고, "경제학은 결국, 본질적으로 인센티브를 연구하는 학문이다."라

고 선언했다.[61]

이러한 정의가 새로운 것임을 놓치기 쉽다. 인센티브는 경제학적 사고에서 최근에 등장한 용어로 애덤 스미스(Adam Smith)나 기타 고전 경제학자의 글에는 등장하지 않는다.[62] 사실 20세기까지도 경제학적 담론에는 출현하지 않았고, 1980년대와 1990년대까지도 두드러지지 않았다. 1943년 『옥스포드 영어사전』은 경제학적 맥락에서 인센티브를 처음 사용한 사례로 《리더스다이제스트》에 실린 "찰스 윌슨(Charles Wilson)은 …… '인센티브 지급제'를 채택할 것을 전쟁 관련 기업에 촉구하고 있다. 인센티브 지급제는 노동자들의 생산량이 늘어나면 보수도 많이 지급하는 제도다."라는 글을 인용하고 있다. 20세기 후반 시장과 시장 중심적 사고가 미치는 영향력이 커지면서 '인센티브'라는 단어의 사용량은 급격히 증가했다. 구글 도서 검색에 따르면 1940년대부터 1990년대에 이르기까지 '인센티브'라는 용어의 사용이 400퍼센트 넘게 증가했다.[63]

경제학을 인센티브의 학문으로 생각하는 것은 시장의 영향력을 일상생활까지 확대하는 것 이상을 의미한다. 또한 이러한 생각은 경제학자를 행동주의자로 묘사한다. 1970년대에 게리 베커가 인간의 행동을 설명하기 위해 도입했던 '그림자 가격'은 실질적이지 않고 암시적이었다. 그림자 가격은 경제학자들이 상상하거나 가정하거나 추론하는 은유적인 가격이었다. 하지만 인센티브는 이와는 대조적으로 경제학자나 정책 입안자가 고안하고 만들어내고 세상에 부여한 제도다. 인센티브는 사람들이 체중을 감량하거나 더욱 열심히 일하거나 환경오염을 자제하는 데 더욱 분발하게 만드는 방법이다. 레빗과 더브너는 다음과 같이 묘사했다.

> 경제학자들은 인센티브를 사랑한다. 그들은 인센티브를 동경하고 제정하고 연구하고 만지작거린다. 전형적인 경제학자는 적절한 인센티브 계획을 고안할 재량권만 있다면 세상에 자신이 고칠 수 없는 문제는 없다고 믿는다. 그의 해결책이 항상 산뜻하지만은 않아서 강압이나 과도한 처벌이 따를 수 있고 시민의 자유를 침범할 수도 있겠지만, 본래의 문제는 고쳐지리라 확신해도 좋다. 인센티브는 자그마하지만 상황을 변화시키는 놀라운 힘을 발휘하는 탄환이고 지렛대이자, 열쇠다.[64]

인센티브의 이러한 개념은 시장을 보이지 않는 손으로 보는 애덤 스미스의 생각과는 거리가 멀다. 일단 인센티브가 '현대 삶의 초석'이 되면 시장은 강압적이며 조작적인 손으로 보인다. 불임시술을 받거나 좋은 성적을 거둘 때 받는 현금 인센티브를 기억해보라. 레빗과 더브너는 이렇게 주장했다. "대부분의 인센티브는 자연발생적으로 생기지 않는다. 경제학자나 정치가나 부모 등 누군가가 만들어내야 한다."[65]

그다지 모양새는 좋지 않지만 최근 들어 널리 사용되기 시작한 새 동사 '인센티바이즈(incentivize, 인센티브화하다)'에는 현대 삶에서 증가하는 인센티브의 사용과 인센티브를 누군가가 의도적으로 만들어내야 한다는 필요성이 반영되어 있다. 『옥스포드 영어사전』에 따르면, 인센티바이즈는 "(주로 재정적인) 인센티브를 제공하는 방식으로 (사람, 특히 피고용인이나 고객을) 부추기거나 격려하는 것"이다. 단어의 뿌리는 1968년까지 거슬러 올라가지만, 지난 10년 동안 특히 경제학자, 기업체 중역, 정부관료, 정책분석가, 정치가, 논설위원에게 인기를 끌었다. 1990년 무렵까지도 책에는 거의 등장하지 않았지만 그후로 사용 빈도가 1400퍼센트 이상 급등했다.[66]

법률 관련 데이터베이스인 렉시스넥시스(LexisNexis)로 주요 신문을 검색해보아도 이와 비슷한 경향이 드러난다. 주요 신문에 '인센티바이즈'가 등장한 횟수는 다음과 같다.[67]

1980년대   48회
1990년대   449회
2000년대   6159회
2010~11년   5885회

최근 인센티바이즈는 대통령의 말에도 등장한다. 조지 H. W. 부시는 미국 대통령으로는 처음으로 공개석상에서 이 용어를 두 번 사용했다. 빌 클린턴은 조지 W. 부시가 그랬듯이 8년 임기 동안 단 한 번 사용했다. 버락 오바마는 3년이 조금 넘는 임기 동안 29번 사용했다. 오바마는 예방 치료에 좀 더 관심을 기울이도록 의사, 병원, 그리고 의료인을 인센티브화하기를 촉구하고, 책임감 있는 주택소유주와 소기업체에 대출을 제공하도록 "은행을 쑤시고 자극하고 인센티브화하기를" 원했다.[68]

영국 수상인 데이비드 캐머론 또한 이 단어를 즐겨 사용한다. 그는

> 스티븐 레빗과 스티븐 더브너는 "도덕은 우리가 세상을 움직이고 싶은 방식을 가리키고, 경제학은 세상이 실제로 작용하는 방식을 가리킨다."고 말했다. 그러나 경제적 인센티브를 적용하려면 그것이 장려해야 할 태도와 규범을 변질시키는지 따져봐야 한다. 경제학자들은 결국 '도덕적으로 거래'해야 한다.

2 | 인센티브   127

은행가와 재계 리더에게 "위험을 감수하는 투자 문화를 인센티브화하기" 위해 더욱 많이 노력해달라고 당부했다. 2011년 발생한 런던 폭동이 끝나고 영국 국민을 향한 연설에서는 이렇게 비난했다. "국가와 정부기관이 인간 본성의 가장 추악한 측면을 용인하고, 방치하고, 때로는 심지어 인센티브화하고 있다."[69]

인센티브화를 선호하는 경향이 새롭게 드러나고 있기는 하지만 대부분의 경제학자들은 여전히 경제학과 도덕, 시장논리와 도덕논리를 구별해야 한다고 주장한다. 레빗과 더브너는 "경제학은 단순히 도덕적으로 거래하지 않는다. 도덕은 우리가 세상을 움직이고 싶은 방식을 가리키고, 경제학은 세상이 실제로 작용하는 방식을 가리킨다."고 말했다.[70]

경제학이 도덕적·정치적 철학의 영향을 받지 않는 몰가치적 과학이라는 개념에는 언제나 의문의 여지가 있었다. 오늘날 경제학이 품은 교만한 야망 때문에 이러한 주장은 특히나 옹호하기 어렵다. 시장은 삶의 비경제적 영역으로 팽창할수록 도덕적 문제와 더욱 얽히기 마련이다.

경제적 효율성을 생각해보자. 어째서 경제적 효율성을 신경 써야 할까? 아마도 선택의 합계로 이해할 수 있는 사회적 효용을 극대화하기 위해서일 것이다. 맨큐가 설명하듯 자원이 효율적으로 분배되면 사회 구성원 전체의 경제적 행복이 극대화된다.[71] 그렇다면 어째서 사회적 효용을 극대화해야 할까? 대부분의 경제학자들은 이 질문을 무시하거나 아니면 공리주의 도덕적 철학의 견해에서 대답을 찾는다.

하지만 공리주의에는 몇 가지 친숙한 반박이 따른다. 시장논리에 가장 적절한 반박은 어째서 도덕적 가치와는 상관없이 선택의 만족을 극대화해야 하는가다. 오페라를 좋아하는 사람이 있고 개싸움이나 진흙 레슬링을 좋아하는 사람이 있다면, 우리는 개인적 판단을 내리지 말고 공리주의적 계산법에 따라 각 선호를 같은 비중으로 다루어야 할까?[72] 시장논리가 자동차·토스터·평면 텔레비전 등 물적 재화와 관련이 있다면 이러한 반박은 그다지 중요해 보이지 않는다. 재화의 가치가 단순히 소비자 선호에 따라 달라진다고 추측하는 것이 합리적이기 때문이다. 하지만 시장논리를 섹스·출산·육아·교육·건강·범죄 처벌·이민정책·환경 보호 같은 문제에 적용하면, 모든 사람의 선호가 똑같이 가치 있다고 추측하는 것은 설득력이 떨어진다. 이처럼 도덕적 책임이 따르는 영역에서는 재화의 가치를 평가하는 어떤 방식이 다른 방식보다 더 수준 높고 더 적절할 수 있다. 만약 그렇다면, 도덕적 가치를 묻지 않고 사람들의 선호를 무차별적으로 충족시켜야 하는 이유는 분명하지 않다. 자녀가 독서를 하도록 가르치고 싶은 부모의 욕구는, 바다코끼리를 코앞에서 쏘고 싶은 사냥꾼의 욕구와 정말 똑같이 중요할까?

따라서 시장논리가 물질 재화의 영역을 넘어서는 경우에, 사람들의 선호에 담긴 도덕적 가치에 대해 고려하지 않은 채, 사회적 효용을 맹목적으로 극대화하는 것을 원하지 않는다면 '도덕적으로 거래'해야 한다.

시장의 팽창으로 시장논리와 도덕논리, 세상을 설명하는 논리와 세상을 향상시키는 논리를 구별하기가 복잡해지는 이유는 또 있다. 경제학의 중심 원리 중 하나는 가격 효과다. 가격이 올라가면 사람들은 재화 구입량을 줄이고, 가격이 내려가면 재화 구입량을 늘린다. 이러한 원칙은 일반적으로 평면 텔레비전 시장에 대해 논할 때에는 신뢰할 만하다.

하지만 앞서 살펴본 바와 같이, 어린이집에 맡겨놓은 아이를 제시간에 데리러 오는 사례처럼 비시장 규범의 지배를 받는 사회적 관행에 가격 효과 원칙이 적용될 때에는 신뢰성이 떨어진다. 벌금이 없다가 아이를 늦게 찾으러 올 때의 가격이 올라가자, 오히려 어린이집에 늦게 도착하는 경우가 많아졌다. 이러한 결과는 일반적인 가격 효과를 거스른다. 하지만 재화를 상품화하면 그 의미가 바뀔 수 있다는 사실을 인정한다면 이해할 만하다. 아이를 늦게 찾으러 오는 행위에 가격을 부과하니 규범이 바뀌었다. 제 시간에 어린이집에 도착하는 것이 교사에게 불편을 끼치지 않기 위한 도덕적 의무로 여겨졌지만, 이제 부모들은 이를 시장논리로 이해해서 어린이집에 늦게 도착해도 아이를 좀 더 오랫동안 맡길 수 있는 서비스에 대한 비용을 교사에게 지불하면 된다고 생각한 것이다. 결과적으로 인센티브의 의도가 역풍을 맞은 것이다.

어린이집 이야기는 비시장 규범이 지배했던 삶의 영역으로 시장이 팽창함에 따라, 일반적인 가격 효과가 유지되지 못할 수도 있다는 것을 보여준다. 아이를 늦게 찾으러 오는 행위에 대한 (경제적) 가격을 인상하면 아이를 늦게 찾으러 오는 경우가 줄어들지 않고 오히려 늘어났다. 따라서 경제학자들이 세상의 이치를 설명하려면 어떤 활동에 가격을 매기는 것이 비시장 규범을 밀어내는 것인지 아닌지를 파악해야 한다. 그러려면 주어진 활동에 담긴 도덕적 이해를 살펴봐야 하고, 재정적 인센티브를 제공하거나 불이익을 안김으로써 해당 활동을 상품화하면 그 같은 도덕적 이해를 밀어낼지도 판단해야 한다.

이때 세상의 이치를 설명하기 위해, 경제학자는 어떤 규범이 유력한지, 시장이 규범에 어떻게 영향을 미치는지 파악하기 위해서 도덕심리학이나 인류학이 개입되어야 한다고 인정할 수 있다. 하지만 이것이 어째서 도덕철학이 관여되어야 한다는 뜻일까? 그 이유는 이렇다.

시장이 비시장 규범을 잠식하는 영역에서 경제학자들은 이러한 잠식이 우려할 만한 가치가 있는 상실인지 판단해야 하기 때문이다. 아이를 늦게 찾으러 오면서 부모가 더 이상 죄책감을 느끼지 않는지, 교사와의 관계를 더욱 도구적인 관점에서 바라보지는 않는지 우려해야 할까? 아이가 책을 읽도록 돈을 주면 아이들이 독서를 돈을 받기 위한 노동으로 생각하고 독서 자체에서 누릴 수 있는 기쁨이 줄어들까봐 우려해야 할까? 대답은 상황마다 다를 것이다.

하지만 우리는 재정적 인센티브의 효과 여부를 예측하는 선을 넘어서서 도덕적 평가를 내려야 한다. 돈이 잠식하거나 밀어낼지 모르는 태도와 규범에 담긴 도덕적 중요성은 무엇일까? 비시장 규범과 기대의 상실은 우리가 후회할 또는 최소한 후회해야 할 방식으로 활동의 성격을 바꿀까? 그렇다면 이익을 가져다줄 가능성이 있더라도 특정 활동에 재정적 인센티브를 도입하지 말아야 할까?

이 질문에 대한 대답은 해당 활동과 이를 정의하는 규범의 목적과 특징에 달려 있다. 심지어 어린이집도 이러한 점에서는 다르다. 상호 의무에 대해 공통으로 품고 있는 기대가 바뀔 때 발생하는 손해는, 자녀를 돌보는 비용을 부모가 교사에게 지불하는 어린이집보다 매주 일정 시간을 부모들이 자원해서 아이들을 돌보는 협력형 어린이집에서 더 클 수 있다. 하지만 어떤 경우라도 우리가 도덕적 영역 안에 있다는 사실은 분명하다. 재정적 인센티브에 의존할 것인지 여부를 결정하려면,

이러한 인센티브가 보호해야 할 태도와 규범을 변질시키는지 아닌지 생각해봐야 한다. 이러한 질문에 대답하려면, 시장논리가 도덕논리로 되어야 한다. 경제학자들은 결국 '도덕적으로 거래'해야 한다.

3

시장은 어떻게 도덕을 밀어내는가

HOW
MARKETS
CROWD OUT
MORALS

일반 경제논리는 재화를 사고팔 때, 재화의 특징은 바뀌지 않는다고 가정한다. 하지만 사람의 신장, 성, 학위는 돈으로 살 수 있지만 도덕적으로 불미스럽다. 우리는 모든 것이 상품화되는 시대에 살고 있지만 돈으로 사고팔 때 분명 마음 한구석이 불편해지는 재화나 관행이 있다. 그 이유는 무엇일까? 상품화의 효과는 무엇이기에 모든 것을 사고팔게 만드는 동시에 우리의 마음을 이토록 불편하게 하는 것일까?

WHAT
MONEY
CAN'T BUY

돈으로 사면 안 되는 것이 있을까? 그렇다면 어떤 재화와 활동은 사고팔기에 적당하고 어떤 것은 그렇지 못한지 어떻게 판단할 수 있을까? 이러한 질문에 대한 대답을 찾기 위해 질문 내용을 살짝 바꾸어보자. "돈으로 살 수 없는 것이 있을까?"

돈으로 살 수 있는 것과 살 수 없는 것

대부분의 사람들은 돈으로 살 수 없는 것이 있다고 대답한다. 우정을 생각해보자. 친구가 지금보다 많았으면 좋겠다고 가정해보자. 그렇다면 친구 몇 명을 사겠는가? 아닐 것이다. 잠시만 생각해보면 그런 방법이 통하지 않는다는 것을 알 수 있다. 고용된 친구는 진짜 친구와 같을 수 없다. 집을 비운 동안 우편물을 보관해주거나, 위급할 때 자녀를 돌봐주고, 심리치료사라면 자신의 푸념을 들어주고 동정 어린 충고를 해주는 등 일반적으로 친구가 하는 일을 해달라고 사람을 고용할 수는 있다. 최근까지도 페이스북에서 잘생긴 '친구'를 월 99센트에 고용하여 자신의 온라인 인기를 끌어올릴 수 있었다. 가짜 친구를 소개해주는 이 웹사이트는 대부분 모델의 사진을 허락 없이 사용해서 폐쇄되었다.[1] 돈으로 이러한 서비스를 살 수 있을지 몰라도, 실제로 친구를 살 수는 없다. 어쨌거나 돈으로 사는 우정은 사라지거나 변질된다.

노벨상을 생각해보자. 노벨상을 받고 싶은 마음이 간절하지만 정상적으로는 받을 수 없다고 가정해보자. 그렇다면 노벨상을 사야겠다는 생각이 들지도 모른다. 하지만 그러한 방법이 통하지 않으리라는 것을 금세 알아차릴 것이다. 노벨상은 돈으로 살 수 있는 것이 아니기 때문이다. 아메리칸리그의 MVP상도 마찬가지다. 예전 수상자가 팔겠다면, 트로피를 사서 자기 집 거실에 진열해놓을 수는 있겠지만 상 자체를 살 수는 없다.

이것은 노벨상 위원회와 아메리칸리그가 상을 팔려고 내놓지 않았기 때문만은 아니다. 설사 매년 노벨상 하나를 경매로 판매한다 하더라도, 이렇게 돈을 주고 산 상은 진짜 노벨상과 같지 않다. 시장 교환은 노벨상을 가치있게 만드는 선(善, the good)을 변질시킬 것이다. 노벨상은 명예로운 재화이기 때문이다. 이를 사는 행위는 상에서 얻으려는 선을 훼손한다. 노벨상이 거래되었다는 말이 나오기가 무섭게 수상자는 더 이상 명예를 인정받지 못할 것이다.

야구경기에서 수여하는 MVP상도 마찬가지다. MVP상도 명예로운 재화이므로 시즌 동안 홈런을 치거나 탁월한 수훈을 세워 팀의 우승에 기여한 공로로 받지 않고 돈으로 산다면 재화의 가치는 변질된다. 물론

상을 상징하는 트로피와 상 자체에는 차이가 있다. 실제로 할리우드에서 열리는 아카데미 시상식의 일부 수상자가 자신이 받은 오스카 조각상을 팔거나 수상자의 자녀가 조각상을 유산으로 물려받아 판매한 사실이 밝혀졌다. 일부 오스카 조각상은 소더비(Sotheby's)나 다른 경매회사가 실시하는 경매에서 거래되고 있다.

1999년 마이클 잭슨은 영화 〈바람과 함께 사라지다〉가 받은 최우수 작품상 트로피를 154만 달러에 구입했다. 아카데미는 이러한 오스카 조각상 거래에 반대해서 지금은 수상자들에게 조각상을 팔지 않겠다는 각서를 받는다. 명예를 상징하는 조각상이 상업적인 수집품으로 탈바꿈하는 현상을 막기 위해서다. 수집가들이 조각상을 살 수 있든 없든 아카데미 여우주연상을 돈 주고 사는 것은 실제로 상을 받는 것과는 엄연히 다르다.[2]

상당히 명료한 이러한 사례들은 결코 호락호락하지 않은 다음 질문에 대한 단서를 제공한다. '돈으로 살 수 있지만 사면 안 되는 대상이 있을까?' 예를 들어 사람의 신장처럼 살 수는 있지만, 거래하면 도덕적으로 논란거리가 될 만한 재화를 생각해보자. 장기 이식에 필요하므로 장기거래 시장을 옹호하는 사람이 있는 반면, 도덕적으로 불미스럽다고 생각하는 사람도 있다. 만약 신장을 사는 행위가 잘못이라면, 노벨상의 경우처럼 문제는 돈이 재화를 변질시킨다는 데 있지 않다. 돈을 지불하든 하지 않든 이식한 신체에 거부반응만 일으키지 않는다면 신장은 기능할 것이다. 따라서 신장이 거래 대상이 될 수 있는지 여부를 판단하기 위해서는 도덕적 탐구가 필요하다. 장기 매매를 찬성하는 쪽과 반대하는 쪽의 주장을 살펴보고 어느 쪽이 더 설득력 있는지 결정해야 한다.

혹은 아이 거래를 생각해보자. '법 경제학' 운동을 주도하는 리처드 포스너(Richard Posner) 판사는 몇 년 전, 입양할 아이를 시장을 활용하여 분배하자고 제안했다. 그는 좀 더 바람직한 입양 조건을 갖춘 아이의 가격이 다른 아이보다 비싸리라는 점을 인정했다. 하지만 아이를 경매에 부치거나 시장 가격을 책정하는 것을 금지하는 가운데 입양기관이 수수료를 받고 입양을 주선하는 현행 입양 제도보다는, 입양을 자유시장에 맡기는 편이 아이를 훨씬 바람직하게 분배할 수 있으리라 주장했다.[3]

많은 사람들이 포스너의 의견에 반대하면서 시장이 아무리 효율적이라도 아이들을 사고팔아서는 안 된다고 강조했다. 자세히 검토해보면 이와 같은 논쟁에서 눈에 띄는 특징을 찾아볼 수 있다. 신장 거래 시장과 마찬가지로 아이 거래 시장은 구매자가 획득하려는 재화를 변질시키지는 않는다. 이러한 맥락에서 아이를 사는 행위는 친구나 노벨상을 사는 행위와는 다르다. 아이 입양 시장이 있다면 시세에 따라 가격을 지불한 사람들은 자신이 원하는 재화, 즉 아이를 획득할 것이다. 이러한 시장이 도덕적으로 거부할만한 지의 여부는 더 생각해보아야 할 문제다.

언뜻 보기에는 친구와 노벨상처럼 돈으로 살 수 없는 재화와 신장과 아이처럼 돈으로 살 수 있지만 그래서는 안 된다는 논란이 생기는 재화가 명확하게 구분된다. 하지만 이러한 구분은 처음 언뜻 생각할 때보다 명확하지 않다. 좀 더 면밀하게 살펴보면, 금전적 거래가 구입한 재화를 명백히 퇴색시키는 경우와 거래가 이루어지긴 하지만 결과적으로 재화를 변질시키고 그 가치를 부패시키거나 저하시키는 논란의 여지가 많은 경우 사이의 연관성을 찾을 수 있을 것이다.

대리 사과 서비스와 결혼식 축사 판매

이 연관성은 우정과 신장의 중간 단계에 속한 사례를 생각해봄으로써 살펴볼 수 있다. 우정을 돈으로 살 수 없다면 우정의 표시나 친밀감, 애정, 후회의 표현은 어떨까?

2001년《뉴욕타임스》는 한 중국 기업에서 제공하는 특이한 서비스에 대해 보도했다. 사이가 서먹해진 연인이나 관계가 틀어진 동업자 등 누군가에게 사과를 해야 하지만 직접 하기가 영 껄끄럽다면, 톈진사과회사(Tianjin Apology Company)에 의뢰해서 대리 사과 서비스를 받을 수 있다. 이 회사의 표어는 "당신 대신 사과드립니다."다. 보도에 따르면, 사죄를 직업으로 가진 사람들은 "대학을 졸업한 중년 남녀로 어두운 색 옷을 입는다. 그들은 '뛰어난 언변'과 풍부한 인생 경험을 갖춘 변호사, 사회복지사, 교사 등으로 카운슬링 교육을 추가로 받는다."[4]

나는 그 회사가 성공했는지 여부도 모르고 심지어 아직 남아 있는지조차 모른다. 하지만 해당 기사를 읽으면서 이런 의문이 들었다. 과연 돈으로 산 사과가 효과가 있을까? 누군가가 우리에게 잘못 행동하거나 우리를 화나게 하고 나서 고용한 사람을 보내 대신 사과한다면 마음이 풀릴까? 이에 대한 대답은 상황에 따라, 혹은 아마도 비용에 따라서도 다를지 모른다. 그렇다면 비싼 가격의 사과가 싼 가격의 사과보다 의미가 있을까? 실제로 당사자가 사과할 때 전해지는 깊은 뉘우침을 다른 사람이 대신 사과하는 것으로는 결코 표현할 수 없다면 어떻게 할까? 돈으로 구입한 사과가 얼마나 현란하든지간에 직접 하는 사과의 역할을 할 수 없다면, 사과 또한 친구와 마찬가지로 돈으로 살 수 없는 것이다.

우정과 밀접하게 관련이 있는 사회적 관행으로 신랑신부를 위한 결혼식 축사를 생각해보자. 전통적으로 축사란 결혼식 피로연에서 주로 신랑의 가장 친한 친구인 신랑 들러리가 부부에게 행복을 기원하는, 따뜻하고 재미있으면서 진심어린 표현이다. 하지만 품위 있는 내용으로 축사를 쓰기란 쉬운 일이 아니어서 내켜하지 않는 들러리들이 많다. 그래서 어떤 사람들은 온라인으로 결혼식 축사를 구매하기도 한다.[5]

퍼펙트토스트닷컴(ThePerfectToast.com)은 1997년부터 줄곧 결혼식 축사 대필 서비스를 제공해온 선두 웹사이트다. 고객이 신랑신부가 어떻게 만났는지, 그들은 어떤 사람들인지, 재미있는 축사를 원하는지 감상적인 축사를 원하는지 등에 관한 질문지에 답하면, 사흘 이내에 3~5분 길이로 전문가가 대필한 맞춤형 축사를 받아볼 수 있다. 가격은 149달러로 신용카드로도 지불할 수 있다. 맞춤형 결혼식 축사를 주문할 경제적 여유가 없는 사람들을 상대로 인스턴트웨딩토스트닷컴(InstantWeddingToasts.com) 같은 웹사이트에서는 19.95달러 가격에 축사 샘플을 보내주고 환불도 보장된다.[6]

결혼식 날 들러리의 축사에 너무나 마음이 훈훈해지고 찡해져서 신랑의 눈에 눈물이 고인다고 상상해보자. 그런데 친구가 축사를 손수 쓰지 않고 온라인에서 샀다는 사실을 나중에 알게 된다. 그렇다면 신랑의 기분이 어떨까? 전문가가 돈을 받고 대필해주었다는 사실을 모르는 상태로 들었을 때보다 축사의 의미와 감동이 줄어들지 않을까? 아마도 대부분의 사람들이 그렇다고 대답할 것이다. 돈을 내고 구매한 결혼식 축사는 진짜 축사보다 그 가치가 떨어지기 때문이다.

대통령과 수상들이 보통 연설문 작성자를 고용하지만 이를 트집 잡는 사람은 없다고 주장할지도 모르겠다. 하지만 결혼식 축사는 연두교서가 아니다. 이는 우정의 표현이다. 의도했던 효과를 낸다는 의미에서는 돈을 주고 구입한 축사도 제 몫을 하겠지만, 그 효과는 기만에 근거한 것일 수 있다. 한번 시험해보자. 절친한 친구의 결혼식에서 축사를 해야 한다는 생각에 불안이 엄습해서 감동적이고 감성적이면서 기막힌 내용의 축사를 온라인에서 구매했다면, 당신은 이 사실을 친구에게 털어놓겠는가, 아니면 숨기려 하겠는가? 구매한 축사의 효과가 출처를 숨기는 것에 달려 있다면, 돈으로 산 축사는 진짜 축사의 퇴색된 형태라고 마땅히 의심할 만하다.

어떤 면에서 사과와 결혼식 축사는 돈으로 살 수 있는 재화다. 하지만 이를 사고파는 것은 그 재화가 지닌 속성을 변질시키고 가치를 감소시킨다.

선물 교환에 반하는 경제적 논리

우정을 나타내는 다른 예로 선물 교환을 들어보자. 결혼식 축사와 달리 선물에는 어쩔 수 없이 물질적 측면이 있다. 물론 선물에 따라서는 금전적 측면이 상대적으로 두드러지지 않기도 하고 분명하게 드러나기도 한다. 그러나 최근 수십 년 동안 현금을 선물하는 경향이 뚜렷해지고 있는데, 이는 사회적 삶이 점점 상품화하고 있는 한 예다.

경제학자들은 선물을 좋아하지 않는다. 좀 더 정확하게 말하자면 좀처럼 선물 교환을 합리적인 사회 관행으로 받아들이지 못한다. 시장논리의 관점에서 보면 거의 예외 없이 선물보다 현금을 주는 편이 낫다. 자신이 무엇을 좋아하는지 일반적으로 가장 잘 알고 있는 사람은 본인이고, 선물 교환의 핵심은 친구나 사랑하는 사람에게 행복을 안기는 것이라고 생각한다면 선물을 현금으로 주고 싶다는 생각을 떨치기 힘들다. 우리가 매우 세련된 취향을 지니고 있다 하더라도 정작 친구는 내가 고른 넥타이나 목걸이를 좋아하지 않을 수 있다. 따라서 당신의 선물로 상대방이 느낄 행복감을 최대화하고 싶다면, 선물을 사지 말고 그 선물을 살 돈을 현금으로 주면 된다. 돈을 받는 친구나 연인은 당신이 사주려고 했던 물건을 직접 구입할 수도 있고, 아니면 더 마음에 드는 다른 것을 살 수도 있다.

이것이 바로 선물 교환에 반하는 경제적 논리다. 여기에는 몇 가지 단서가 붙는다. 최신 첨단 전자제품처럼 친구가 좋아하지만 잘 몰랐던 물건을 선물하면 그에 대한 정보가 없었던 친구는 그만큼의 현금으로 다른 물건을 직접 샀을 때보다 훨씬 기뻐할 수도 있다. 하지만 이는 선물 교환의 목적이 선물 받는 사람의 행복이나 효용을 극대화하는 것이라는 경제학자들의 기본 전제와 일치하는 특별한 경우다.

펜실베이니아대학교의 경제학과 교수 조엘 왈드포겔(Joel Waldfogel)은 개인적 관점에서 판단한 선물 교환의 경제적 비효율성을 연구했다. 여기서 그가 뜻하는 '비효율성'은 숙모가 생일날 선물해준 120달러짜리 아가일 스웨터가 의미하는 가치와 숙모가 준 현금으로 자신이 샀을 물건, 예를 들어 아이팟의 가치 사이에 생기는 차이다. 1993년 왈드포겔은 「크리스마스 선물의 자중손실(自重損失, 시장 실패로 인한 자원 배분의 효율성 상실을 말함-옮긴이)에 대한 연구(The Deadweight Loss of Christmas)」라는 제목의 논문에서 명절 선물 교환과 관련하여 효용 상실이 만연한 현상에 주의를 환기했다. 그는 최근에 발표한 책『스크루지경제학: 명절에 선물을 사면 안 되는 이유(Scroogenomics: Why You Shouldn't Buy Presents for the Holidays)』에서 이 주제를 보완하고 더욱 다듬었다. "다른 사람이 옷이나 음반 등을 사주면 우리가 직접 고를 때만큼 잘 골랐을 가능성은 매우 낮다. 의도가 아무리 좋더라도 상대방이 사준 물건이 우리 취향을 빗나가리라는 것을 예측할 수 있다. 상대방이 지출한 금액이 애당초 우리에게 줄 수 있었을 만족의 양에 비교해본다면, 그들의 선택은 가치를 훼손시킨 것이다."[7]

왈드포겔은 표준 시장논리를 적용해서 대부분 선물 대신 현금을 주는 편이 낫다고 결론 내렸다. "경제학 이론과 상식에 따르면, 다른 사람을 위해 물건을 사는 것보다 스스로 자기 물건을 사는 편이 유로든 달러든 셰켈(shekel, 이스라엘의 화폐 단위-옮긴이)이든 화폐 대비 만족도가 더욱 높으리라 기대할 수 있다. …… 선물을 사면 일반적으로는 그 가치가 퇴색되고, 가능성이 매우 희박한 특별한 경우에만 현금을 주는 것만큼 만족할 것이다."[8]

> 경제학자들은 선물을 좋아하지 않는다. 시장논리의 관점에서 보면 선물보다 현금을 주는 편이 낫다. 그러나 선물 대신 돈을 주면 선물의 의미가 퇴색된다. 돈으로 친구를 살 수 없는 것과 비슷하다. 우정을 유지하는 사회적 관행을 상품화하면 공감·관용·배려 같은 규범의 자리에 시장가치가 들어선다.

왈드포겔은 선물 교환에 반하는 경제적 논리를 펼치는 것 외에도, 이 비효율적 관행이 파괴하는 가치의 양을 측정하기 위해 조사를 실시했다. 그는 선물을 받은 사람들에게 자신이 받은 선물의 금전적 가치와 자신이 그 선물을 직접 산다면 기꺼이 지불했을 가격을 어림잡아보라고 요청했다. 그는 "우리는 직접 구매한 물건보다 선물로 받은 물건의 가치를 20퍼센트 정도 낮게 매긴다."고 결론지었다. 이 20퍼센트라는 수치로 왈드포겔은 전국적인 명절 선물 교환으로 인한 총 '가치 파괴량'을 추정할 수 있었다. "미국인이 명절 기간에 소비하는 돈은 연간 650억 달러이므로, 우리가 그만큼의 돈을 평상시처럼 주의 깊게 소비한다면 느꼈을 만족도보다 130억 달러 손해를 본다. 미국인들은 흥청망청 가치를 파괴해가며 명절을 축하하는 것이다."[9]

선물 교환이 엄청난 낭비이고 비효율적 활동이라면 우리가 줄기차게 선물을 주고받는 이유는 무엇일까? 일반적인 경제학적 추론으로 이러한 질문에 답하기는 쉽지 않다. 그레고리 맨큐는 자신이 저술한 경제학 교과서에서 끈질기게 그 답을 찾는다. 그는 "선물 교환은 이상한 관습"이라고 주장하면서도 남자친구나 여자친구에게 생일선물 대신 현금을 주는 것은 일반적으로 좋지 않은 행동이라고 인정한다. 하지만 왜 그럴까?

맨큐의 설명에 따르면 선물 교환은 '신호 전달(signaling)'의 한 형태다. 이 용어는 경제학자들이 '정보의 비대칭성'을 극복하기 위해 시장을 사용하는 방법을 가리킨다. 예를 들어 좋은 제품을 보유한 회사는 고객을 직접 설득하기 위해서뿐만 아니라, 비싼 광고비를 쏟아부을 만큼 제품의 품질에 자신이 있다는 '신호'를 고객에게 전달하기 위해 광고에 많은 돈을 쓴다. 맨큐는 비슷한 방법으로 선물 교환도 신호 전달 기능을 수행한다고 주장한다. 여자친구에게 선물을 주려고 고민하고 있는 남성은 여자친구가 '이 사람이 정말 나를 좋아하는지' 궁금해 한다는 내밀한 정보를 갖고 있다. 그러한 여자친구를 위해 좋은 선물을 고르는 행위는 남성이 자신의 사랑을 보여주는 신호다. 선물을 물색하는 데는 시간과 노력을 기울여야 하므로 적절한 선물을 고르는 일은 남성이 "여자친구를 사랑한다는 내밀한 정보를 전달하는 방식"인 것이다.[10]

연인과 선물에 관해 생각하는 방식치고는 사뭇 이상할 정도로 딱딱하다. 사랑의 신호를 보내는 것은 사랑을 표현하는 것과 다르다. '신호 전달'을 운운하다 보면 사랑은 한 사람이 상대방에게 보고하는 사적인 정보라고 잘못 가정하게 된다. 이러한 경우라면 현금도 선물처럼 작용할 것이다. 즉 현금을 많이 줄수록 신호가 강해지고 (아마도) 사랑도 커질 것이다. 하지만 사랑은 정보의 문제만으로 설명할 수는 없다. 사랑은 상대방과 함께 있고 상대방에게 반응하는 방식이다. 선물을 주는 행위, 특히 마음을 담은 선물 교환은 사랑의 표현일 수 있다. 마음을 표현한다는 측면에서 생각해볼 때, 좋은 선물의 목적은 소비자 선호를 만족시킴으로써 선물 받는 사람을 기쁘게 해주는 것만이 아니다. 이는 일정한 친밀감을 반영하는 방법으로, 선물을 받는 사람과 교감하고 상대방의 마음을 사로잡는다. 선물을 교환할 때 사려 깊은 태도가 중요한 것도 그런 이유에서다.

물론 모든 선물이 주는 사람의 마음을 이런 방식으로 표현할 수는 없다. 먼 친척의 결혼식이나 회사 동료의 자녀가 치르는 성인식에 참석한다면 결혼선물 리스트(wedding registry, 축의금을 주는 대신 신혼생활에 필요한 물품을 신랑과 신부가 미리 선정하면 친구와 친지들이 선물하는 관행-옮긴이)에 있는 물건을 사주거나 현금을 주는 편이 낫다. 하지만 친구나 연인이나 배우자에게 신경 써서 고른 선물 대신 돈을 주는 행위는 사려 깊지 못하고 무관심함을 보여준다. 이는 마치 신경 써서 실천해야 하는 책임을 돈을 내고 벗어버리는 것과 같다.

경제학자들은 자신들이 주장하는 개념으로는 설명할 수 없지만 선물이 사람의 마음을 표현한다는 사실을 알고 있다. 경제학자이자 블로거인 알렉스 태버록(Alex Tabarrok)은 "내 안에 있는 경제학자는 현금이 최고의 선물이라고 말한다. 하지만 나의 나머지 부분은 이 말에 저항한다."라고 썼다. 태버록은 이상적인 선물은 자신이 직접 샀다면 골랐을 물건이라는 공리주의 개념에 모순되는 좋은 예를 제시한다. 누군가에게 100달러를 받아 자동차 타이어를 새로 갈았다고 상상해보자. 이는 자신의 효용을 최대화한 행위다. 하지만 애인에게 생일선물로 자동차 타이어를 받았다면 뛸 듯이 기쁘지는 않을 것이다. 태버록의 주장에 따르면, 사람들은 대부분 지나치게 평범하지 않으면서 자신이 직접 사지는 않을 품목을 선물로 받고 싶어한다. 적어도 친밀한 관계를 맺고 있는 사람에게는 "열정적인 자아, 열광하는 자아, 낭만적인 자아"를 자극하는 선물을 받고 싶어한다.[11]

나는 태버록이 맥을 제대로 짚었다고 생각한다. 선물 교환이 언제나 효용성 극대화의 비이성적 일탈을 의미하는 것은 아니다. 선물이 단지 효용에 관한 것만은 아니기 때문이다. 일부 선물은 우리의 정체성에 도전하고 개입하고 이를 재해석하는 관계를 표현한다. 우정은 서로에게 유용한 관계 그 이상을 뜻하기 때문이다. 또한 우정은 다른 사람과 어울리며 자신의 특징을 키우고 스스로를 알아가는 과정이다. 아리스토텔레스가 말했듯, 최고 수준의 우정에는 형성해주고 교육하는 목적이 있다. 친구 사이에서 주고받는 모든 형태를 현금화한다면 우정을 공리주의적 규범으로 뒤덮어서 변질시킬 가능성이 있다.

선물 교환을 공리주의적 관점에서 보는 경제학자조차도 친구, 배우자를 비롯한 중요한 사람에게 선물로 현금을 주는 것은 원칙이 아니라 예외적인 경우에 해당한다는 사실을 틀림없이 알고 있다. 왈드포겔에게 이 사실은 자신이 비난하는 비효율성의 원천이다. 따라서 그의 견해에 따르면 엄청난 가치파괴를 유발하는 선물 교환 습관을 사람들이 끈질기게 유지하려는 이유는 무엇일까? 그것은 단지 현금에는 '저속한 선물'이라는 낙인이 찍혀있기 때문이다. 왈드포겔은 현금 선물을 저속하다고 생각하는 것이 옳은지 그른지는 따지지 않는다. 대신 그는 효용을 감소시키는 불행한 경향을 보이는 점을 제외하고는, 이 낙인을 규범적으로 전혀 중요하지 않는 사회적 사실이라고 생각한다.[12]

그는 이렇게 말했다. "크리스마스 선물로 현금 대신 현물을 주는 유일한 이유는 현금을 주는 행위에 찍힌 낙인 때문이다. 그런 낙인 없이 현금 선물을 줄 수만 있다면, 받는 사람은 자신이 정말 원하는 품목을 스스로 살 수 있고 비용 대비 최대의 만족을 얻을 수 있다."[13] 레빗과 더브너도 비슷한 견해를 주장했다. 현금 선물을 주기 꺼려하는 태도는 대부분 일종의 '사회적 금기' 때문인데, 이는 '아름다울 정도로 효율적인 교환'이라는 '경제학자의 꿈'을 짓밟는 것이다.[14]

작은 범위에서 선물 교환을 경제학적으로 분석해보면 시장논리의 두 가지 흥미로운 특징을 알 수 있다. 첫째, 스스로 가치중립적이라고 주장하는 시장논리가 어떻게 특정 도덕적 판단에 스며들어갔는지 파악할 수 있다. 왈드포겔은 현금 선물에 대한 낙인의 타당성을 평가하지 않으며, 이 낙인이 정당화될 수 있는지도 따지지 않는다. 이 낙인은 단순히 효용을 방해하는 비이성적 장애물이고 원칙적으로는 극복해야 하는 '역기능적 제도'라고 추측한다.[15] 그는 현금 선물에 따라다니는 낙인이 우정과 밀접하게 관련된 배려심의 규범처럼, 보존할 가치가 있는 규범을 나타낸다고는 생각하지 않는다.

모든 선물의 목적이 효용의 극대화라고 주장하는 것은 논거의 제시 없이 우정의 효용 극대화라는 관념이 도덕적으로 가장 적절하며, 친구를 대하는 가장 올바른 태도는 친구의 선호를 문제 삼거나 복잡하게 만들거나 선호의 강도를 높이는 것이 아니라 이를 충족시키는 것이라고 추측하는 것과 같다.

따라서 선물 교환에 반대하는 경제적 입장은 도덕적으로 중립이 아니다. 이 입장은 우정에 관한 어떤 개념, 즉 많은 사람들이 퇴색했다고 여기는 개념을 전제로 한다. 그러나 도덕적으로 어떤 결함이 있든 선물 교환에 경제적으로 접근하는 방식이 점차 힘을 얻어가고 있다. 이것이 바로 선물 교환의 두 번째 흥미로운 특징으로 이어진다. 선물 교환에 대한 도덕적 전제가 아무리 논쟁의 여지가 있다 하더라도 선물에 대한 경제적 사고방식은 현실로 드러나고 있다. 지난 20년 동안, 선물 교환의 금전적 측면은 점점 부상하고 있다.

선물의 현금화

상품권의 증가 추세를 생각해보자. 명절 쇼핑객이 꼭 맞는 선물을 찾아다니기보다는 매장에서 상품으로 교환할 수 있는 일정 금액의 상품권이나 카드를 선물로 주는 경향이 늘어나고 있다. 상품권은 특정 선물을 고르는 것과 현금을 주는 방법의 중간 단계에 속한 방법이다. 상품권을 사용하면 쇼핑객들은 좀 더 편하게 선물을 준비할 수 있고 카드를 받는 사람은 선택의 폭이 넓어진다. 타깃(Target), 월마트, 삭스피프스애비뉴(Saks Fifth Avnue)에서 발행한 50달러짜리 상품권을 선물하면 자신이 진짜로 원하는 선물을 직접 고를 수 있어서, 선물 받은 스웨터가 두 사이즈나 작을 때 발생하는 '가치파괴 상실'을 피할 수 있다. 하지만 상품권은 현금을 주는 경우와는 약간 다르다. 물론 상품권을 받는 사람은 선물 주는 사람이 소비한 금액을 정확하게 알고 있다. 상품권에 금전적 가치가 분명하게 드러나기 때문이다. 하지만 특정 매장에서 발행한 상품권은 단순한 현금 선물보다 낙인이 덜하다. 아마도 적절한 상점을 신경 써서 골랐다는 점이 낙인을 어느 정도 덜어주기 때문일 것이다.

명절 선물의 현금화 경향은 점차 많은 쇼핑객들이 상품권을 선물로 주기 시작했던 1990년대부터 뚜렷해졌다. 1990년대 말 마그네틱 선이 그어진 플라스틱 기프트 카드가 등장하면서 이러한 경향은 가속화되었다. 1998년부터 2010년까지 미국 내 상품권의 연간 매출액은 900억 달러를 넘어서 8배에 가깝게 증가했다. 소비자 조사에 따르면 상품권은 요즘 들어 가장 인기 있는 명절 선물 품목으로 의류·비디오게임·가전제품·보석 및 기타 품목을 앞질렀다.[16]

전통주의자들은 이러한 추세를 한탄한다. 미스 매너(Miss Manners)로 알려진 에티켓 칼럼니스트 주디스 마틴(Judith Martin)은 "상품권이 명절로부터 마음과 영혼을 빼앗아갔다. 우리는 사실상 그러한 가치들이 없어지는 데 돈을 지불하고 있는 것이다."라고 비판한다. 개인 자산관리 칼럼니스트인 리즈 풀리엄 웨스턴(Liz Pulliam Weston)은 "선물 교환 방법이 완전히 상업적인 교환으로 재빨리 이동하고 있다. 서로에게 그저 돈 뭉치를 찔러주기 시작할 날이 얼마 남지 않았다."며 우려한다.[17]

경제적 논리의 관점에서 생각하면 현물 선물이 상품권으로 이동하는 현상은 올바른 방향으로 나아가고 있는 것이다. 더욱 앞서서 돈 뭉치를 찔러준다면 훨씬 나을 것이다. 이유는 무엇일까?

상품권이 선물의 '자중손실'을 감소시키기는 하지만 완전히 제거하지는 못한다. 삼촌이 건축자재 전문업체인 홈데포(Home Depot)에서 교환할 수 있는 100달러짜리 상품권을 주었다고 가정해보자. 우리가 원하지 않는 100달러짜리 공구키트를 받는 것보다는 나을 것이다. 하지만 집수리용 물품에 별로 관심이 없다면 차라리 현금을 받고 싶을 것이다. 어쨌거나 상품권과는 달리 돈은 어디에서든 교환 가능하기 때문이다.

별로 놀랄 일도 아니지만, 이러한 문제에 대한 시장 중심 해결책은 이미 등장했다. 요즘 많은 온라인 기업들이 액면가보다 낮은 가격을 현금으로 치르고 상품권을 사서 되팔고 있다. 예를 들어 플라스틱 정글(Plastic Jungle)이라는 회사는 100달러짜리 홈데포 상품권을 80달러에 사서 93달러에 재판매한다. 할인율은 상점의 인기도에 따라 다르다. 플라스틱 정글은 월마트나 타깃의 100달러짜리 상품권을 91달러에 사들인다. 애석하게도, 대형서점 체인 반스앤노블(Barnes & Noble)의 상품권은 버거킹(79달러)보다 약간 낮은 가격인 77달러에 거래된다.[18]

선물의 자중손실에 관심이 있는 경제학자들 눈에 이러한 제2의 시장은 선물 받는 사람이 현금 대신 상품권을 받으면서 입게 되는 손실을 수량화한다. 할인율이 높을수록 상품권이 지닌 가치와 현금이 지닌 가치의 차이는 커진다. 물론 상품권이든 현금이든 전통적인 선물 교환이 표현하는 사려깊음과 관심을 담지는 못한다. 이러한 미덕은 선물 형태가 상품권으로, 마지막에는 현금으로 이동하면서 퇴색된다.

상품권을 연구하는 한 경제학자는 현금의 경제적 효율성과 사려깊음이라는 전통적 미덕을 조화시킬 방법을 제안했다. "상품권을 주려고 계획하고 있는 사람이라면 '특정 매장 어디어디에서 이 돈을 쓸 수 있다'고 제안하는 메모와 함께 현금을 주면서, 상대방을 향한 사려를 표현할 수 있다."[19]

어느 매장에서 물건을 살지 조언하는 유쾌한 메모와 함께 현금을 선물로 주는 행위는 궁극적으로 선물의 해체다. 이는 공리주의적 구성요소와 표현적 규범을 서로 다른 상자에 포장한 후, 끈으로 한데 묶는 것과 같다.

선물 교환의 상품화에 관해 말할 때 나는 최근에 특허를 받은 '재선물(regifting) 전자거래 시스템'을 자주 예로 든다. 《뉴욕타임스》 기사는 이 시스템을 다음과 같이 묘사한다. 숙모가 크리스마스 선물로 과일케이크를 준다고 가정하자. 케이크 회사는 당신에게 이메일을 보내 숙모가 사려 깊은 선물을 보내기로 했다는 사실을 알리고 배달을 받아들일지, 다른 물품과 교환할지, 혹은 당신이 선물해야 할 다른 사람에게 대신 보낼지 선택권을 준다. 이러한 거래는 온라인으로 이루어지기 때문에 선물을 다시 포장해 우체국으로 가져가는 수고를 하지 않아도 된다. 다른 사람에게 선물하기로 결정했다면, 선물을 받을 사람도 똑같은 선택권을 얻는다. 따라서 누구도 원하지 않으면 과일케이크는 사이버공

간을 무한정 돌아다니게 될 것이다.[20]

이 방법에는 한 가지 대혼란이 발생할 수 있다. 판매업체의 정보공개 정책에 따라 과일케이크를 받은 사람은 케이크가 지나온 여정을 알게 될지도 모른다. 이러한 상황은 상당히 당혹스러울 수 있다. 과일케이크가 여러 사람에게 거부당해서 자신에게까지 밀려왔다는 사실을 알게 된다면, 선물에 대한 감사의 마음이 흐려지고 선물이 나타내는 가치는 사라질 가능성이 크다. 이는 절친한 친구가 마음을 훈훈하게 적신 결혼식 축사를 온라인으로 구매했다는 사실을 신랑이 깨닫는 상황과 비슷할 것이다.

돈으로 구입한 명예

우정은 돈으로 살 수 없더라도 우정의 징표와 표현은 어느 정도 살 수 있다. 앞에서 살펴본 대로 사죄, 결혼식 축사, 선물은 상품으로 바뀌더라도 전부 파괴되지는 않지만 그 의미가 약해지기는 한다. 그 이유는 돈으로 친구를 살 수 없는 이유와 비슷하다. 우정과 우정을 유지하는 사회적 관행은 어떠한 규범, 태도, 그리고 미덕으로 구성되어 있다. 하지만 이러한 관행을 상품화하면 공감·관용·배려·관심 같은 규범의 자리에 시장가치가 들어선다.

고용된 친구는 진짜 친구와 다르다. 거의 누구나 그 차이를 간파할 수 있다. 내가 생각할 수 있는 유일한 예외는 영화 〈트루먼쇼〉에서 짐 캐리(Jim Carrey)가 맡았던 등장인물이다. 등장인물은 겉으로 평온해 보이는 소도시에서 평생 살아왔다. 그 도시는 사실 텔레비전에서 방영하는 리얼리티 쇼의 무대였지만 정작 본인은 알지 못한다. 캐리는 한참 후에야 비로소 아내와 친한 친구가 고용된 배우라는 사실을 깨닫는다. 물론 짐 캐리가 아닌 텔레비전 프로듀서가 고용한 사람들이다.

우정과 관련된 이와 같은 비유가 전달하는 핵심은 이렇다. 친구를 살 수 없는 이유(친구를 사면 관계가 파괴된다)를 생각하면 시장이 우정의 표현을 어떻게 변질시키는지 알 수 있다. 돈을 주고 구매한 사과나 결혼식 축사는 설사 진짜와 비슷하게 받아들여지더라도 변질되고 의미가 축소된다. 돈은 이러한 품목을 살 수는 있지만 어느 정도 변질된 형태로만 살 수 있다.

명예를 기리는 재화도 비슷한 방식으로 변질되기 쉽다. 노벨상은 돈으로 살 수 없다. 하지만 다른 형태의 명예와 인정은 어떨까? 명예학위를 생각해보자. 대학은 탁월한 학자·과학자·예술가, 그리고 공직자에게 명예학위를 수여한다. 하지만 명예학위를 수여하는 기관에 거액을 기부한 자선가에게 수여하기도 한다. 실제로 돈으로 이런 학위를 살 수 있을까? 혹은 돈으로 산 학위가 과연 명예로울 수 있을까?

이에 대한 대답은 모호하다. 대학이 명예학위 수여 이유를 대담하게 설명한다면, 그 투명성이 재화를 변질시킬 것이다. 학위 수여식에서 표창장에 "본 대학은 업적을 이룬 탁월한 과학자와 예술가에게 명예학위를 수여합니다. 하지만 우리는 귀하가 도서관을 신축하는 기금으로 1천만 달러를 기부한 데 대한 감사의 표시로 이 학위를 수여합니다."라고 쓰여 있다고 가정해보자. 이런 경우라면 명예로운 학위로 인정받지 못할 것이다. 물론 그런 내용이 담긴 표창장은 찾아볼 수 없다. 표창장에는 수상자의 공공 봉사정신, 자선사업, 대학의 사명에 기여한 공로 등

명예학위와 돈으로 구매한 학위의 구별을 모호하게 만드는 명예로운 어휘들이 사용된다.

일류 대학교의 입학허가를 사고파는 문제를 놓고도 비슷한 의문을 던질 수 있다. 대학은 입학허가를 적어도 공개적으로 경매에 부치지는 않는다. 최고 입찰자에게 입학허가를 판다면 많은 상위권 대학들은 수입을 늘릴 수 있다. 하지만 대학은 설사 수입을 극대화하고 싶더라도 입학정원 전체를 경매에 부치지 않는다. 그렇게 하면 학문의 질이 떨어질 뿐 아니라 대학입학의 명예가 훼손되어 수요가 줄어들기 때문이다. 입학허가를 흔하게 살 수 있고 그렇다는 사실이 널리 알려지면 설사 당신 혹은 당신의 자녀가 스탠포드나 프린스턴대학교에서 입학허가를 받더라도 자부심을 갖기 힘들 것이다. 이때 느낄 수 있는 자부심은 기껏해야 요트를 살 수 있을 때와 비슷할 것이다.

그러나 대학교 입학정원 대부분은 우수성을 기준으로 분배되고 일부만 조용히 거래된다고 가정해보자. 또한 입학허가 결정을 내리기까지는 학점, SAT 점수, 과외활동, 인종적·민족적·지리적 다양성, 체육 능력, 특혜 대상(동문의 자녀) 등 많은 요소가 고려 대상이 되어, 어떤 상황에 어떤 요소가 결정적으로 작용할지 알 수 없다고 가정해보자. 이러한 조건에서 대학교는 상위권 대학교에 입학하는 명예를 훼손시키지 않으면서도 부유한 기부자들에게 입학정원의 일부를 팔 수 있을 것이다.

대학교육을 비판하는 사람들은 이러한 각본이 오늘날 많은 대학교에서 실제로 일어나고 있는 현상과 밀접하다고 주장한다. 그들은 입학사정에서 동문의 자녀를 우대하는 '동문 자녀 우대 제도'가 부자 우대 정책의 한 형태라고 설명한다. 또한 부모가 동문은 아니더라도 부유하고 대학교에 거액의 기부금을 낼 가능성이 있다면 자격미달인 학생에게 입학기준을 완화해주고 있다고 지적한다.[21] 이러한 관행을 옹호하는 사람들은 사립대학교가 동문과 부유한 기부자에게 재정적 기부금 상당 부분을 의존하고 있으며, 이러한 기부금을 사용해 부유하지 못한 학생들에게 장학금과 기타 재정적 지원을 제공할 수 있다고 주장한다.[22]

따라서 노벨상과 다르게 대학 입학허가는 거래가 신중하게 이루어지고는 있지만 여하튼 사고팔 수 있는 재화다. 물론 대학이 그렇게 해야 할지 말아야 할지는 더 생각해보아야 할 문제다. 입학허가 거래에는 두 가지 반박이 따른다. 하나는 공정성에 관한 반박이고 또 하나는 부패에 관한 반박이다. 공정성을 이유로 반박하는 사람들은 대학교에 거액을 기부하는 조건으로 부유한 기부자의 자녀를 입학시키는 정책은 판단력이 부족해서 부유한 부모를 선택하지 못한 지원자에게 불공정하다고 주장한다. 그들은 대학교육을 기회와 접근의 원천으로 보고, 부자의 자녀에게 입학특혜를 주는 현상은 사회적·경제적 불평등을 영구화한다고 우려한다.

입학허가 거래가 부패라고 반박하는 사람들은 대학의 품위를 언급한다. 이들은 고등교육이 보수 높은 직업을 갖도록 학생들을 준비시켜줄 뿐 아니라 진리 추구, 학문적·과학적 탁월성의 증진, 인도적인 교육과 학문의 발달, 시민 덕성의 고양 등을 비롯한 이상을 구현한다고 주장한다. 어떤 대학이든 목적을 추구하려면 돈이 필요하지만, 기금을 모집할 필요성이 우위를 차지하다보면 이러한 목적을 왜곡하고 대학의 존재 이유인 규범을 변질시킬 위험성이 있다. 입학허가 거래가 품위, 즉 대학을 구성하는 이상에 대한 대학의 신의를 해치기 때문에 부패라는 주장의 이면에는 '팔아넘겼다'는 귀에 익은 비난이 담겨 있다.

시장을 둘러싼 두 가지 반박

공정성과 부패에 관한 두 가지 논쟁은 돈으로 사야 하는 것과 사지 말아야 하는 것을 둘러싼 논쟁에 파장을 불러일으킨다. 공정성에 관한 반박은 시장에서 이루어지는 선택에 반영되는 불평등에 대해 의문을 던진다. 부패에 관한 반박은 시장이 훼손하거나 변질시킬 수 있는 태도와 규범을 거론한다.[23]

사람의 신장을 생각해보자. 가치를 훼손하지 않고 돈으로 신장을 살 수 있는 것은 사실이다. 하지만 신장을 사고팔아야 할까? 그래서는 안 된다고 말하는 사람들은 전형적으로 한두 가지 근거를 들어 반대한다. 그들은 신장 거래 시장이 순수하게 자발적으로 선택할 수 없는 가난한 사람들을 노린다고 주장한다(공정성에 관한 반박). 혹은 신장 거래 시장이 인간을 여러 부속이 합쳐진 존재로 보는 변질되고 객체화한 인간관을 부추긴다고 주장한다(부패에 관한 반박).

아이들을 생각해보자. 입양할 아이들을 거래하는 시장을 만들 수는 있다. 하지만 그래도 될까? 반대하는 사람들은 두 가지 이유를 든다. 첫째, 입양할 아이들을 사고팔면 경제적 여유가 없는 부모는 시장에서 밀려나거나 값이 싸고 선호도가 떨어지는 아이를 차지하게 된다(공정성에 관한 반박). 둘째, 아이들에게 가격을 매기는 행위는 부모의 사랑이 무조건적이어야 한다는 규범을 변질시킨다. 불가피하게 아이들 가격에는 차이가 생기므로 인종, 성별, 지능, 발전 가능성, 신체적 능력이나 장애, 그 외의 특징으로 아이들의 가치가 결정된다는 개념이 굳어진다(부패에 관한 반박).

시장의 도덕적 한계를 살펴보려면 이 두 가지 논쟁을 분명하게 이해할 필요가 있다. 공정성에 관한 반박에서는 사람들이 불평등한 조건이나 경제적 필요성의 긴박한 정도에 따라 물건을 사고팔 때 생겨날 수 있는 불평등을 지적한다. 이러한 반박에 따르면, 시장 교환은 시장을 적극적으로 옹호하는 사람들이 말하는 것만큼 항상 자발적으로 이루어지지는 않는다. 어떤 농부가 굶주리는 가족을 먹여살리려고 자신의 신장이나 각막을 팔겠다고 동의할지 모르나 정말 자발적으로 동의한 것은 아닐 수 있다. 사실상 어쩔 수 없는 상황에 몰려 불공정하게 강요받았을 수도 있다.

하지만 부패에 관한 반박은 다르다. 이는 시장의 가치평가와 교환이 특정 재화와 관행을 변질시킨다고 주장한다. 이러한 반박에 따르면 특정 도덕적·시민적 재화는 사고파는 경우에 가치가 감소하거나 변질된다. 부패에 관한 논쟁은 공정한 거래계약 조건이 성립됐다고 해서 충족되지는 않는다. 평등한 조건과 불평등한 조건 아래서 똑같이 적용되기 때문이다.

매춘에 관한 오래된 논쟁을 살펴보면 그 차이를 알 수 있다. 어떤 사람들은 자발적으로 이루어지는 경우가 거의 없다는 근거를 들어 매춘에 반대한다. 그들은 섹스를 통해 몸을 파는 사람들은 일반적으로 가난 때문이든 마약 중독 때문이든 폭력의 위협 때문이든 강요당한다고 주장한다. 이것은 공정성에 관한 반박에 속한 주장이다. 하지만 어떤 사람들은 여성이 강요를 당하든 당하지 않든, 여성의 가치를 떨어뜨린다는 근거로 매춘에 반대한다. 이 논거에 따르면 매춘은 섹스에 대해 나쁜 태도를 반영하고 부추기는 부패의 한 형태인 것이다. 가치 훼손에 관한 반박은 자발적 동의가 있든 없든 상관없다. 가난이 없는 사회에서는 물론이고, 스스로 매춘을 자유롭게 선택한 고급 매춘부의 경우에도 매춘 자체를 비난한다.

각 반박이 추구하는 도덕적 이상은 서로 다르다. 공정성과 관련한 논거에서 추구하는 도덕적 이상은 동의, 좀 더 정확하게는 공정한 조건하에 이루어지는 동의다. 시장을 이용한 재화 분배에 찬성하는 주요 논거 중 하나는 시장이 선택의 자유를 존중한다는 것이다. 시장은 다양한 재화를 주어진 가격에 팔지 말지를 사람들 스스로 선택할 수 있게 한다.

하지만 공정성에 관한 반박에서는 이러한 선택이 진정으로 자발적인 것은 아니라고 지적한다. 사람들이 절박할 정도로 가난하거나 공정한 조건으로 거래할 능력이 부족하다면 시장 선택은 자유롭게 이루어지지 않는다. 따라서 시장 선택이 자유롭게 이루어졌는지 판단하려면 어떤 불평등한 사회 조건이 작용하여 유의미한 동의를 훼손하는지 따져봐야 한다. 즉 어떤 지점에서 불평등한 교섭력이 사회적 약자를 강압하고 그들이 하는 거래의 공정성을 해치는가를 고려해야 한다.

부패에 관한 반박은 다른 종류의 도덕적 이상을 지적한다. 여기서는 동의에 호소하는 것이 아니라 시장가치 평가와 교환 때문에 변질되었다고 여겨지는 재화의 도덕적 중요성에 호소한다. 따라서 대학 입학허가를 사고팔아야 할지 말아야 할지 결정하려면 대학이 추구해야 하는 도덕적·시민적 재화에 관해 논의하고, 입학허가를 파는 행위가 그러한 재화를 훼손하는지 생각해봐야 한다. 입양할 아이를 사고파는 시장을 수립할지 말지 결정하려면 부모와 자식의 관계를 지배해야 하는 규범이 무엇인지, 아이를 사고파는 행위가 그 규범을 훼손하는지 살펴봐야 한다.

공정성과 부패에 관한 반박은 시장에 대해 다른 입장을 취한다. 공정성에 관한 반박은 귀중하다거나 신중하다거나 아주 값비싸다는 이유를 근거로 특정 재화의 시장 거래를 반대하지 않는다. 다만 심각한 불평등으로 생겨난 불공정한 거래 조건에 따른 재화의 거래에 대해 반대한다. 여기서는 섹스든 신장이든 대학 입학허가든 배경 조건이 공정한 사회에서 이루어지는 재화의 상품화에 관해서는 반대 근거를 제시하지 않는다.

> 입양할 아이를 사고파는 시장을 수립할지 말지 결정하려면 부모와 자식의 관계를 지배해야 하는 규범이 무엇인지, 아이를 사고파는 행위가 그 규범을 훼손하는지 살펴봐야 한다.

이와는 대조적으로 부패 논쟁은 재화 자체의 특성과 재화를 지배하는 규범에 초점을 맞춘다. 따라서 공정한 거래 조건을 형성하는 것만으로는 문제가 해결되지 않는다. 힘과 부에 불공정한 차이가 없는 사회에서도 여전히 돈으로 사서는 안 되는 것이 있을 것이다. 시장이 단지 메커니즘에 불과하지는 않기 때문이다. 시장은 특정 가치를 구현한다. 또한 때때로 시장가치는 관심을 기울여야 하는 비시장 규범을 밀어낸다.

비시장 규범 밀어내기

비시장 규범이 밀려나는 현상은 정확히 어떻게 발생할까? 시장가치는 어떤 방식으로 비시장 규범을 부패시키고 훼손하거나 끌어내릴까?

일반 경제논리로는 재화가 상품화되어도, 즉 사고팔아도 재화의 특징은 바뀌지 않는다고 가정한다. 시장 교환은 재화 자체를 바꾸지 않으면서 경제적 효율성을 증가시킨다. 경제학자가 바람직한 행동을 이끌어내는 재정적 인센티브에 일반적으로 호의적인 이유도 이 때문이다. 여기에는 인기 높은 콘서트·스포츠경기·교황미사 입장권의 암표거래, 대기오염·난민·출산 할당량의 거래, 선물 대신 현금을 선물로 주는 것, 심지어 신장을 포함해 온갖 종류의 재화를 둘러싼 수요와 공급의 차이를 완화하기 위한 시장활용 등이 있다. 만일 사람들이 조장하는 시장관계와 태도가 교환되는 재화의 가치를 감소시키지 않는다고 가정한다면, 시장 교환은 누구에게도 손해를 입히지 않고 양측에 이익을 준다.

하지만 이러한 가정에는 의심의 여지가 있다. 여기에 의문을 제기하는 많은 사례를 이미 앞에서 살펴보았다. 전통적으로 비시장 규범이 지배하던 삶의 영역으로 시장이 확대되면서, 시장이 교환되는 재화를 건드리거나 훼손하지 않는다는 개념은 점점 타당성을 잃고 있다. 더욱 많은 연구가 진행되면서 재정적 인센티브와 기타 시장 메커니즘이 비시장 규범을 밀어냄으로써 역효과를 낼 수 있다는 상식을 뒷받침하고 있다. 때로 특정 행동에 돈을 지급하면 그 행동이 증가하지 않고 오히려 감소한다.

핵 폐기장

스위스는 방사능 핵 폐기물을 저장할 장소를 찾으려고 수년간 노력해왔다. 국가가 원자력에 크게 의존하고 있는데도 자신이 거주하는 지역 한가운데 핵 폐기장이 들어서는 것을 원하는 지역사회는 거의 없었기 때문이다. 핵 폐기장 후보지 가운데 스위스 중부에 있는 인구 2100명의 볼펜쉬센이라는 작은 산악마을이 거론되었다. 1993년 핵 폐기장 건립 장소를 놓고 국민투표가 실시되기 직전에 일부 경제학자들이 마을 주민을 상대로 조사를 실시하여, 만약 스위스 의회가 자신들의 마을에 핵 폐기장을 건립하겠다고 결의하는 경우에 이를 받아들이겠다고 투표할지 물었다. 거주지 주변에 핵 폐기장이 들어서는 것은 바람직하지 않다는 견해가 많았지만 근소한 차이로 거주민의 과반수인 51퍼센트가 받아들이겠다고 답했다. 마을 사람들의 시민적 의무감이 핵 폐기장 유치로 발생할 수 있는 위험성에 대한 우려를 누른 것이다. 여기에 경제학자들은 감미료(경제용어로, 투자자의 관심을 끌기 위해 증권에 추가하는 조건─옮긴이)를 제시했다. 의회가 당신이 속한 지역사회에 핵 폐기장을 건립하겠다고 발의하고 각 주민에게 매년 보상금을 지불하겠다는 제안을 했다고 가정하자. 그렇다면 그 안건에 찬성하겠는가?[24]

　결과는 어떻게 되었을까? 지지율은 오히려 떨어졌다. 재정적 유인책을 추가하자 핵 폐기장 건립에 찬성하는 비율은 51퍼센트에서 25퍼센트로 절반가량 떨어진 것이다. 보상금을 지불하겠다는 제안이 핵 폐기장 건립을 자발적으로 받아들이겠다는 주민의 의지를 실제로 약화시킨 것이다. 보상금 인상 제안도 효과가 없었다. 경제학자들이 보상금 액수를 높였지만 결과는 바뀌지 않았다. 평균 월수입을 훌쩍 넘는 일인당 8700달러를 매년 보상금으로 지급하겠다는 제안을 받았을 때도 마을 주민들의 결정은 흔들리지 않았다. 방사능 핵 폐기장 유치에 반대해

온 다른 지역사회에서도 덜 극적이긴 했지만, 보상금 제안에 대해 비슷한 반응을 보였다.[25]

그렇다면 스위스 마을에는 무슨 일이 일어난 것일까? 보상금을 받을 때보다 받지 않을 때 핵 폐기장 유치를 받아들이는 사람이 많은 이유는 무엇일까?

일반적인 경제 분석에 따르면, 보상금을 지급하면 부담을 기꺼이 수용하려는 경향이 줄어들지 않고 오히려 늘어나야 한다. 하지만 연구를 수행했던 두 경제학자 브루노 프레이(Bruno S. Frey)와 펠릭스 오베르홀저기(Felix Oberholzer-Gee)는 공공선에 헌신하는 태도를 포함한 도덕적 사고 때문에 가격효과는 흔들릴 수 있다고 지적한다. 다수의 마을 사람들에게 핵 폐기장을 자발적으로 받아들이겠다는 태도는 공공정신, 즉 국가 전체가 핵에너지에 의존하고 있으며 핵 폐기물이 어딘가에는 묻혀야 한다는 인식을 반영한 것이었다. 마을 주민들은 만약 자신들이 속한 지역사회가 가장 안전한 저장 장소라면 그 부담을 기꺼이 감당할 의지가 있었다. 이렇듯 시민의 의무를 다하겠다는 분위기에서 마을 주민에게 보상금을 지급하겠다는 제의는 찬성표를 얻기 위한 뇌물처럼 느껴졌다. 실제로 금전적 제안을 거절했던 주민의 83퍼센트는 자신들은 뇌물에 매수당하지 않는다고 설명했다.[26]

재정적 인센티브를 추가하면 이미 주민들의 마음에 자리하고 있는 공공정신이 강화되어 핵 폐기장 유치 지지율이 늘어나리라 생각할지 모르겠다. 재정적·시민적 인센티브 둘이 시민적 인센티브 하나보다 강력하지 않을까? 그러나 반드시 그렇지는 않다. 인센티브가 부가사항이라고 가정하는 것은 잘못이다. 오히려 훌륭한 스위스 시민들은 사적으로 이익을 제공하겠다는 제의가 들어오자 시민의 문제를 금전 문제로 인식하기 시작했다. 시장 규범이 침입하면서 시민의 의무의식을 밀어냈던 것이다. 연구를 수행했던 프레이와 오베르홀저기는 이렇게 결론을 내렸다.

> 공공정신이 우세한 곳에서, 사회적으로는 바람직하지만 일부 지역에서 원하지 않는 시설을 건립하는 데 찬성을 이끌어내기 위해 재정적 인센티브를 사용하는 방법은 일반 경제이론에서 제안하는 것보다 높은 대가를 치러야 한다. 이러한 재정적 인센티브를 도입하면 시민의 의무의식이 밀려나는 경향이 나타나기 때문이다.[27]

그렇다고 정부 기관이 단순히 지역사회에 시설을 유치하라고 강요해야 한다는 뜻은 아니다. 고압적인 규정은 금전적 인센티브보다 훨씬 심각하게 공공정신을 변질시킬 수 있기 때문이다. 지역주민 스스로 위험성을 평가할 수 있게 하고, 공공이익에 가장 부합하는 장소를 결정하는 과정에 시민들이 참여할 수 있게 하고, 필요하다면 위험시설을 폐쇄할 수 있는 권리를 해당 지역사회에 부여하는 것이 돈으로 사는 것보다 더욱 확실하게 대중의 지지를 이끌어낼 수 있는 방법이다.[28]

주민들이 일반적으로 금전적 보상에 거부감을 갖고 있기는 하지만 현물 보상은 종종 환영한다. 지역사회는 보통 공항, 쓰레기 매립지, 재활용 시설 등 달갑지 않은 공공사업 시설을 유치하는 데 대한 보상을 받아들인다. 하지만 연구 결과에 따르면 현금보다 공공재(소방, 공원, 도로 등 모든 사람이 공동으로 이용할 수 있는 재화나 서비스―옮긴이) 형식을

떤 보상을 더욱 쉽게 받아들이는 경향이 있다. 사람들은 공원, 도서관, 학교 시설 개선, 시민 문화회관, 산책로나 자전거 도로 같은 형태의 보상을 금전적 지급보다 훨씬 기꺼이 수용한다.[29]

경제적 효율성의 관점에서 보면 이러한 사실은 불가사의하고 비이성적이기까지 하다. 앞서 살펴보았던 선물 교환과 관련한 이유로 일반적으로 현물 공공재보다는 현금이 예외 없이 낫다고 생각하기 때문이다. 돈은 대체 가능한 동시에 보편적으로 사용할 수 있는 상품권이다. 따라서 거주민은 현금으로 보상 받고 그것이 효용을 극대화하는 것이라면, 언제라도 거주민끼리 돈을 모아 시민 공원·도서관·놀이터 등을 짓겠다고 결정할 수 있다. 혹은 개인적인 소비에 돈을 쓰겠다고 선택할 수도 있다.

하지만 이러한 논리로는 시민의 희생이 가진 의미를 놓친다. 대중에게 미치는 손해와 불편에 대한 보상으로는 개인에게 돌아가는 현금보다 공공재가 적합하다. 공공재는 폐기물 처리장 유치 결정으로 시민이 져야 하는 부담과 희생을 인정한다는 표시이기 때문이다. 거주지에 활주로나 쓰레기 매립지를 받아들이는 대가로 주민에게 지불하는 보상금은 자칫 지역사회의 훼손을 묵인하는 데 대한 뇌물로 비칠 수 있다. 하지만 새로 건립한 도서관·놀이터·학교 등은 공동체를 강화하고 공공정신을 존중함으로써 시민의 희생을 동일한 가치로 보상한다.

기부의 날, 그리고 아이를 늦게 데리러 오는 부모들

핵 폐기물 관련 분야보다 덜 심각한 환경에서도 재정적 인센티브가 공공정신을 밀어낸다는 사실이 밝혀지고 있다. 매년 '기부의 날'에 이스라엘 고등학생들은 집집마다 돌아다니면서 암 연구와 장애아동 돕기 등 그럴듯한 명분을 위해 기부할 것을 요청한다. 경제학자 두 사람은 재정적 인센티브가 학생들의 동기부여에 미치는 영향을 파악하기 위해 실험을 실시했다.

그들은 학생을 세 그룹으로 나누었다. 첫째 그룹에게는 명분의 중요성을 설명하며 동기를 부여할 만한 강의를 간단하게 들려주고 가정 방문을 시작하게 했다. 둘째 그룹과 셋째 그룹에게도 같은 내용의 강의를 들려주었지만 학생들이 모집한 금액에 대해 각각 1퍼센트와 10퍼센트씩 금전적 보상을 지급했다. 보상금은 자선기부금에서 공제된 것이 아니라 별도의 자금원에서 제공되었다.[30]

세 그룹 중 어느 그룹의 학생들이 기부금을 가장 많이 모았을까? 이쯤이면 보상금을 받지 않은 그룹이라고 정확하게 추측했을지 모르겠다. 보상금을 받지 않은 학생들이 모은 기부금은 1퍼센트의 커미션을 받은 학생 그룹보다 55퍼센트 많았다. 10퍼센트의 보상을 받은 학생들의 실적은 1퍼센트를 받은 학생들보다 월등히 높았지만 보상금을 전혀 받지 않은 학생들보다는 낮았다. 보상금을 받지 않은 학생들이 모은 기부금은 높은 보상금을 받은 학생보다 9퍼센트 많았다.[31]

이 실험에 담긴 교훈은 무엇일까? 두 연구자는 사람들에게 동기를 부여하기 위해 재정적 인센티브를 쓸 계획이라면 "충분히 많이 지급하든지 아니면 전혀 지급하지" 말아야 한다고 결론지었다.[32] 인센티브를 충분히 지급하면 원하는 것을 얻을 수 있는 것은 사실이지만 이 실험이 지닌 의미는 그것이 전부가 아니다. 여기에서도 돈이 어떻게 규범을 몰아내는지에 관한 교훈을 알 수 있다.

연구자들은 금전적 인센티브가 효과를 발휘한다는 보편적인 가정을 어느 정도 입증했다. 결국 보상금 10퍼센트를 받은 그룹이 1퍼센트만 받은 그룹보다 기부금을 더 많이 모았기 때문이다. 하지만 이 실험에서 눈길을 끄는 것은 어째서 보상금을 받은 두 그룹이 보상금을 전혀 받지 않고 봉사한 그룹보다 실적이 좋지 않는가다. 가장 가능성이 높은 이유는 좋은 행동을 한 대가로 보상금을 주는 것이 그 행동의 특징을 바꾸었기 때문이다. 집집마다 방문하며 자선기금을 모으는 행위의 성격이 시민의 의무를 수행하기보다는 보상금을 벌기 위한 수단 쪽으로 기울었다. 재정적 인센티브가 공공정신에서 우러난 활동을 보상받기 위한 노동으로 바꾼 것이다. 이스라엘 학생들도 스위스 마을 사람들의 경우와 같이 시장 규범이 도입되면서 그들의 도덕적·시민적 헌신은 밀려나거나 최소한 꺾여버렸다.

같은 연구자들이 이스라엘의 어린이집을 대상으로 수행한 유명한 실험에서도 이와 비슷한 결론을 내릴 수 있었다. 이 책에서 이미 살펴보았듯이 벌금을 도입한 것은 아이를 늦게 데리러 오는 부모의 수를 줄이기는커녕, 오히려 늘어나게 했다. 사실상 아이를 늦게 데리러 오는 경우가 거의 두 배로 늘어났다. 부모들은 벌금을 자신들이 자발적으로 지불하는 비용으로 여겼다. 그뿐만이 아니었다. 어린이집이 약 12주 후에 벌금제도를 없앴지만 아이를 늦게 데리러 오는 부모의 수는 늘어난 상태 그대로였다. 금전적 지급으로 제 시간에 도착해야 한다는 도덕적 의무가 일단 잠식당하고 나자 과거의 의무감을 되살리기는 어려웠다.[33]

핵 폐기장 유치, 자선기부금 모집, 어린이집에 아이를 늦게 데리러 가는 행위 등 세 가지 경우는 비시장 규범의 영향을 받는 환경에 돈이 도입되면 사람들의 태도를 변화시켜 도덕적·시민적 헌신을 밀어내는 과정을 보여준다. 시장관계가 발휘하는 잠식 효과는 때로 너무 강력해서 가격 효과 자체를 무효로 만들기도 한다. 위험한 시설물 유치에 동의하거나 집집마다 찾아다니며 자선기금을 모으거나 아이를 제 시간에 데리러 오게 하려고 재정적 인센티브를 제공하자 자발적으로 그렇게 하려는 사람들의 의욕이 증가하기는커녕 오히려 감소했다.

그렇다면 시장이 비시장 규범을 밀어내는 경향을 우려해야 하는 이유는 무엇일까? 두 가지를 들 수 있다. 첫째는 재정적 이유이고 둘째는 윤리적 이유다. 경제적 관점에서 보면, 시민의 덕성과 공공정신 같은 사회규범은 파격적인 조건이다. 돈을 주고 사려면 비용이 많이 들었을 사회에 유용한 행동을 부추기기 때문이다. 핵 폐기물을 받아들이게 하기 위해 지역사회에 재정적 인센티브를 줘야 한다면, 주민들이 시민으로서 느끼는 의무감에 의존할 때보다 훨씬 많은 가격을 지불해야 할 것이다. 자선기부금을 모으기 위해 학생들을 고용해야 한다면, 보상금을 받지 않고 공공정신으로 봉사하는 학생들이 거둔 것에 버금가는 실적을 거두기 위해 10퍼센트 이상의 수수료를 지불해야 할 것이다.

그렇다고 도덕적·시민적 규범을 단순히 사람들에게 동기를 부여하는 비용 효율적인 방식이라고만 생각한다면 규범의 내재적 가치를 무시하는 것이다. 이는 선물을 현금으로 주는 행위에 찍는 낙인을, 경제적 효율성을 방해하지만 도덕적으로 평가하기에도 무의미한 일종의 사회적 현상으로 다루는 것과 같다. 핵 폐기장을 유치하도록 주민들을 설득하기 위해 오직 보상금 지급에만 의존하는 것은 비용이 많이 들 뿐 아니라 부패행위이기도 하다. 핵 폐기장 유치에 따른 위험과 핵 폐기장의 필요성을 심사숙고하여 도출된 동의와 설득을 무시하는 행위인 것이다. 이와 마찬가지로 '기부의 날'에 아이들에게 보상금을 주고 기부금을 모으게 하는 방법은 기부금 조성에 드는 비용을 인상시킬 뿐 아니라, 학생들의 공공정신을 변질시키고 학생들의 도덕교육과 시민교육의 가치를 훼손한다.

상품화 효과

요즈음 많은 경제학자들은 시장이 재화와 사회적 관행의 성질을 바꾼다는 사실을 인정한다. 최근 시장의 비시장 규범에 대한 잠식효과를 최초로 강조한 사람은 국제통화기금(IMF)에서 수석고문으로 활동했던 영국 경제학자 프레드 허시(Fred Hirsch)다. 1976년에 출간한 책에서 허시는 재화가 시장을 통해 제공되든 다른 방식으로 제공되든 그 가치는 같다는 가정에 의문을 던졌다. 이 책은 학계에 크게 영향을 미쳤던 게리 베커의 『인간행동의 경제학적 접근』과 같은 해에 출간되었고, 그로부터 3년 후에 마거릿 대처가 수상으로 선출되었다.

허시는 자신이 명명한 '상품화 효과(commercialization effect)'를 주류 경제학이 간과하고 있다고 주장한다. 그가 말하는 '상품화 효과'는 비공식적 교환, 상호 의무, 이타주의나 사랑, 봉사정신이나 의무감 같은 기준보다는 대부분 상업적 조건에만 의존해서 제품의 성질이나 제품의 공급활동에 미치는 영향이다. 그리고 상품화 과정이 그 산물에는 영향을 미치지 않는다는 가정은 거의 항상 숨겨져 있었다. 허시는 이러한 잘못된 가정이 당시에 부상하고 있던 '경제 제국주의' 안에서 크게 확대되어 있음을 목격했는데, 이는 베커와 기타 경제학자들이 사회적·정치적 삶의 인접 영역으로 경제적 분석을 확산하려는 시도도 포함하는 것이다.[34]

허시는 2년 후에 47세의 나이로 사망했기 때문에 주류 경제학에 대한 자신의 비판을 상세하게 펼칠 기회가 없었다. 그로부터 수십 년 동안 허시의 책은 증가하는 사회적 삶의 상품화 현상과 이를 뒷받침하는 경제적 논리를 거부하는 경제학자들 사이에 비주류 고전이 되었다. 우리가 지금껏 살펴보았던 세 가지 경험적 실례는, 시장 인센티브와 메커니즘을 도입하면 사람들의 태도를 바꾸고 비시장가치가 밀려날 가능성이 있다는 허시의 통찰력을 뒷받침한다. 최근 들어 경험주의 성향의 경제학자들은 상품화 효과를 입증하는 증거를 발견하고 있다.

예를 들어, 수적으로 증가 추세에 있는 행동주의 경제학자 그룹에 속하는 댄 에리얼리(Dan Ariely)는 일련의 실험을 통해 어떤 일을 해주는 대가로 돈을 받으면, 특히 요청 받은 일이 좋은 일일 경우에는, 차라리 무료로 해달라고 요청받을 때보다 노력을 기울이지 않을 수 있다고 주장한다. 그는 자신이 밝혀낸 결론을 설명하기 위한 실화를 소개한다. 미국 퇴직자협회는 가난한 퇴직자에게 시간당 30달러의 할인된 비용으로 법률 서비스를 제공해줄 의향이 있는지 변호사들에게 물었다. 변호사들은 이 제의를 거절했다. 이번에는 가난한 퇴직자들에게 무료로 법률 조언을 제공해줄 수 있는지 물었다. 변호사들은 그러겠다고 대답했다. 변호사들은 시장 거래보다 자선활동에 참여해달라는 요청을 받았을 때 관대한 반응을 보였던 것이다.[35]

사회심리학 연구 분야에서 이러한 상품화 효과를 설명하는 이론들이 속속 등장하고 있다. 이러한 연구는 직면한 임무에 대한 도덕적 신념이나 흥미와 같은 내재적 동기와 돈이나 다른 유형의 보상과 같은 외재적 동기의 차이점을 강조한다. 내재적으로 가치 있다고 생각하는 활동에 참여하고 있는 사람들에게 돈을 지급하면 그들의 내재적 흥미나 헌신을 '밀어내거나' 그 가치를 떨어뜨려 동기유발을 약화시킬지 모른다.[36] 일반 경제학 이론은 성질이나 출처에 상관없이 모든 동기를 선호로 해석하고 그것이 모두 부가적이라 추정한다. 하지만 이러한 생각은 돈의 잠식 효과를 간과한 것이다.

밀어내기 현상은 경제학에서 커다란 의미를 차지한다. 내재적 동기유발이나 도덕적 헌신이 중요한 교육·건강·직장·자발적 단체·시민 생활 및 기타 환경의 많은 측면에 시장 메커니즘과 시장논리를 적용하는 것에 의문을 제기한다. 스위스 핵 폐기장 문제의 연구자인 브루노 프레이와 경제학자 레토 예겐(Reto Jegen)은 밀어내기 현상을 이렇게 정리한다. "밀어내기 효과는 경제학에서 가장 중요한 이례적 현상이라고 할 수 있다. 금전적 인센티브를 인상하면 공급이 늘어난다는 가장 근본적인 경제학 '법칙'을 거스르기 때문이다. 밀어내기 효과가 작용하는 경우에는 금전적 인센티브를 인상하면 공급은 늘지 않고 오히려 감소한다."[37]

혈액 판매

시장이 비시장 규범을 밀어내는 현상을 설명한 가장 유명한 예는 아마도 영국 사회학자 리처드 티트무스(Richard Titmuss)가 수행한 헌혈에 관한 고전적 연구일 것이다. 1970년에 출간한 『기증 관계(The Gift Relationship)』에서 티트무스는 영국과 미국 양국의 혈액모집 시스템을 비교했다. 영국은 보상을 받지 않는 자발적인 기증자에게서 수혈에 필요한 혈액 전량을 확보하는 반면, 미국은 일부 혈액은 기증받고 일부는 돈을 마련하기 위해 혈액을 팔려는 사람들, 보통은 가난한 사람들에게 혈액을 구입하는 혈액은행을 통해 충당한다. 티트무스는 영국의 시스템에 찬성하면서 인간의 혈액을 시장에서 사고파는 상품으로 다루는 현상을 비판했다.

티트무스는 경제적·실용적 조건만을 따져서도 영국의 혈액모집 시스템이 미국보다 낫다는 사실을 입증하는 풍부한 자료를 제시했다. 그는 시장이 효율적이라는 가정에도 불구하고 미국 시스템에는 고질적인 혈액 부족 현상, 혈액 낭비, 고비용, 오염된 혈액이 유통될 위험성 증가가 따른다고 주장했다.[38] 또한 혈액을 사고파는 현상에 대해 윤리적 논쟁을 펼치기도 했다.

혈액의 상품화에 반대하는 입장에 있는 티트무스의 윤리적 논쟁은 앞서 설명한 시장에 관한 두 가지 반박, 즉 공정성과 부패에 관한 반박을 제시한 훌륭한 예다. 그는 혈액시장이 가난한 사람을 착취한다고 강조한다(공정성에 대한 반박). 그는 영리를 추구하는 미국의 혈액은행들이 급전이 절박하게 필요한 사회 밑바닥 계층의 사람들에게 필요한 혈액의 상당 부분을 사들인다는 사실을 목격했다. 혈액이 상품화되면서 점점 더 많은 혈액이 '가난한 사람, 기술이 없는 사람, 실업자, 흑인, 기타 저소득층'으로부터 유입되고 있다. 그는 "착취를 당해 혈액을 다량으로 공급하는 인구가 새로운 계급으로 등장하고 있다. 가난한 사람에서 부자로 혈액이 재분배되는 현상은 미국 혈액은행 시스템의 중요한 영향 중 하나로 보인다."[39]라고 말했다.

하지만 티트무스의 반박은 여기에 그치지 않는다. 혈액이 시장 상품으로 바뀌면 혈액 기증에 대한 사람들의 의무감을 잠식해서 이타주의 정신을 약화하고 사회적 삶의 능동적 특징인 '기증 관계'를 훼손한다는 것이다(부패에 대한 반박). 그는 미국의 현실을 언급하면서 "최근에 자발적인 혈액 기증이 줄어들고 있는 추세"를 한탄하고 이러한 현상이 일어나는 이유로 혈액은행의 부상을 들었다. "혈액의 상품화와 혈액을 통한 이익 추구 현상이 자발적인 기증자들을 내쫓고 있다." 티트무스에 따르면 일단 사람들이 혈액을 일상적으로 사고파는 상품으로 보기 시작하면 혈액을 기증하겠다는 도덕적 책임감이 감소할 가능성이 크다. 용어를 사용하지는 않았지만, 여기서 티트무스는 바로 시장이 비시장 규범을 몰아내는 효과를 지적한다. 혈액의 거래가 확산하면 혈액을 무료로 기증하는 관행이 감소된다.[40]

티트무스는 자발적으로 혈액을 기증하려는 현상의 감소뿐 아니라 그러한 현상의 폭넓은 도덕적 함의에도 관심을 쏟았다. 기증 정신의 쇠퇴는 혈액의 양과 질에 유해한 영향을 미치는 것 외에도 도덕적·사회적 삶을 저하시킨다. "인간 활동의 한 영역에서 이타주의 정신이 쇠퇴하면 다른 영역에 속한 태도·동기·관계에도 비슷한 변화가 찾아올 가능성이 있다."[41]

시장 기반 시스템에서도 원한다면 누구나 혈액을 기증할 수는 있지만, 확산하는 시장가치는 기증의 규범에 대한 잠식효과를 초래한다. "사회가 사회적 제도, 특히 건강 및 복지 시스템을 조직하고 체계화하는 방식은 사람들의 이타주의 정신을 증진시킬 수도 저하시킬 수도 있다. 아울러 통합과 단절을 부추길 수도 있으며, 타인을 향한 관용을 뜻하는 '기증 정신'을 사회 여러 그룹과 세대로 확산시킬 수 있다." 티트무스는 일정 시점에 이르면 시장 지향적 사회가 이타주의를 수용하기에 너무 삭막해서 사람들의 기증할 자유를 침해할까봐 우려했다. 그는 이렇게 결론을 내렸다. "혈액과 혈액 기증의 상품화는 이타주의의 표현을 억누르고 공동체 감각을 잠식한다."[42]

티트무스의 책은 많은 논쟁을 불러일으켰다. 그를 비판한 학자 중에는 당시 가장 유명한 미국 경제학자인 케네스 애로(Kenneth Arrow)가 있었다. 애로는 자유방임적 시장을 주장하는 밀턴 프리드먼(Milton Friedman) 류의 학자는 아니었다. 그는 연구 초기에는 의료시장의 결함을 분석했다. 하지만 경제학과 시장 중심 사고를 향한 티트무스의 비판에 강하게 이의를 제기했다.[43] 애로의 이러한 활동으로 시장에 대한 신념을 둘러싸고 두 가지 주요 입장이 생겨났다. 이는 바로 경제학자들이 자주 내세우지만 좀처럼 옹호하지 않는 인간 본성과 도덕적 삶에 관한 두 가지 가정이다.

시장에 대한 신념을 둘러싼 두 가지 입장

첫 번째 입장은 어떤 활동을 상업화해도 활동 자체는 바뀌지 않는다는 것이다. 이러한 가정에 따르면 돈은 결코 재화를 부패시키지 않고 시장 관계가 비시장 규범을 밀어내는 일은 발생하지 않는다. 정말 그렇다면 삶의 모든 영역으로 시장이 확대되는 것을 옹호하는 입장에 저항하기는 힘들다. 예전에 거래 대상이 아니었던 재화가 거래된다 하더라도 아무 피해도 일어나지 않는다. 그러한 재화를 사고팔고 싶은 사람은 그렇게 해서 효용을 증가시킬 수 있지만, 해당 재화를 값을 매길 수 없을 만큼 소중하게 생각하는 사람은 거래를 자유롭게 중단할 수 있다. 이러한 논리에 따르면 설사 사고파는 대상이 사람의 혈액이라 하더라도 시장 거래를 허용함으로써 아무도 손해를 입지 않고 거래 당사자들은 이익을 얻을 수 있다. 애로가 설명하듯 일반적으로 경제학자들은 "시장이 형성되면 개인의 선택 영역이 늘어나기 때문에 결과적으로 산출 이익이 커지는 현상을 당연하게 받아들인다. 따라서 자발적인 혈액 기증 시스템에 혈액 판매 가능성을 추가한다면 개인이 선택할 수 있는 대안의 범위가 확대될 뿐이다. 혈액을 기증함으로써 만족을 얻는다면 언제라도 기증할 수 있으므로 자발적으로 기증할 수 있는 권리는 전혀 훼손되지 않는다."[44]

이러한 논리방식은 혈액 시장이 형성되어도 혈액의 가치나 의미는 변하지 않는다는 개념에 크게 의존하고 있다. 혈액은 기증을 받든 돈을 주고 사든 생명을 유지시켜주는 목적으로 쓰일 것이다. 물론 여기서 거론하는 재화는 혈액뿐 아니라 이타심에서 혈액을 기증하는 행동까지 포함한다. 티트무스는 기증을 부추기는 관용에 독립적인 도덕적 가치를 연관시킨다. 하지만 애로는 이런 관용도 시장의 도입으로 인해 훼손될 수 있다는 생각을 의심한다. "어째서 혈액 시장이 형성되었다고 해서 혈액 기증이 구현하는 이타주의가 감소할 것이라고 해야 하는가?"[45]

이러한 의문에 대한 대답은 혈액의 상품화가 혈액 기증의 의미를 바꾸기 때문이라는 것이다. 다음과 같은 문제를 생각해보자. 혈액을 일상적으로 사고파는 세상에서 적십자에 혈액 500밀리리터를 기증하는 것은 여전히 관대한 행동일까? 아니면 혈액을 팔아 돈을 벌 기회를 가난한 사람들에게서 빼앗는 불공정한 노동 행위일까? 헌혈 캠페인에 기여하고 싶다면, 자신의 혈액을 기증하는 편이 좋을까, 아니면 50달러를 기증하여 수입이 필요한 노숙자에게서 혈액 500밀리리터를 살 수 있도록 하는 편이 나을까? 이타주의자가 되고자 하는 사람이라면 이 문제가 꽤나 혼란스러울 것이다.

애로의 비판에서 시장에 대한 중요한 신념의 두 번째 입장은 윤리적 행동은 아껴야 하는 상품이라는 것이다. 그 내용은 이렇다. 이타주의·관용·결속·시민의 의무 같은 도덕적 정서는 사용하면 고갈되는 희소한 자원이므로 지나치게 의존해서는 안 된다. 개인적인 이익을 추구하는 시장은 미덕이라는 제한된 자원을 다 써버리지 않게 해준다. 예를 들어, 혈액 공급을 대중의 관용에 의존한다면 다른 사회적 목적이나 자선의 목적을 달성하는 데 사용할 관용이 줄어들 것이다. 하지만 가격 시스템을 사용해 혈액 공급량을 충족한다면 사람들의 이타주의 감정을 정말 필요한 곳에 온전히 쓸 수 있다. 애로는 이렇게 썼다.

> 많은 경제학자와 마찬가지로 나 또한 자신의 이익을 윤리로 대체하는 방법에 지나치게 의존하고 싶지 않다. 일반적으로 나는 시장 시스템이 무너진 환경에서만 윤리적 행동을 요구하는 것이 좋다고 생각한다. …… 이타주의적 동기유발이라는 희귀한 자원을 무모하게 사용해버리는 것을 원하지 않는다.[46]

이렇듯 미덕에 관한 경제학적 개념이 전통적으로 비시장가치가 지배했던 영역을 비롯한 삶의 모든 영역으로 시장이 확대되었다는 근거를 제공한다는 점을 쉽게 알 수 있다. 이타주의·관용·시민 덕성의 공급량이 화석연료의 공급량처럼 본질적으로 정해져 있다면 우리는 이를 보존하기 위해 노력해야 한다. 많이 사용할수록 적게 남는 법이다. 이러한 추정에 근거한다면 도덕보다 시장에 의존하는 것이 희귀한 자원을 보존하는 방법이다.

사랑의 경제화

'사랑의 경제화(Economizing Love)'라는 개념은 케임브리지대학교 경제학자이자 존 메이너드 케인스(John Maynard Keynes)의 제자인 데니스 로버트슨(Dennis H. Robertson)경이 1954년 콜롬비아대학교 개교 200주년 기념행사 강연에서 언급했다. 로버트슨의 강연 제목은 '경제학자는 무엇을 경제화하는가?(What does the economist economize?)'였다. 그는 경제학자들이 인간 존재의 "공격적이고 쟁취적인 본능"에 영합하면서도 일종의 도덕적 사명에 기여한다는 사실을 입증하려 했다.[47]

우선 로버트슨은 경제학이 이윤을 추구하려는 욕구에는 관심이 있지만 인간의 숭고한 동기를 다루지는 않는다는 점을 인정하며 강연을 시작했다. 이타주의·자선·관용·결속·시민의 의무 같은 고차원적인 미덕을 가르치는 일은 "설교자, 신도, 혹은 성직자의 몫"이다. "설교자가 감당할 수 있는 수준까지 그의 임무를 줄이도록 돕는 것이 경제학자에게 주어진 겸허하면서도 종종 달갑지 않은 역할이다."[48]

그렇다면 경제학자들은 어떻게 도울 수 있을까? 경제학자들은 가능하다면 이타주의나 도덕적 배려보다는 자기 이익에 의존하는 정책을 장려함으로써 사회가 희소한 미덕을 낭비하지 않게 한다. 로버트슨은 "우리 경제학자들이 제대로 일한다면 희귀하고 세상에서 가장 소중한 자원인 사랑을 낭비하지 않는 데 상당히 기여할 수 있으리라 믿는다."[49] 라고 결론짓는다.

경제학 개념에 익숙하지 않은 사람이라면 관대한 미덕에 관한 이러한 사고방식을 이상하고 심지어는 억지라고 느낄 것이다. 이러한 사고방식에서는 우리가 베푸는 사랑과 자선의 양이 사용할수록 고갈되지 않고 오히려 커질 수 있다는 점이 무시된다. 서로 사랑하는 커플을 생각해보자. 서로의 사랑을 간직하고 싶어서 평생 동안 서로 사랑을 확인하지 않는다면 얼마나 잘 살아갈 수 있을까? 서로 사랑을 요구할수록 그들의 사랑은 줄어들기보다 오히려 깊어지지 않을까? 정말 필요할 때에 쓸 수 있도록 사랑을 보존하기 위해 좀 더 계산적으로 서로를 대해야만 할까?

"우리는 정당하게 행동함으로써 정당해지고, 절제함으로써 절제하는 사람이 되고, 용감하게 행동함으로써 용감해진다"(아리스토텔레스). 이타주의·관용·결속·시민 정신은 사용할수록 고갈되는 상품이 아니다. 오히려 운동하면 발달하고 더욱 강해지는 근육에 가깝다.

사회 결속과 시민의 덕성에 관해서도 비슷한 질문을 던질 수 있다. 시민들에게 조국이 공공선을 위해 자제하라고 요청하기 전까지 쇼핑하라고 말함으로써 시민의 덕성을 보존하려고 노력해야 할까? 아니면 시민의 덕성과 공공정신은 사용하지 않으면 쇠퇴할까? 많은 윤리학자들은 두 번째 견해를 취한다. 아리스토텔레스는 덕성은 우리가 실천함으로써 증진하는 것이라고 가르쳤다. "우리는 정당하게 행동함으로써 정당해지고, 절제함으로써 절제하는 사람이 되고, 용감하게 행동함으로써 용감해진다."[50]

루소 또한 비슷한 견해를 가졌다. 조국이 시민에게 많이 요구할수록 조국에 대한 시민의 헌신은 커진다. "질서가 잘 잡힌 도시에서는 모두가 집회로 달려나간다." 나쁜 정부가 통치할 때는 아무도 공공생활에 참여하지 않는다. 아무도 무슨 일이 일어나고 있는지 관심이 없고 가정사에만 온통 신경을 쓰기 때문이다. 시민의 덕성은 활발한 시민활동을 통해 소비되어 줄어드는 것이 아니라 쌓인다. 루소는 사실상 시민의 미덕을 사용하지 않으면 잃어버린다고 말한다. "대중에 대한 봉사가 더 이상 시민의 주요 임무가 아니고 시민들이 직접 봉사하는 대신 돈으로 봉사하려 한다면, 국가는 머지않아 멸망하고 만다."[51]

로버트슨은 쾌활하고 사색적으로 자신의 견해를 주장했다. 하지만 사랑과 관용이 사용하면 고갈되는 희소 자원이라는 개념은 설사 대놓고 주장하지는 않는다 하더라도, 여전히 경제학자들의 도덕적 상상력을 강력하게 사로잡고 있다. 이러한 개념은 공급과 수요의 법칙처럼 공식적인 교과서적 원칙은 아니다. 어떤 경제학자도 이 개념을 실험으로 입증하지 않았다. 오히려 많은 경제학자들이 여전히 동의하는 격언이자 대중적 지혜의 성격이 짙다.

로버트슨이 강연한 지 거의 반세기가 지나서 당시에 하버드대학교 총장이었던 경제학자 로렌스 서머스(Lawrence Summers)는 하버드 기념교회에서 조찬 기도를 해달라는 초청을 받았다. 서머스는 '경제학이 도덕적 문제에 대한 사유에 어떻게 기여할 수 있는가?'를 강연 주제로 선택했다. 그는 이렇게 말했다. "경제학은 실질적인 중요성만큼이나 도덕적 중요성을 거의 인정받지 못하고 있다."[52]

서머스는 경제학자들이 "개인에 대한 존중과 욕구, 취향, 스스로 내리는 판단과 선택을 상당히 강조한다."고 진술했다. 그리고 일반적인 공리주의적 입장에 서서 공공선을 사람들의 주관적 선호의 총합으로 설명했다. "많은 경제학적 분석의 기초는 선(善)은 사람들의 자기 행복에 대한 개인적 평가의 총합이고, 별개의 도덕론에 기반한 개인적 선호와 분리되어서는 평가될 수 없다는 사실에 근거한다."

서머스는 노동력 착취로 생산된 제품의 불매운동을 주장했던 학생들에게 이의를 제기하면서 이러한 접근법을 설명했다. "우리 모두는 이 세상의 많은 사람들이 일하는 근로조건과 그들이 받는 하찮은 보상에 가슴 아파한다. 그러나 자의로 고용이 되었다면 자신에게 주어진 최고의 대안을 선택한 결과 일하기로 결정했다는 견해에는 확실히 도덕적 설득력이 있다. 개인이 내린 선택의 범위를 한정하는 것이 그들을 존중하고 관대하게 대하고 관심을 기울이는 행동일까?"

서머스는 이기심과 탐욕에 의존한다는 이유로 시장을 비판하는 사람들을 향해 이렇게 응답하며 결론지었다. "우리는 누구나 내면에 많은 이타심을 지니고 있다. 나와 같은 경제학자들은 이타심을 우리가 보존해야 하는 소중하고 드문 재화라 생각한다. 따라서 이기적인 개개인이 모여 사람들의 욕구를 만족시키는 시스템을 설계하고, 가족, 친구, 그리고 시장이 해결할 수 없는 많은 사회 문제에 대한 이타심을 아껴둠으로써 보존하는 것이 훨씬 낫다."

서머스는 로버트슨의 주장을 다시 한 번 선언한 것이다. 서머스의 견해가 애로보다 훨씬 단호하다는 점을 눈여겨봐야 한다. 사회적·경제적 삶에서 이타주의를 무모하게 사용하면 다른 공공의 목적을 위해 써야 할 공급량이 고갈되는 정도로 그치지 않는다. 가족과 친구를 위해 남겨두고 있는 이타주의까지 감소시킨다.

  미덕에 대한 경제주의의 견해는 시장에 대한 신념을 불타게 하고 원래는 속하지 않았던 영역으로 시장을 확대시킨다. 하지만 비유가 잘못되었다. 이타주의·관용·결속·시민정신은 사용할수록 고갈되는 상품이 아니다. 오히려 운동하면 발달하고 더욱 강해지는 근육에 가깝다. 시장 지향 사회의 결함 중 하나는 이러한 미덕이 쇠약해지게 방치하는 것이다. 우리의 공공 삶을 회복하려면 좀 더 부지런히 미덕을 행사해야 한다.

4

삶과 죽음의 시장

MARKETS
IN LIFE
AND
DEATH

전통적으로 '삶과 죽음'은 시장에서 금기시되는 영역이었다. 하지만 이곳에 시장논리가 침투하면서 이를 대하는 사람들의 태도와 가치관에 변화가 생겼다. 유가족에게 재정적 안전망을 제공하려고 생긴 생명보험은 투기를 목적으로 그 증서를 사고파는 것이 허용되면서 타인의 죽음을 애타게 기다리게 하고, 웹사이트에서 유명인의 죽음을 놓고 도박을 벌이는 행위도 공공연하게 이루어지고 있다. 과연 시장의 영역은 어디까지인가? 시장이 제공하는 효용과 선을 위해서라면 도덕성을 잠식시키는 시장 관행은 감내해야 하는 것일까?

WHAT
MONEY
CAN'T BUY

뉴햄프셔 주 틸턴에 있는 월마트 매장에서 부지배인으로 일하던 48세의 마이클 라이스(Michael Rice)는 고객이 구매한 텔레비전을 자동차까지 운반해주다가 심장마비를 일으켜 쓰러졌다. 그는 쓰러진 지 일주일 만에 사망했다. 라이스가 사망하자 30만 달러의 사망 보험금이 지급되었다. 하지만 보험금은 그의 아내와 두 자녀에게 돌아가지 않고, 라이스 명의로 생명보험을 가입해 보험 수혜자로 이름을 올렸던 월마트에 돌아갔다.[1]

미망인 비키 라이스(Vicki Rice)는 죽은 남편의 생명보험금으로 월마트가 횡재했다는 사실을 알고 분노했다. 어떻게 남편의 사망으로 회사가 이익을 챙길 수 있단 말인가? 남편은 회사에서 오랜 시간 일해왔고, 때로 일주일에 80시간까지도 일했다. 그녀는 이렇게 말했다. "회사가 남편을 끔찍하게 이용해먹었어요. 그러더니 이제 30만 달러까지 차지하다니요? 정말 부도덕한 일이에요."[2]

비키는 월마트가 남편 명의로 생명보험에 가입했다는 사실을 자신도 남편도 전혀 몰랐다고 했다. 보험에 대해 알게 된 비키는 남편의 사망 보험금이 회사가 아닌 가족의 몫이라고 주장하면서 연방법원에 월마트를 상대로 소송을 제기했다. 비키의 변호사는 회사가 직원의 죽음으로 이익을 취해서는 안 된다고 주장했다. "월마트 같은 거대 기업이 피고용인의 생명을 걸고 도박을 하는 것은 비난받아 마땅하다."[3]

월마트 대변인은 회사가 부지배인뿐 아니라 수리보수 직원까지 직원 수십만 명의 명의로 생명보험 증권을 소유하고 있다는 사실을 인정했다. 하지만 직원의 죽음에서 이익을 취하려 했다는 주장은 부인했다. 대변인은 이렇게 말했다. "월마트는 동료들의 사망에서 이익을 취하지 않았다. 우리는 직원들에게 상당한 금액을 투자했고 그들이 계속 살았다면 이익을 얻었을 것이다." 대변인의 주장에 따르면 마이클 라이스의 사망으로 월마트가 받은 보험금은 하늘에서 뚝 떨어진 횡재가 아니라 라이스를 교육하고 그가 사망하고 나서 그의 자리를 채우는 비용에 대한 보상금이라고 주장했다. "그는 회사에서 상당히 많은 교육을 받았고 경험을 얻었는데, 이는 회사 측에서 비용을 들여야만 다시 만들어낼 수 있는 것이다."[4]

청소부 보험

회사가 자사 CEO와 고위 경영진이 사망하는 경우를 대비하여 그들의 자리를 다른 인물로 대체하는 데 드는 막대한 비용을 상쇄할 목적으로 그들 명의로 생명보험에 가입하는 것은 재계에서 오랫동안 이어져온 관행이다. 보험업계에서 사용하는 용어를 빌리자면 회사는 CEO에 대해 '피보험 이익(被保險利益, 손해보험에서 보험사고의 발생에 의하여 손해를 입을 우려가 있는 피보험자의 경제적 이익으로, 간단하게 말해서 사망보험금을 수령할 수 있는 권리 – 옮긴이)'을 갖고 이를 법으로 인정받고 있다. 하지만 평사원 명의로 생명보험을 가입하는 일은 상대적으로 최근에 나타난 현상이다. 보험업계에서는 이러한 보험을 가리켜 '청소부 보험(janitors insurance)'이나 '죽은 소작농 보험(dead peasants insurance)'이라 부른다. 최근까지도 이러한 보험은 미국 대부분의 주에서 불법이었다. 회사는 평직원의 생명에 대해 '피보험 이익'을 가질 수 없었다. 하지만 1980년대 들어 보험업계가 대부분의 주 의회를 상대로 로비활동을 벌이는 데 성공하면서 회사가 CEO부터 우편실 직원까지 전 직원의 명의로 생명보험에 가입할 수 있도록 보험법이 완화되었다.[5]

1990년대까지 주요 회사들이 수백만 달러를 투자해 기업소유 생명보험에 가입하면서 결국 수십억 달러 규모의 사망담보 선물거래 산업(death futures industry, 투자자는 늙거나 병든 보험계약자의 보험 증권을 액면가보다 싼 값에 매입하고 보험계약자는 살아 있는 동안 보험금의 일부를 받을 수 있는 생명보험 전매제도 – 옮긴이)이 생겨났다. 직원 명의로 생명보험을 가입한 회사로는 AT&T, 다우케미컬(Dow Chemical), 네슬레USA, 피트니 보우스(Pitney Bowes), 프록터앤갬블(Procter & Gamble), 월마트, 월트디즈니, 윈딕시(Winn-Dixie) 슈퍼마켓 체인 등이 있다. 회사가 이러한 병적인 투자 형태에 관심을 갖기 시작한 것은 세제혜택 때문이었다. 전통적인 종신보험 증권과 마찬가지로 사망보험금은 면세였고 생명보험 증권에서 파생한 연간 투자 수입도 면세였다.[6]

회사가 자신의 목에 가격을 매겨놓고 있다는 사실을 아는 직원은 거의 없었다. 미국 대부분의 주는 회사가 직원 명의로 생명보험을 가입할 때 직원에게 알리거나 직원의 승낙을 받아야 한다는 규정을 두지 않았다. 기업소유 생명보험 증서의 대다수는 직원이 직장을 그만두거나 은퇴하거나 해고당하고 나서도 효력이 남아 있다. 따라서 회사는 퇴사한 지 몇 년이 지난 직원의 사망보험금도 받을 수 있었다. 회사는 미국 사회보장국(Social Security Administration)을 통해 과거 직원의 사망 여부를 추적했다. 일부 주에서는 회사가 직원의 자녀와 배우자 명의로도 생명보험에 가입해 사망보험금을 탈 수 있었다.[7]

'청소부 보험'은 뱅크오브아메리카(Bank of America)와 JP모건체이스(JP Morgan Chase)를 비롯한 거대 은행 사이에 특히 인기가 높았다. 1990년대 후반 일부 은행은 직원에 머무르지 않고 예금주와 신용카드 소유자 명의로 생명보험에 가입하는 계획을 검토하기도 했다.[8]

2002년 《월스트리트저널》이 관련 내용을 연재기사로 실으면서 당시에 벼락인기를 누리던 청소부 보험 사업에 대중들의 관심이 쏟아졌다.

> 청소부 보험은 유족에게 안전망 역할을 해주었던 생명보험이 어떻게 기업 재정 확보의 전략으로 전락했는지 보여주는 예다.
> -《월스트리트저널》

기사에 따르면, 1992년 29세 남성이 에이즈로 사망하자 그가 생전에 잠깐 일했던 음반 매장을 소유한 회사에 남성의 사망보험금 33만 9천 달러가 지급되었다. 사망한 남성의 가족은 한 푼도 받지 못했다. 또 한 기사에는 텍사스 소재 매장에서 강도사건이 일어나는 바람에 총에 맞아 숨진 20세 편의점 직원의 이야기가 실렸다. 해당 편의점을 소유했던 회사는 사망한 직원의 사망보험금으로 25만 달러를 받았다는 사실을 밝히지 않은 채 혹시 있을지 모르는 소송에 대비하기 위해 해당 직원의 미망인과 자녀에게 6만 달러를 제공했다. 이 연재기사는 "9·11 테러 이후, 최초로 지급된 생명보험금의 일부는 희생자의 가족이 아닌 희생자의 고용주에게 돌아갔다."[9]는 거의 알려지지 않았던 암울한 사실도 보도했다.[9]

2000년대 초에 이르자 기업 소유 생명보험의 대상 범위는 수백만 명의 근로자로 늘어났고 판매량 또한 전체 생명보험의 25~30퍼센트를 차지했다. 2006년 미국 의회는 청소부 보험을 제한하기 위해, 보험에 가입할 때 직원의 동의를 받아야 하고 연봉을 기준으로 전체 직원의 상위 3분의 1에 해당하는 직원으로 가입 대상을 한정하는 법률을 제정했다. 하지만 관행은 계속되었다. 2008년까지 미국 은행업계에서만도 직원 명의의 생명보험을 1220억 달러나 보유하고 있었다. 청소부 보험이 미국 전 기업으로 확산되면서 생명보험의 의미와 목적이 변질되기 시작했다. 《월스트리트저널》의 연재기사는 이렇게 결론 내렸다. "잘 알려져 있지 않지만, 이 모든 것이 여태껏 유족에게 안전망 역할을 해주었던 생명보험이 어떻게 기업 재정 확보의 전략으로 전락했는지 보여주는 이야기다."[10]

회사는 직원의 사망으로 보험금을 취할 수 있어야 할까? 보험업계에 속한 일부 회사도 이를 불쾌한 관행으로 생각한다. 은퇴 및 금융 서비스 관련 선두주자인 미국 교직원 연금기금(TIAA-CREF)의 전 회장이자 CEO인 존 빅스(John H. Biggs)는 이러한 관행을 가리켜 "언제나 내게 혐오감을 불러일으키는 형태의 보험"이라 언급했다.[11] 하지만 이 관행의 문제는 정확히 무엇일까?

가장 명백한 반박은 실용적인 문제에 관한 내용이다. 회사가 직원의 사망에서 재정적 이익을 얻는 것은 직장의 안전에 좋지 않다는 것이다. 게다가 직원이 사망하는 경우에 받을 수 있는 사망보험금이 수백만 달러에 이르는 회사가 재정위기를 맞으면 사망보험금이 비뚤어진 인센티브로 작용해서 직원의 건강과 안전을 강구하는 데 인색하게 굴 수도 있다. 물론 직원의 사망에 책임을 져야 할 의무가 없는 회사는 이러한 인센티브에 따라 노골적으로 행동할 것이다. 하지만 고의로 직원의 죽음을 재촉하는 것은 범죄행위다. 회사가 직원 명의로 생명보험을 가입할 수 있다고 해서 직원을 죽일 수 있는 자격을 부여받은 것은 아니다.

나는 청소부 보험을 '혐오스럽다'고 생각하는 사람들은 비양심적인 회사가 치명적인 위험 요소를 직장에 나뒹굴도록 방치하거나 위험에서 눈길을 돌릴 수 있는 가능성을 언급할 뿐 아니라 이를 넘어선 도덕적 반박을 제시하고 있다고 생각한다. 이 문제를 둘러싼 도덕적 반박은 무엇이고 그 반박에는 설득력이 있을까?

문제는 동의(consent)의 부재와 관계 있을 것이다. 고용주가 알리지도 승낙을 받지도 않고 우리 명의로 생명보험에 가입했다는 사실을 알면 어떤 느낌이 들까? 이용당한다고 느낄 수 있다. 하지만 여기에 항의할 근거가 있을까? 보험증권의 존재가 우리에게 아무 해도 끼치지 않는다면 고용주가 우리에게 보험가입 사실을 알리거나 동의를 받아야 할 도덕적 의무는 없지 않을까?

결국 청소부 보험은 보험증권을 매입해서 수혜자가 되는 회사와 보험증서를 파는 보험회사로 이루어진 쌍방의 자발적 거래다. 직원은 거래의 당사자가 아니다. 금융서비스 회사 키코프(KeyCorp)의 대변인은 "직원은 보험료를 지불하지 않기 때문에 보험에 관련된 상세한 내용을

직원에게 밝힐 이유가 없다."라고 퉁명스럽게 말했다.[12]

미국의 일부 주는 그러한 관점에 찬성하지 않고 회사가 직원 명의로 보험에 가입하기 전에 반드시 직원의 동의를 받으라고 요구한다. 회사는 직원의 승낙을 구하면서 일반적인 유인책의 하나로 수수한 금액의 생명보험 혜택을 제공한다. 1990년대 직원 35만 명 명의로 생명보험에 가입했던 월마트는 회사의 보험가입에 동의한 직원에게 5천 달러짜리 생명보험을 무료로 들어주겠다고 제의했다. 대부분의 직원은 자신이 죽은 후 가족이 받을 사망 보험금 5천 달러와 기업이 받을 수만 달러의 엄청난 차이를 모르는 상태로 회사의 제의를 받아들였다.[13]

하지만 청소부 보험을 둘러싸고 제기될 수 있는 도덕적 반박의 근거에는 동의의 부재만 있는 것은 아니다. 직원이 이런 제도에 동의하더라도 도덕적으로 못마땅한 점은 여전히 남아 있다. 부분적으로는 이러한 정책에서 살펴볼 수 있는 직원에 대한 회사의 태도다. 청소부 보험은 직원이 살아 있는 것보다 죽었을 때 더욱 가치가 있는 조건을 만들어내면서 직원을 사물화한다. 즉 회사는 직원의 가치를 직원의 업무에서 찾지 않고 직원을 상품선물(商品先物, 일반 상품을 매매 대상으로 하는 선물계약-옮긴이)로 다루게 된다. 기업 소유의 생명보험이 생명보험의 목적을 왜곡한다는 반박도 있다. 한때 유족에게 안전망 역할을 했던 생명보험이 지금은 기업을 위한 세금혜택 정책의 일종으로 전락했기 때문이다.[14] 세금 체계가 왜 재화와 용역의 생산보다는 직원의 사망에 수십억 달러를 투자하도록 회사를 부추기는지 파악하기는 어렵다.

생명을 담보한 도박, 말기환금

1980년대와 1990년대에 특히 에이즈의 확산으로 붐이 일었던 생명보험 사용에 대한 도덕적으로 복잡한 문제를 살펴봄으로써 앞에서 언급한 반박에 대해 생각해보자. 생명보험 전매시장은 말기환금(末期換金, 증권 소유자가 자신의 생명보험 증권을 할인 매각하여 대금을 받는 생명보험 전매 형태-옮긴이) 산업으로 불렸다. 여기서는 에이즈 환자나 기타 불치병으로 진단 받은 사람들이 소유한 생명보험 증권이 거래된다. 이때 시장이 작동하는 방식을 살펴보자. 10만 달러 생명보험 증권을 소유한 사람이 의사에게 앞으로 일 년밖에 살지 못한다는 말을 들었다고 가정하자. 그리고 치료를 받거나 짧으나마 여생을 잘 살아보려면 돈이 필요할 것이다. 어떤 투자가가 환자에게 할인된 가격으로, 예를 들어 5만 달러에 생명보험 증권을 사고 연납 보험료를 지불해주겠다고 제안한다. 최초 보험계약자가 사망하면 투자가는 사망 보험금 10만 달러를 받는다.[15]

양쪽에 모두 좋은 조건의 협상처럼 들린다. 최초 보험계약자가 예정대로 사망하기만 한다면 그는 죽음을 앞두고 필요한 현금을 손에 쥘 수 있고 투자가는 상당한 이익을 얻는다. 하지만 여기에는 위험이 도사리고 있다. 말기환금 같은 사망 담보 투자에서 투자가는 최초 보험계약자가 사망할 때 일정액의 보험금(여기서는 10만 달러)을 확실히 지급받지만, 수익률은 환자가 얼마나 오랫동안 사는지에 달려 있다. 환자가 예측대로 일 년 안에 사망한다면, 10만 달러의 생명보험 증권을 5만 달러에 구매한 투자가는 연 수익률 100퍼센트(여기에서 투자가가 지불한 보험금과 협상을 주선한 중개업자에게 주는 수수료는 제외한다)라는 엄청난 이익을 얻는다. 환자가 2년 동안 생존한다면 투자가는 같은 금액을 벌기 위해 두 배나 긴 시간을 기다려야 하므로 연간 수익률은 절반으로 줄어든다. 추가로 지불하는 보험료를 계산에 넣는다면 수익률은 더욱 떨어진다. 게다가 환자가 기적적으로 회복해서 몇 년 더 산다면 투자가에게는 한 푼도 돌아오지 않을 수도 있다.

물론 어떤 투자든 위험이 따르기 마련이다. 하지만 말기환금이 안고 있는 재정적 위험은 대부분의 투자에는 없는 도덕적 문제를 낳는다. 투자가는 최초 보험계약자가 빨리 죽기를 기대한다. 최초 보험계약자가 오래 살수록 투자 수익률이 떨어지기 때문이다.

두말할 것 없이 말기환금 산업은 사업의 이러한 엽기적인 측면을 부각하지 않으려고 무던히 애를 쓴다. 그래서 말기환금을 주선하는 중개인들은 말기 환자들에게 여생을 편안하고 존엄성을 유지하며 살 수 있도록 자원을 제공하는 것이 자신들의 사명이라고 말한다. '말기환금(viatical)'의 어원은 'voyage(여행)'을 뜻하는 라틴어로 여행을 떠나는 로마관리에게 지급되었던 돈과 양식을 가리켰다. 하지만 보험계약자가 죽자마자 투자가가 재정적으로 이익을 얻는다는 것은 부정할 수 없는 사실이다. 플로리다 포트 로도데일에 있는 한 말기환금 회사의 대표인 윌리엄 스콧 페이지(William Scott Page)는 이렇게 말했다. "놀랍도록 막대한 수익을 올린 사람도 있고 사람들이 예상보다 오래 살았다는 무시무시한 이야기도 전해진다. 이것이 바로 말기환금이 주는 전율이다. 사람의 사망 시기를 정확하게 예측할 수 있는 과학은 없다."[16]

> 말기환금은 대부분의 투자에는 없는 도덕적 문제를 낳는다. 투자가는 보험계약자가 빨리 죽기를 기대한다. 보험계약자가 오래 살수록 투자 수익률이 떨어지기 때문이다.

'무시무시한 이야기'의 일부는 소송까지 이어졌다. 기대했던 만큼 신속하게 '만기에 이르지' 않는 생명보험 증권을 팔았다는 이유로 기분이 언짢아진 투자가가 중개인을 고소했던 것이다. 1990년대 중반, 항HIV(인체면역결핍바이러스) 약제의 발견으로 수만 명에 이르는 에이즈 환자들의 생명이 연장되면서 말기환급 산업의 계산방법이 뒤엉키기 시작했다. 말기환급 회사의 한 중역은 생명 연장 약제의 단점을 이렇게 설명했다. "기대여명이 12개월에서 24개월로 늘어나면 당신에게 돌아갈 수익은 엉망이 되고 만다." 1996년 항레트로바이러스 약제(antiretroviral drugs, HIV 감염으로 인한 사망률을 낮추는 약제—옮긴이)의 획기적 발견으로 샌프란시스코 소재 말기환급 회사인 디그너티파트너스사(Dignity Partners, Inc.)는 주가가 14.50달러에서 1.38달러로 급락하면서 이내 파산했다.[17]

1998년 《뉴욕타임스》는 미시건 주에 거주하는 한 성난 투자가에 얽힌 이야기를 보도했다. 그 투자가는 5년 전 에이즈에 걸려 회생 가능성이 낮았던 뉴요커 켄달 모리슨(Kendall Morrison)의 생명보험 증권을 샀다. 하지만 신약이 나오면서 모리슨의 건강이 안정을 찾기 시작하자 투자가는 몹시 실망했다. 이에 대해 모리슨은 이렇게 말했다. "전에는 다른 사람이 내가 죽기를 바라리라 생각해본 적이 없어요. 그런데 그 사람들은 내게 계속 택배를 보내고 전화를 하더군요. 마치 '당신 아직도 살아 있어요?'라고 물어보는 것만 같았어요."[18]

에이즈 진단이 더 이상 사형선고를 뜻하지 않자 말기환급 회사들은 사업 영역을 암과 그 외 다른 불치병까지 다각화하기 시작했다. 보험업계 동업자 단체인 미국 말기환급협회(Viatical Association of America) 이사 윌리엄 켈리(William Kelley)는 에이즈 시장의 침체에 의기소침하지 않고 사망 담보 선물 거래의 사업 전망을 낙관적으로 평가했다. "에이즈 환자의 수와 비교할 때 암, 심각한 심혈관계질환, 기타 불치병을 앓는 사람의 수는 엄청나다."[19]

청소부 보험과는 달리 말기환금 사업은 불치병 환자들에게 주어진 여생 동안 돈을 조달해준다는 측면에서 분명히 사회적 선(善)에 기여한다. 더욱이 피보험자의 동의라는 요건은 처음부터 갖추어져 있다. 간혹 불치병 환자가 자신의 생명보험 증권을 놓고 공정한 가격을 흥정할 능력이 부족할 수는 있지만 말이다. 말기환금을 둘러싸고 도덕적 문제가 발생하는 이유는 피보험자의 동의가 없기 때문이 아니다. 최초 보험계약자가 사망하자마자 투자가에게 이익이 돌아가므로 말기환금 자체가 죽음에 대한 도박이기 때문이다.

말기환금 말고도 사망을 놓고 도박을 벌이는 투자방법은 더 있다고들 말할지 모르겠다. 죽음을 상품화한다는 점에서는 생명보험 사업도 마찬가지다. 하지만 둘 사이에는 차이가 있다. 생명보험을 판매하는 회사는 계약자의 이익에 거스르지 않고 계약자 편에 서서 도박을 한다. 계약자가 오래 생존할수록 회사는 돈을 많이 번다. 하지만 말기환금에서 거두는 재정적 이익은 정반대다. 회사의 관점에서는 계약자가 일찍 사망할수록 좋다.■

■ 사망할 때까지 매달 일정 금액을 납부하는 연금은 생명보험보다는 말기환금과 더욱 유사하다. 수령인이 일찍 사망할수록 연금회사에 돌아오는 재정적 이익은 많다. 하지만 연금은 말기환금 투자보다 리스크 풀(risk pool, 보험 개념에 포함된 비슷한 위험의 집합-옮긴이)의 범위가 크고 익명성이 강해서 조기 사망에 따른 '근원적 이익'이 감소한다. 더욱이 생명보험을 판매하는 회사가 연금도 판매하는 경우가 많기 때문에 계약자의 수명 연장으로 인한 리스크는 상쇄되는 경향이 있다.

그렇다면 계약자가 죽기를 투자가가 바라고 있는지 신경 써야 할 이유가 있을까? 투자가가 스스로 바람을 이루기 위해 행동에 옮기거나 지나치게 자주 연락해서 계약자의 몸 상태를 묻지 않는다면 걱정할 이유가 없을 것이다. 아마도 도덕적으로 불미스럽다기보다는 그저 섬뜩할 것이다. 아니면 도덕적 문제는 눈에 보이는 피해 때문이 아니라 이러한 투자방법이 투자가의 인격을 잠식한다는 것 때문일 것이다. 당신이라면 누군가 일찍 사망하리라는 사실을 놓고 도박을 벌여 생계를 유지하고 싶겠는가?

심지어 자유시장에 열광하는 사람들조차도 사망을 담보로 도박을 벌이는 것이 또 하나의 사업일 뿐이라는 개념을 온전히 받아들이지는 못할 것이다. 이렇게 생각해보자. 말기환금 사업이 생명보험과 도덕적으로 비슷하다면, 생명보험과 마찬가지로 이익을 획득하기 위해 로비활동을 벌일 권리가 있어야 하지 않을까? 보험산업이 자신들의 이익을 위하여 안전벨트 착용 의무화나 금연 정책처럼 계약자의 생명을 연장시키는 활동에 영향력을 행사할 권리가 있다면, 말기환금 사업도 자신들의 이익을 위해 에이즈와 암 연구를 위한 연방예산 삭감 등 사망을 재촉하는 데 도움을 주는 로비를 할 수 있어야 하지 않을까? 내가 알고 있는 한, 말기환금 산업은 이러한 로비활동을 하지 않는다. 하지만 에이즈 환자나 암 환자가 일찍 사망할 가능성에 투자하는 행위가 도덕적으로 허용될 수 있다면, 이런 목적을 부추기는 공공정책을 추진하는 행위가 도덕적으로 정당하지 않은 이유는 무엇일까?

말기환금 투자가 워렌 치섬(Warren Chisum)은 텍사스 주 의회 의원으로 보수주의자에 유명한 '동성애 반대 운동가'였다. 치섬은 텍사스 주에서 동성애에 대한 형벌을 되살리는 데 성공했고, 성교육을 반대했으며 에이즈 환자를 돕는 프로그램에 반대표를 던졌다. 1994년 치섬은 자신이 20만 달러를 투자해서 에이즈 환자 여섯 명의 생명보험 증권을 샀다고 자랑스럽게 주장했다. 그는 《휴스턴포스트》에서 이렇게 말했다. "내 도박은 적어도 17퍼센트 이상의 수익률을 낼 것이고 경우에 따라서는 이보다 상당히 높을 수도 있다. 만약 그들이 한 달 안에 사망하면 투자 수익은 꽤 많을 것이다."[20]

개인적으로 이익이 되는 정책에 찬성표를 던졌다는 이유를 들어 일부 시민들이 치섬을 고발했다. 하지만 이 혐의는 초점을 빗나갔다. 치섬은 신념에 따라 돈을 투자했을 뿐 그 반대는 아니었기 때문이다. 이 사례는 전형적인 이익 상충의 문제가 아니다. 실제로 말기환금은 사회적 인식 투자(투자자의 윤리기준에 부합하는 정책을 펼치는 회사에만 투자하는 것-옮긴이)가 도덕적으로 왜곡된 것이기 때문에 훨씬 더 나쁘다.

치섬처럼 말기환금의 잔인한 측면에 파렴치한 환희를 느끼는 경우는 드물었다. 말기환금 투자가 중에 악의를 품고 투자한 사람은 거의 없었다. 대부분은 자신의 투자 포트폴리오에 들어 있는 사람을 제외하고는 에이즈 환자들이 건강하고 오래 살기를 바랐다.

사망에 의존해서 생계를 꾸리는 사람 중에는 말기환금 투자가만 있는 것이 아니다. 검시관·장의사·묘지 노동자 등도 마찬가지로 죽음과 관련한 직업을 가지고 있지만 누구도 이들을 도덕적으로 비난하지 않는다. 몇 년 전 《뉴욕타임스》는 디트로이트의 한 카운티에 있는 시체보관소에서 '시체 수습자'로 일하는 34세 남성 마이크 토마스(Mike Thomas)에 대한 기사를 실었다. 그의 직업은 죽은 사람들의 시체를 수습해 시체보관소로 운반하는 일이었다. 그는 시체 한 구에 14달러의 수수료를 받았다. 디트로이트에 살인 발생률이 높은 덕분에 토마스는 이 음산한 일을 하면서 연간 약 1만 4천 달러를 벌 수 있었다. 하지만 폭력이 수그러들면서 토마스는 생활에 어려움을 겪었다. 그는 이렇게 말했다. "누군가가 죽기를 기다린다는 일이 이상하게 들리는 것은 압니다. 누군가가 죽기를 바라다니요. 하지만 사실인걸요. 나는 그렇게 일해서 내 아이들을 먹여 살리고 있으니까요."[21]

시체 수습자에게 수수료를 지불하는 것은 경제적일지 모르지만 도덕적 대가가 따른다. 사람들의 죽음을 통해 재정적 이익을 얻게 하면 본인과 우리의 윤리적 민감성이 무뎌질 가능성이 있다. 이러한 측면에서는 말기환금 사업과 비슷하지만 도덕적으로는 차이가 있다. 시체 수습자는 타인의 사망에 의존해서 생계를 해결하기는 하지만 어떤 특정인이 일찍 죽기를 바랄 필요는 없다. 누가 죽더라도 상관이 없기 때문이다.

데스풀

말기환금과 좀 더 비슷한 예로 '데스풀(Death Pools, 유명인사의 사망 시기를 추측하는 게임-옮긴이)'이 있다. 데스풀은 말기환금 산업이 출범했던 때와 시기적으로 같은 1990년대에 인터넷에서 인기를 끌기 시작했던 섬뜩한 도박 게임이다. 슈퍼볼(전미축구연맹에 속한 두 개 연맹이 벌이는 미식축구 결승경기-옮긴이)의 승자를 예측하는 내기가 전통적으로 사무실에서 이루어졌다면, 데스풀은 사이버 공간에서 올해 어떤 유명인사가 사망할지를 예측하여 겨룬다.[22]

많은 웹사이트에서 굴풀(Ghoul Pool), 데드풀(Dead Pool), 셀리브리티 데스풀(Celebrity Death Pool) 등의 이름으로 이와 같은 병적인 형태의 게임이 벌어지고 있다. 그 중에서 가장 인기가 높은 웹사이트는 스티프스닷컴(Stiffs.com)으로 1993년 첫 게임을 시작해서 1996년 온라인에 진출했다. 게임 참가자들은 가입비 15달러를 내고 올해 말까지 사망할 가능성이 높다고 생각하는 유명인사의 명단을 제출한다. 가장 정확하게 예측한 사람에게 상금 3천 달러, 2등에게는 500달러가 돌아간다. 스티프스닷컴에는 연간 천여 명의 참가자들이 몰린다.[23]

진지한 참가자들은 사망 예측 대상을 가볍게 고르지 않는다. 그들은 연예잡지와 연예관련 타블로이드를 샅샅이 뒤지면서 질병을 앓고 있는 스타들의 소식을 찾는다. 현재 많은 사람들이 주목하고 있는 유명인사는 자자 가보(Zsa Zsa Gabor, 94세, 왕년의 할리우드 섹스 심볼 - 옮긴이), 빌리 그레이엄(Billy Graham, 93세, 미국의 부흥목사 - 옮긴이), 피델 카스트로(Fidel Castro, 85세, 쿠바의 전 국가평의회 의장 - 옮긴이) 등이다. 이외에도 데스풀 참가자들의 목록에 많이 오르내리는 사람으로는 커크 더글러스(Kirk Douglas), 마거릿 대처, 낸시 레이건(Nancy Reagan), 무하마드 알리(Muhammad Ali), 루스 베이더 긴즈버그(Ruth Bader Ginsburg), 스티븐 호킹(Stephen Hawking), 아레사 프랭클린(Aretha Franklin), 아리엘 샤론(Ariel Sharon) 등이 있다. 나이가 많고 몸이 아픈 인물들이 주로 명단에 올라가 있기 때문에, 일부 게임에서는 다이애나 황태자비나 존 덴버의 경우처럼 예기치 못했던 사망을 예측한 사람에게 가산점을 주기도 한다.[24]

데스풀은 인터넷보다 출발이 일렀다. 알려진 바에 따르면 수십 년 동안 월스트리트 증권 중개인들 사이에 인기를 끌었다고 한다. 클린트 이스트우드(Clint Eastwood)가 주연한 '더티 해리(Dirty Harry)' 시리즈의 마지막 영화인 〈더 데드풀(The Dead Pool)〉(1988년)에서는 명단에 오른 유명인사가 살해되는 불가사의한 사건을 이끈 데스풀을 그리고 있다. 1990년대 들어 시장에 열광하는 사람들과 함께 인터넷이 등장하면서 이 잔인한 게임은 새삼 세상의 눈길을 끌기 시작했다.[25]

유명인사의 사망 시기를 놓고 도박을 벌이는 것은 일종의 오락활동이다. 누구도 그러한 종류의 도박으로 생계를 해결하지는 않는다. 하지만 데스풀은 말기환급과 청소부 보험과 똑같은 도덕적 문제를 안고 있다. '더티 해리' 시리즈처럼 참가자들이 서로 속이고 데스풀 명단에 오른 사람들을 죽이려 하는 상황은 제쳐놓자. 여기서의 문제는 누군가의 생명을 놓고 도박을 하고 그 사람의 죽음으로 이익을 얻는 행위는 잘못된 것일까 하는 점이다. 이러한 행위에는 몹시 걱정스러운 점이 있다. 하지만 도박꾼이 어떤 사람의 사망도 재촉하지 않는다면 누군들 비판할 권리가 있을까? 평생 한 번도 만나본 적이 없는 사람들이 자신의 사망 시기를 놓고 도박을 벌인다고 해서 자자 가보나 무하마드 알리가 손해 보는 것이 있을까? 사망 예정자 명단의 맨 윗줄에 오른 사람은 모욕을 느낄 수 있다. 하지만 데스풀 게임의 도덕적 비열함은 주로 게임이 표현하고 조장하는 죽음에 대한 태도에 있다고 생각한다.

이러한 태도는 죽음에 집착하면서도 죽음을 가지고 장난하는, 강박과 경박함의 불건전한 혼합이다. 데스풀 참가자들은 단순히 도박만 벌이는 것이 아니라 하나의 문화를 공유한다. 그들은 자신이 내기를 건 사람들의 기대여명을 연구하는 데 시간과 에너지를 소비한다. 그들은 추할 정도로 유명인사의 죽음에 집착하기 시작한다. 유명한 인물이 앓고 있는 질병에 대한 소식과 정보가 가득한 데스폴 웹사이트는 이렇듯 잔인한 활동에 매력을 느끼도록 이를 부추긴다. 심지어는 유명인사가 사망하는 즉시 이메일이나 문자로 소식을 알려주는 '유명인사 사망 호출' 서비스에 가입할 수도 있다. 스티프스닷컴을 운영하는 켈리 배크스트(Kelly Bakst)는 이렇게 말한다. "데스풀에 참가하는 것은 텔레비전을 시청하고 뉴스를 따라잡는 방식을 완전히 바꾸고 있다."[26]

말기환금과 마찬가지로 데스풀은 사망 관련 재화를 거래하기 때문에 도덕적으로 위험하다. 하지만 말기환금과는 달리 사회적으로 유용한 목적에 기여하지 않는다. 이것은 전적으로 도박의 한 형태이고 이익과 오락의 원천이다. 데스풀이 아무리 불쾌하더라도 우리 시대에 존재하는 가장 고약한 도덕적 문제는 아니다. 죄의 서열을 매긴다면 데스풀은 애교 정도에 불과하다. 하지만 하나의 극단적인 경우로, 시장이 주도하는 시대에 보험의 도덕적 운명을 드러낸다는 점에서 흥미롭다.

생명보험은 언제나 그 안에 두 가지 요소가 공존한다. 하나는 상호 안전 보장을 위한 리스크의 통합이고, 또 하나는 죽음에 대한 대비책이자 암울한 도박이다. 생명보험에는 이 두 가지 요소가 공존하며 불안전하게 결합하고 있다. 도덕적 규범과 법률적 제재가 없기 때문에 도박적 측면은 애초에 생명보험을 정당화하는 사회적 목적을 무력하게 만든다. 사회적 목적이 사라지거나 모호해지면 보험과 투자와 도박을 분리하는 약한 경계선이 무너진다. 그러면 유족에게 안정된 생활을 제공하는 제도에서 벗어나 그저 하나의 금융상품으로 바뀌고, 결국은 참가자들에게 재미와 이익을 제공하는 정도밖에는 어떤 선(善)에도 기여하지 못한다. 말하자면 죽음에 대한 도박이 되는 것이다. 데스풀은 시시하고 가벼워 보일지 모르지만, 실제로는 사회적 선을 구현하지 않는 도박의 한 형태로서 생명보험과 어두운 한 쌍을 이룬다.

1980년대와 1990년대 청소부 보험과 말기환급의 등장은 20세기 말 생명과 죽음의 상업화를 나타내는 하나의 현상으로 생각될 수 있다. 21세기 들어 첫 10년 동안 이러한 경향은 더욱 확산되었다. 하지만 현재로 그 경향을 이어가기 전에, 생명보험이 그 시작 단계에서부터 유발해온 도덕적 우려를 되짚어볼 필요가 있다.

도덕적 측면에서 본 생명보험의 간략한 역사

우리는 보통 보험과 도박을 위험에 대한 서로 다른 반응이라고 생각한다. 보험은 위험을 완화시키는 반면에 도박은 위험을 유인하는 방법이다. 보험은 신중함과 관련이 있지만 도박은 추측과 관련이 있다. 하지만 보험과 도박 사이에 그어진 선은 언제나 불안정했다.[27]

역사적으로 생명에 대해 보험을 드는 행위와 생명을 걸고 도박을 하는 행위 사이에는 밀접한 관련성이 존재했기 때문에 생명보험을 도덕적으로 불미스러운 제도로 생각하는 사람이 많았다. 생명보험은 살인을 저지르는 동기를 제공했을 뿐 아니라 생명에 시장 가격을 붙이는 잘못을 저지르기도 했다. 대부분의 유럽 국가는 수 세기 동안 생명보험을 금지했다. 18세기 프랑스의 한 법학자는 이렇게 썼다. "인간의 생명은 상업의 대상이 될 수 없으며 죽음이 이윤을 노리는 투기의 근원이 되는 것은 수치스러운 일이다." 많은 유럽 국가에서는 19세기 중반까지도 생명보험 회사가 없었다. 일본에 생명보험 회사가 처음 등장한 것도 1881년이었다. 생명보험은 도덕적 타당성이 부족해서 "19세기 중반이나 후반까지도 대부분의 나라에서는 발달하지 않았다."[28]

하지만 영국은 예외였다. 17세기 후반을 시작으로 선박 소유주·중개인·보험업자들이 해상보험의 중심지인 런던의 로이즈 커피하우스(Lloyd's coffeehouse)에 모였다. 일부 선박 소유주들은 자신이 소유한 배와 화물의 안전한 귀환을 위해 보험을 들었다. 어떤 사람들은 도박 자체를 제외하고는 아무런 관련이 없는 사건과 생명에 도박을 벌이러 왔다. 선박이 바다에서 실종되면 이익을 얻으리라는 희망을 품고 자신의 소유가 아닌 선박에 '보험'을 드는 사람도 많았다. 보험업자가 도박의 물주 노릇을 하면서 보험업은 도박과 뒤엉켰다.[29]

영국법은 보험과 도덕에 제재를 가하지 않았고 둘은 거의 분간할 수 없었다. 18세기 들어 보험 '계약자'는 선거 결과, 의회 해산, 영국 귀족의 사망 가능성, 나폴레옹의 사망이나 체포, 즉위 기념일을 몇 달 앞둔 여왕의 수명을 걸고 도박을 벌였다.[30] 꽤 성공 가능성이 있어서 인기를 끌었던 투기도박의 대상으로는 군사작전과 포위공격의 결과, 거액의 보험에 들어 있는 로버트 월폴(Robert Walpole, 책임내각정치를 처음으로 실시한 영국의 정치가-옮긴이)의 생명, 전투가 끝난 후 조지 2세의 생존 귀환 여부 등이 있었다. 1715년 8월 프랑스 왕 루이 14세가 병에 걸리자 주 프랑스 영국대사는 태양왕이 9월을 넘기지 못하고 사망할 것이라는 데 내기를 걸었다. 대사는 결국 내기에 이겼다. 세상 사람들의 주목을 받는 남녀가 대부분 오늘날 인터넷 데스풀의 초기 형태인 투기 증권 보험 대상이 되었다.[31]

특별하게 잔인했던 생명보험 도박의 예로는 1765년 독일 난민 800명이 영국으로 보내졌다가 런던의 외곽에서 식량도 거처도 없이 버려졌던 사건을 들 수 있다. 도박꾼들과 보험업자들은 로이즈 커피하우스에 모여 일주일 안에 난민이 몇 명이나 죽을지 내기를 걸었다.[32]

대부분의 사람들은 이러한 도박이 도덕적으로 끔찍하다고 생각할 것이다. 하지만 시장논리로 보면, 무엇이 그렇게 불편한 것인지 분명하지 않다. 도박꾼들이 난민을 곤경에 처하게 한 것이 아니라면 난민이 얼마나 빨리 죽을지를 놓고 도박을 벌이는 것이 무엇이 잘못이겠는가? 도박을 하는 양측은 도박을 통해 이익을 얻는다. 그렇지 않다면 경제적 논리상 절대 도박을 하지 않았을 것이다. 도박이 벌어지고 있다는 사실을 모르는 난민들은 도박의 결과로 손해를 입지는 않을 것이다. 최소한 이것이 규제 없는 생명보험 시장에 흐르는 경제적 논리다.

죽음을 놓고 벌이는 도박이 못마땅하다면, 틀림없이 시장논리를 넘어, 이러한 도박이 나타내는 비인간적인 태도 때문일 것이다. 죽음과 고통에 대한 무신경한 무관심은 도박꾼들의 나쁜 성격을 드러내는 증거다. 사회 전체로 보면, 이러한 태도나 이를 부추기는 제도는 부패하고 천박하다. 상업화의 다른 사례에서 살펴보았듯이 도덕적 규범이 변질되거나 밀려나는 현상 자체가 시장을 거부하는 적절한 근거는 아닐 수 있다. 하지만 모르는 사람의 생명을 놓고 도박을 벌이는 행위는 금전적 이익과 천박한 흥미를 추구할 뿐 사회적 선에 기여하지 못하기 때문에, 이러한 부패와 관련한 특징은 그 활동 자체를 경계할 강력한 이유가 된다.

영국에서 사망을 담보로 벌이는 도박 행위가 만연하자 이 불미스러운 관행에 반대하는 대중들의 혐오가 끓어올랐다. 그리고 이러한 도박 행위를 제한해야 하는 이유는 더 있었다. 가장이 가족을 궁핍에서 보호하려는 신중한 방법으로 부상하고 있던 생명보험이 도박과 관련되면서 도덕적으로 변질되었기 때문이다. 생명보험이 도덕적으로 합당한 사업이 되려면 재정적 투기로부터 해방되어야 했다.

> 영국에서 사망을 담보로 벌이는 도박 행위가 만연하자 이러한 관행에 반대하는 대중의 혐오가 끓어올랐다. 1774년 보험법 제정을 통해 생명보험 가입 요건을 타인의 생명에 대해 '피보험 이익'을 갖는 사람으로 제한했다. 그러나 1911년 미국연방대법원은 생명보험 증권을 팔거나 '양도'할 권리를 인정했다.

마침내 1774년 보험법 제정을 통해 생명보험은 재정적 투기 대상에서 벗어날 수 있었다. 이 법은 도박 금지법(Gambling Act)으로도 불린다. 해당 법은 타인의 생명을 놓고 벌이는 도박 행위를 금지했고 생명보험 가입 요건을 타인의 생명에 대해 '피보험 이익'을 갖는 사람으로 제한했다. 규제가 없는 생명보험 시장이 '유해한 종류의 도박'을 유도했기 때문에 이제 의회는 "보험 계약자가 피보험자의 생명이나 죽음에 이익을 갖는 경우를 제외하고" 생명에 대한 모든 보험을 금지했다. 역사가 조프리 클락(Geoffrey Clark)은 이렇게 썼다. "간단히 말해서, 도박 금지법은 인간 생명이 하나의 상품으로 바뀔 수 있는 정도를 제한했다."[33]

미국에서 생명보험의 도덕적 합법성은 천천히 발달했고, 19세기 말까지도 확고하게 뿌리내리지 못했다. 18세기 들어 몇몇 보험회사가 설립되었지만 대부분은 화재보험과 해상보험을 판매했다. 생명보험은 '강력한 문화적 저항'에 부딪혔다. 미국 사회학자 비비아나 젤라이저(Viviana Zelizer)가 썼듯이 "죽음을 시장에 끌어들인 것은 생명의 존엄성과 그 공약 불가능성(公約不可能性, 서로 다른 패러다임은 같은 기준으로 잴 수 없다는 뜻-옮긴이)을 뒷받침하는 가치 체계를 어긴 행위다."[34]

1850년대에 이르러 생명보험 사업은 성장하기 시작했지만 예방적인 목적만을 강조하고 상업적인 측면은 경시했다. "19세기 후반까지 생명보험은 경제 용어는 피하고 종교적 상징주의로 포장했으며 금전적 이익보다는 도덕적 가치를 광고했다. 생명보험은 수익성 있는 투자가 아니라 이타적이고 자기 부정적인 선물로 거래되었다."[35]

머지않아 생명보험 공급업자는 생명보험이 투자 수단이라는 점을 홍보하는 데 좀 더 떳떳해졌다. 산업 규모가 커지면서 생명보험의 의미와 목적이 변했다. 한때 남은 부인과 자녀를 보호하기 위한 자선 제도로 신중하게 거래되었던 생명보험이 저축과 투자의 수단이자 일반적인 사업의 하나가 되었다. '피보험 이익'의 정의는 가족구성원과 피부양자에서 사업 동업자와 핵심 직원까지 포함하는 것으로 확대되었다. 기업은 청소부나 평사원은 아니지만 중역 명의로 보험을 가입할 수 있었다. 19세기 말에 이르자 생명보험에 상업적으로 접근하면서 "순전히 사업 목적을 위해 생명보험에 가입할 것을 권하고" 피보험 이익을 "경제적 이익 외에는 아무 관련이 없는 타인"까지 확대했다.[36]

죽음을 상업화하는 데 따르는 도덕적 망설임은 여전히 존재했다. 젤라이저는 생명보험 대리인의 필요성이 바로 이러한 망설임의 증거라고 지목했다. 초기에 보험회사는 사람들이 자발적으로 생명보험을 사지 않는다는 사실을 깨달았다. 생명보험이 용인될 때조차도 "죽음은 통상적인 상업 거래의 대상이 될 수 없었다." 따라서 고객을 찾고, 고객이 본능적으로 망설이게 되는 것을 해결해주고, 고객에게 상품의 이점을 설득해줄 사람이 필요했다.[37] 사망과 관련된 상품을 상업적으로 거래할 때 느끼는 거북함은 전통적으로 보험 세일즈맨이 지닌 낮은 자존감을 설명한다. 보험 세일즈맨이 죽음 가까이에서 일하기 때문만은 아니다. 의사와 성직자도 그렇지만 죽음과 관련이 있다고 해서 품위가 떨어지지는 않는다. 하지만 생명보험 대리인에게는 "사망을 판매하는 '세일즈맨'으로서 사람들이 처한 최악의 비극에 기대어 수익을 거둔다는" 오명이 따라다닌다. 그러한 오명은 20세기에도 벗겨지지 않았다. 직업을 전문화하려고 노력했지만 생명보험 대리인은 '죽음을 사업거리'로 다루는 것에 대한 불편함을 극복할 수 없었다.[38]

생명보험의 요건인 피보험 이익의 범위를 가족이든 재정적 대리인이든 피보험자의 생명에 사전 이해관계가 있는 사람으로 제한했다. 이러한 장치를 거치면서 생명보험과 도덕을 구분할 수 있게 되자 단순히 돈을 벌기 위한 목적으로 타인의 생명을 놓고 더 이상 도박을 벌이지 않게 되었다. 하지만 이러한 구분은 겉으로 보이는 만큼 견고하지 않았다. 일단 생명보험 증권을 소유하면(피보험 이익 요건을 충족하고) 다른 사람에게 파는 것을 포함해서 증권 소유자가 원하는 대로 할 수 있다고 미국 법원이 결정을 내렸기 때문이다. 이 '양도의 원칙'은 다른 것들과 마찬가지로 생명보험도 재산이라는 의미다.[39]

1911년 미국 연방대법원은 생명보험 증권을 팔거나 '양도'할 권리를 인정했다. 대법원 판결문을 쓴 올리버 웬델 홈스 주니어(Oliver Wendell Holmes Jr.) 판사는 자신의 생명보험을 제3자에게 매각할 권리를 팔 수 있는 정책은 피보험 이익 요건을 훼손한다는 문제점을 인정했다. 이는 도박꾼들이 시장에 재진입할 수 있다는 뜻이었다. "피보험자에게 아무런 이익도 없는 생명보험 계약은 사망에 따른 사악한 반대 이익을 피보험자에게 부여하는 순수한 도박이다."[40]

이는 수십 년 뒤에 말기환급에서 발생한 문제이기도 했다. 에이즈에 걸린 뉴요커 켄달 모리슨이 제3자에게 생명보험 증권을 팔았던 것을 다시 생각해보자. 증권을 샀던 투자가에게 생명보험 증권은 모리슨의 기대여명을 놓고 벌이는 순수한 도박이었다. 모리슨이 일찍 죽지 않자 투자가는 자신에게 '사망에 따른 사악한 반대 이익'이 있음을 깨달았다. 그래서 모리슨에게 택배를 보내고 전화를 걸어 안부를 물었던 것이다.

홈스 판사는 '피보험 이익'을 요하는 요점은 생명보험이 사망을 담보로 하는 '유해한 종류의 노름'으로 변질되는 현상을 막기 위해서라고 인정했다. 하지만 이것이 도박꾼들의 재진입을 허용하는 생명보험 유통시장을 막기 위한 충분한 이유라고는 생각하지 않았다. 그는 또한 "오늘날 생명보험은 가장 잘 알려진 형태의 투자와 자기 강제적 저축이 되고 있다. 합당한 안전성이 보장되는 한, 생명보험 증권에 재산으로서의 통상적인 속성을 부여하는 것이 바람직하다."라고 결론을 내렸다.[41]

한 세기가 흐르면서 홈스가 직면했던 딜레마는 더 깊어졌다. 보험과 투자, 그리고 도박을 구분하는 경계가 거의 사라졌다. 1990년대의 청소부 보험, 말기환급, 데스풀은 시작에 불과했다. 오늘날 삶과 죽음을 거래하는 시장은 한때 이를 억제했던 도덕적 규범과 사회적 목적을 앞질렀다.

테러리즘 선물시장

오락 이상의 목적을 추구하는 데스풀이 있다고 가정해보자. 웹사이트에서 영화배우의 사망 시기를 놓고 도박을 벌이는 것이 아니라, 해외의 어느 지도자가 암살되거나 권좌에서 내려올지 또는 테러리스트들의 다음 공격 목표가 어디일지를 놓고 도박한다고 상상해보라. 그리고 이러한 도박의 결과로 정부가 국가 안보를 위해 사용할 수 있는 귀중한 정보가 나왔다고 가정해보자. 2003년 미국방부 소속 부서가 이러한 웹사이트를 만들 것을 제안했다. 미국방부는 이러한 웹사이트를 '정책 분석 시장(Policy Analysis Market)'이라 칭했고 언론은 '테러리즘 선물시장(先物市場, 미래의 특정 시점에 인도될 상품을 거래하는 시장, 즉 선물 거래가 이루어지는 시장-옮긴이)'이라 불렀다.[42]

해당 웹사이트는 전쟁 수행과 정보 수집을 위한 혁신적 기술을 개발하는 임무를 맡은 미국 방위고등연구기획국의 아이디어였다. 웹사이트의 제작 의도는 처음에는 중동지역과 관련해서 다양한 각본에 따라 투자가가 선물계약을 사고팔 수 있게 하려는 것이었다. 그 각본의 예를 들어보자. 팔레스타인 지도자 야세르 아라파트(Yasser Arafat)가 암살당할까? 요르단 국왕 압둘라 2세가 권좌에서 쫓겨날까? 이스라엘은 생화학 무기 테러의 표적이 될까? 중동 지역과 관련이 없는 질문으로는 '북한이 핵폭탄을 발사할까?' 등이 있었다.[43]

사람들은 자기 돈을 걸고 자신의 예측을 지지해야 하기 때문에 자발적으로 많은 금액을 거는 사람이 최상의 정보를 갖고 있으리라 추측할 수 있다. 선물시장이 원유 가격을 예측하는 데 뛰어나다면 이러한 능력을 활용해 테러리스트들의 다음 공격 목표를 예측하면 어떨까?

정부가 이렇듯 도박 성향의 웹사이트를 계획하고 있다는 소식을 접한 의회는 격분했다. 민주당과 공화당 모두 선물시장을 공공연하게 비난했고 국방부는 신속하게 계획을 취소했다. 뒤이어 거센 반대 폭풍이 붙었다. 반대의 불길은 계획이 성공하지 못하리라는 의심도 있었지만, 대부분은 정부의 지원을 받으며 재앙에 도박을 하는 사이트의 전망에 대한 도덕적 반감이었다. 미국 정부가 어떻게 테러리즘과 사망을 놓고 사람들에게 도박을 벌이고 이익을 취하라고 권할 수 있을까?[44]

노스다코다 주 민주당 상원의원 바이런 도건(Byron Dorgan)은 이런 의문을 던졌다. "다른 나라가 도박의 장을 만들어놓고 사람들이 들어가서 …… 미국 정치가의 암살 가능성에 도박을 거는 상황을 상상할 수 있겠는가?" 오레건 주 민주당 상원의원 론 와이든(Ron Wyden)은 계획이 "혐오스럽다."고 언급하면서 계획을 철회하라는 도건의 입장에 동조했다. 와이든은 이렇게 말했다. "연방 차원에서 잔악 행위와 테러리즘에 관한 도박의 장을 만들자는 생각은 우스꽝스럽고 터무니없다."

상원 원내대표 톰 대슐(Tom Daschle)은 이 프로그램이 "무책임하고 터무니없다."고 비난하면서 "죽음을 두고 거래하자고 진지하게 제안하는 사람이 있다니 믿을 수 없다."고 덧붙였다. 캘리포니아 주 상원의원 바버라 박서(Barbara Boxer)는 "그 프로그램에는 정말 병적인 측면이 있다."라고 말했다.[45]

미국방부는 도덕적 논쟁에는 응답하지 않고, 대신 성명서를 발표해 프로젝트를 뒷받침하는 원칙을 설명하면서 선물거래가 상품 가격뿐 아니라 선거와 할리우드 영화의 흥행 여부를 예측하는 데 효과적이었다고 주장했다. "연구 결과에 따르면 시장은 분산되고 심지어 감춰진 정보를 시기적절하게 수집하는 데 매우 효율적이다. 선물시장이 선거 결과 등을 예측하는 데 탁월하며 종종 전문가의 의견보다도 낫다는 사실이 입증되었다."[46]

주로 경제학자를 포함해 많은 학자들이 이러한 미국방부의 견해에 동의했다. 한 학자는 "서투른 홍보 때문에 잠재적으로 중요한 정보 분석 도구를 망치는 장면을 보고 있자니 슬프다."라고 썼다. 거친 반대에 부딪히는 바람에 프로그램의 장점이 적절하게 인식되지 못했다는 것이다. 스탠포드대학교 소속의 두 경제학자는 《워싱턴포스트》에 다음과 같은 내용의 글을 기고했다. "금융시장은 놀랍도록 강력한 정보수집 도구로서 전통적인 방법보다 예측 능력이 월등할 때가 많다." 두 경제학자는 대통령 선거 결과를 여론조사보다 정확하게 예측했던 온라인 선물시장인 아이오와 전자시장(Iowa Electronic Market)을 그 예로 들었다. 또한 오렌지주스 선물시장을 예로 덧붙이며 "플로리다 날씨를 예측하는 데는 농축 오렌지주스 선물시장이 미국 기상청보다 낫다."[47]라고 말했다.

전통적 정보수집 방법보다 예측 시장이 유리한 점은, 시장이 관료적이고 정치적인 압력에 의해 정보 왜곡의 지배를 받지 않는다는 것이다. 특정 정보를 보유한 중간 단계 전문가는 곧장 시장으로 들어가서 자신이 확신하는 정보에 돈을 걸 수 있다. 이렇게 산출된 정보는 상관에 의해 은폐되어 결코 세상의 빛을 보지 못할 수도 있다. 이라크 전쟁을 일으키기 전에, 사담 후세인(Saddam Hussein)이 대량살상무기를 보유하고 있다는 결론을 내리도록 미국 정부가 CIA에 압력을 가했던 일을 되새겨보자. 독자적 도박 웹사이트는 이러한 무기의 존재가 "확실하다."고 선언했던 CIA 국장 조지 테넷(George Tenet)보다도 강력하게 이라크의 대량살상무기 보유에 대한 의문에 회의론을 제기했다.[48]

하지만 테러리즘 선물거래 웹사이트가 취하는 입장은 시장의 힘에 대한 좀 더 크고 폭넓은 주장에 근거했다. 시장지상주의가 절정에 달하면서 프로젝트 옹호자들은 금융 시대와 더불어 부상한 시장 신념에 따른 새로운 규칙을 내세웠다. 시장은 제품을 가장 효율적으로 생산하고 분배하는 장치일 뿐 아니라 정보를 모으고 미래를 예측하는 최고의 방법이기도 하다는 것이다. 미국 방위고등연구기획국이 말하는 선물시장의 장점은 "완고한 정보기관이 자유시장의 예측력을 받아들이도록 자극하고 일깨우고 깨닫게 하는 것"이었다. 선물시장은 "의사결정 이론가들이 수십 년 동안 알고 있었던 지식에" 우리 눈을 뜨게 해줄 수 있다. 사건의 발생 가능성은 사람들이 도박에 거는 액수로 측정할 수 있기 때문이다.[49]

자유시장이 효율적일 뿐 아니라 통찰력을 갖췄다는 주장이 인상적이다. 하지만 모든 경제학자들이 이와 같은 주장에 동의하는 것은 아니다. 일부 경제학자들은 선물시장이 밀의 가격을 예측하는 데는 탁월하지만 테러리스트의 공격처럼 드물게 발생하는 사건을 예측하는 데는 어려움이 있다고 주장한다. 어떤 경제학자들은 정보수집에 관한 한 일반적인 대중에 개방된 시장보다는 전문가 시장이 훨씬 효과적이라고 말한다. 또 미국 방위고등연구기획국의 계획은 좀 더 특정한 근거를 바탕으로 의혹을 받기도 했다. 테러리스트들이 계획을 조작할 가능성은 없을까? 테러리스트들은 공격을 통해 이익을 얻으려고 '내부자 거래'에 개입하거나 테러리스트 선물 거래를 줄여서 계획을 감출 가능성도 있다. 또한 미국 정부가 요르단 국왕의 암살을 막기 위해 정보를 사용하고 그래서 자신들의 도박을 방해한다는 사실을 안다면 사람들은 과연 그 암살을 놓고 도박을 벌일까?[50]

현실성은 제쳐두고라도, 정부의 지원을 받아 사망과 재앙을 놓고 벌이는 도박의 장이 혐오스럽다는 도덕적 반박은 어떻게 해야 할까? 테러리즘 선물시장이 실질적인 어려움을 극복할 수 있고, 전통적인 정보기관보다 암살과 테러리스트 공격을 정확하게 예측하도록 설계할 수 있다고 가정해보자. 사망과 재앙을 놓고 도박을 벌이고 이익을 취하는 행위에 대한 도덕적 반감이 테러리즘 선물시장을 거부할 만한 충분한 이유가 될까?

정부가 유명인사의 사망을 예측하는 데스풀을 지원하겠다고 제안한다면 대답은 분명할 것이다. 그 데스풀이 아무런 사회적 선을 달성하지 않기 때문에, 정부가 타인의 사망과 불운에 대한 냉담한 무관심과, 더 나아가 잔인한 흥미를 부추길 수는 없다. 이와 같은 도박은 개인적인 차원에서 행해져도 상당히 부도덕하다. 죽음을 놓고 부당한 도박을 벌이는 행위는 인간에 대한 연민과 품위를 잠식하므로 정부는 이를 조장할 것이 아니라 오히려 여기에 제재를 가해야 한다.

테러리즘 선물시장이 도덕적으로 좀 더 복잡해지는 이유는 데스풀과는 달리 선한 일을 한다고 표명하기 때문이다. 최소한 가상의 시나리오에 따르면 테러리즘 선물시장은 귀중한 정보를 이끌어낸다. 이 점에서는 말기환금과 비슷하다. 테러리즘 선물시장과 말기환금이 처한 도덕적 딜레마의 구조는 같다. 죽어가는 사람에게 치료비를 제공하거나 테러리스트들의 공격을 좌절시키는 등 가치 있는 목적을 추구하기 위해서라면, 타인의 사망과 불운으로부터 투자가들이 이익을 얻게 해주고 이에 따르는 도덕적 대가를 치르는 것도 불사해야 할까?

일부는 물론 그렇다고 말한다. 이는 미국 방위고등연구기획국이 프로젝트를 계획하는 데 도움을 준 경제학자들의 대답이었다. "정보라는 이름으로 사람들은 거짓말하고 속이고 훔치고 사람을 죽인다. 그 점과 비교해보면 우리의 제안은 매우 온건했다. 우리는 그저 일부 사람들의 돈을 가져다가 정확한 정보를 제공한 사람에게 주려 한 것뿐이다."[51]

하지만 이 대답은 지나치게 느슨하다. 시장이 규범을 밀어내는 방식을 고려하지 않는다. 상원의원들과 논설의원들이 테러리즘 선물시장을 '비정상적'이라거나 '적대적'이라거나 '기괴하다'고 공공연하게 비난하면서 지적한 것은 타인의 사망을 놓고 도박을 벌여 판돈을 따고 자신의 이익을 위해 그 사람이 죽기를 바라는 도덕적 추악함이었다. 우리 사회에 이러한 현상이 이미 일어나고 있다 하더라도 이를 일상적으로 만드는 제도를 정부가 후원하는 것은 도덕적 부패 행위다.

죽어가는 사람에게 치료비를 제공하거나 테러리스트들의 공격을 좌절시키는 등 가치 있는 목적을 추구하기 위해서라면, 타인의 사망과 불운으로부터 투자가들이 이익을 얻게 해주고 이에 따르는 도덕적 대가를 치르는 것도 불사해야 할까?

어쩌면 절박한 상황에서, 이는 감내할 만한 가치가 있는 도덕적 대가일 수도 있다. 부패에 관한 논쟁이 항상 결정적인 것은 아니기 때문이다. 하지만 그러한 논쟁을 통해 우리는 시장 열광자들이 자주 놓치는 도덕적 사고로 관심을 돌릴 수 있다. 테러리스트 선물시장이 테러리스트의 공격에서 국가를 막아낼 유일한 돌파구이거나 최선의 방법이라고 확신한다면 이러한 시장이 권장하는 대로, 도덕적으로 둔감해진 상태로 살겠다고 결정할지도 모른다. 하지만 이는 악마의 거래일 뿐이며, 따라서 테러리스트 선물시장에 대한 반감을 민감하게 인식하는 것이 중요하다.

죽음에 대한 시장이 친숙한 일상이 된다면 도덕적 비난을 유지하기가 쉽지 않다. 이는 18세기 영국처럼, 생명보험이 투기 수단으로 되어 가고 있는 시기에 염두에 두어야 할 점이다. 오늘날 자신과 아무 관계도 없는 타인의 생명을 놓고 도박을 하는 행위는 더 이상 밀폐된 곳에서 은밀히 오가는 실내 게임이 아니라 주요 산업이 되어가고 있다.

타인의 생명

생명을 연장시켜주는 에이즈 치료약은 건강 면에서는 축복이지만 말기환금 거래 면에서는 저주였다. 투자가들은 자신들이 구매한 생명보험 증권이 기대했던 만큼 조속하게 만기에 이르지 못하고 계속 보험료만 지불하는 꼴이 되었기 때문이다. 사업을 지속하기 위해서, 말기환금 중개인들은 투자하기에 좀 더 믿을 만한 대상을 찾아야 했다. 그들은 암 환자와 불치병을 앓는 환자들을 보고 나서 좀 더 대담한 아이디어를 떠올렸다. 어째서 사업 대상을 질병을 앓는 사람으로 제한해야 하는가? 보험을 만기 전에 현금화하기 원하는 건강한 노인에게 생명보험 증권을 사면 어떨까?

앨런 버거(Alan Buerger)는 새로운 산업을 개척했다. 1990년대 초에는 기업에 청소부 보험을 팔다가, 의회가 청소부 보험에 부여하던 세금 혜택을 축소하자 말기환금으로 사업을 전환할까 고려했다. 하지만 건강하고 부유한 노인들이 더 규모 있고 장래성 있는 시장이라는 생각이 들었다. 버거는 《월스트리트저널》에서 "마치 번개에 맞은 것 같았다."라고 말했다.[52]

2000년, 버거는 65세 이상의 노인들에게 생명보험 증권을 사서 투자가들에게 팔기 시작했다. 이 사업은 기대여명이 더욱 길고 증권 가치가 대부분 100만 달러 이상으로 더 높다는 점을 제외하고는 말기환금 사업과 비슷했다. 투자가들은 생명보험을 더 이상 원하지 않는 사람에게서 보험증권을 사서 보험료를 대신 지불하고, 최초 보험계약자가 죽으면 생명보험금을 탄다. 말기환금에 따라다녔던 오명을 피하기 위해, 이 새로운 사업은 스스로를 '생명보험 전매산업'이라 불렀다. 버거가 운영하는 코벤트리 퍼스트(Coventry First)는 해당 업계에서 가장 성공한 기업에 속한다.[53]

생명보험 전매산업은 '생명보험의 자유시장'이라 자처한다. 과거에는 생명보험 증권을 더 이상 원하지 않거나 필요 없으면 보험료 납입을 중단해서 보험을 자동적으로 실효시키거나 일부 경우에는 보험사에게 소액의 해약환급금을 받고 보험계약을 해지할 수밖에 없었다. 하지만 이제는 자신이 원하지 않는 보험증권을 투자가에게 매각해서 좀 더 많은 현금을 확보할 수 있다.[54]

이는 거래하는 양쪽 모두에게 유리한 협상처럼 들린다. 노인은 더 이상 원하지 않는 생명보험 증권을 후한 가격에 팔고, 투자가는 보험이 만기에 도달하면 보험금을 타기 때문이다. 그러나 생명보험 유통시장은 수많은 논쟁과 소송에 휘말리고 있다.

첫 번째 논쟁은 보험산업의 경제학에서 생긴다. 보험회사는 생명보험 전매를 좋아하지 않는다. 오랫동안 그들은 보험계약자 중 일부는 사망하기 전에 보험을 해지하리라고 추측하고 보험료를 책정했다. 보험계약자들은 자녀들이 성장하고 배우자가 사망하여 더 이상 보험료를 납입하지 않고 보험을 자동적으로 실효시키는 경우가 많기 때문이다.

실제로 전체 생명보험 증권 중 약 40퍼센트는 사망보험금이 지불되지 않는다. 하지만 자신이 보유한 증권을 투자가에게 파는 보험계약자가 많아질수록 실효되는 증권이 줄어들고 보험회사가 지불해야 하는 사망보험금은 늘어날 것이다. 보험료를 계속 지불하고 나중에 사망보험금을 받는 투자가들이 많아지기 때문이다.[55]

생명보험 유통시장에 관한 두 번째 논쟁은 생명을 놓고 도박을 벌이는 도덕적 거북함과 관계가 있다. 말기환금과 마찬가지로 생명보험 전매의 투자 수익률은 최초 보험계약자의 사망 시기에 달려 있다. 2010년 《월스트리트저널》의 보도에 따르면 텍사스 소재 생명보험 회사인 라이프파트너스홀딩스(Life Partners Holdings)는 생명보험 증권을 투자가에게 판 사람들의 기대여명을 체계적으로 과소평가했다. 예를 들어 회사는 아이다호 주에 사는 79세 목장주의 200만 달러 생명보험 증권을 투자가에게 팔면서 그가 앞으로 2~4년밖에 살지 못한다고 말했다. 하지만 목장주는 5년이 훌쩍 넘어 84세가 되어서도 러닝머신을 타고 역기를 들고 통나무를 쪼갤 정도로 건강했다. 그는 "나는 더할 나위 없이 건강해요. 투자가들의 실망이 크겠어요."라고 말했다.[56]

《월스트리트저널》이 보도한 실망스러운 투자의 예는 건강한 목장주의 경우만 있는 것이 아니었다. 라이프파트너스홀딩스가 중개한 보험증권 거래의 95퍼센트에서 피보험자는 회사가 예측한 기대여명을 넘기고 여전히 살아 있었다. 이렇게 사망 시기를 지나치게 '낙관적으로' 예측한 사람은 회사가 고용한 네바다 주 리노에 사는 의사였다. 신문 기사가 나자마자, 텍사스 주 유가증권위원회와 미국증권거래위원회는 라이프파트너스홀딩스의 기대여명 예측 상황을 조사했다.[57]

텍사스 소재의 또 다른 생명보험 전매 회사는 2010년 기대여명을 잘못 예측해서 투자가를 속였다는 이유로 폐쇄되었다. 포트 워스에서 경관으로 근무하다가 은퇴한 샤론 브래디(Sharon Brady)는 한 노인이 보유한 생명보험 증권에 투자하면 16퍼센트의 연 수익률을 기대할 수 있다는 말을 들었다. 브래디는 이렇게 말했다. "회사 사람들이 장부를 꺼내서 사람들의 사진과 나이를 보여주었어요. 각자 어떤 건강 문제가 있고 앞으로 얼마나 살 수 있는지에 대해 설명해주는 의사도 있었어요. 누군가가 죽기를 바라면 안 되지만, 그 사람들이 죽어야 내가 돈을 벌 수 있잖아요. 그러니 이것은 다른 사람이 언제 죽을지를 놓고 도박을 벌이는 거예요."

브래디는 회사의 설명이 약간 이상하다는 생각이 들었다. 투자한 돈에 비해 수익률이 매우 높았기 때문이다. 생명보험 전매는 도덕적으로는 불온하지만 금전적으로는 굉장히 매력적인 제안이었다. 그래서 브래디 부부는 5만 달러를 투자했고 얼마 지나지 않아 회사가 최초 보험 계약자의 기대여명을 지나치게 낙관적으로 추정했다는 사실을 깨달았다. "사람들은 의사들이 우리 부부에게 말한 수명보다 두 배는 오래 살고 있어요."[58]

생명보험 전매산업에서 판매할 생명보험 증권을 찾기 위해 여러 기발한 방법이 사용되었고 이를 둘러싸고도 논쟁이 일었다. 2000년대 중반에 이르러 생명보험 유통시장은 커다란 사업으로 성장했다. 크레디트스위스(Credit Suisse)와 도이치방크(Deutsche Bank) 같은 헤지펀드 및 금융기관들은 수십 억 달러를 투자해서 부유한 노인에게 생명보험 증권을 사들였다. 이러한 보험 증권에 대한 수요가 늘어나자, 일부 중개인들은 보험이 없는 노인에게 돈을 주고 거액의 생명보험을 들게 한 후에 그 증권을 재판매용으로 투자가들에게 넘기기 시작했다. 이렇게 거래되는 증권은 '투기자 주도 증권' 또는 '스핀 생명보험' 증권(spin life policies)이라 불렸다.[59]

2006년 《뉴욕타임스》는 스핀 생명보험 증권시장 규모가 연간 130억 달러에 가까워지고 있다고 추정했다. 신문은 새로운 사업을 유치하기 위한 열풍을 이렇게 서술했다. "수익률이 너무나 좋은 탓에 노인들을 설득하기 위해 생각할 수 있는 온갖 방법들이 동원되고 있다. 플로리다 주에서는 투자가들이 생명보험을 신청할 의향이 있는 노인들에게 유람선 여행을 시켜주고 선상에서 신체검사를 받게 한다."[60]

미네소타 주에 거주하는 82세 노인은 생명보험 회사 일곱 군데에서 1억 2천만 달러 상당의 생명보험 증권을 사서 상당히 많은 이익을 남기고 투자가들에게 팔았다. 보험회사들은 순전히 투기 목적으로 생명보험을 거래하는 행위는 재정적 파탄에서 가족을 보호한다는 생명보험의 근본적인 목적을 위배하고, 스핀 생명보험 증권은 결국 합법적인 고객의 보험료를 끌어올리는 결과를 낳을 것이라고 비난하며 부당함을 호소했다.[61]

스핀 생명보험 증권 거래를 둘러싸고 결국 법정까지 가는 경우도 많다. 일부 사례에서 보험회사는 투자가들에게 피보험 이익이 없다고 주장하면서 사망보험금 지불을 거부했다. 나름대로 생명보험 전매회사는, 업계 거물기업인 아메리칸인터내셔널그룹(American International Group, AIG)을 포함한 다수의 보험회사가 스핀 생명보험 사업과 높은 보험료를 환영했으면서도 정작 보험금을 지불할 때만 불평한다고 주장했다. 투자가들에게 재판매할 의도로 자신에게 생명보험을 가입하게 했던 중개인을 상대로 노인들도 소송을 제기했다.[62]

불만이 가득한 스핀 생명보험 거래고객으로 텔레비전 토크쇼 진행자였던 래리 킹(Larry King)이 있다. 그는 액면가 총액이 1500만 달러에 달하는 생명보험 두 건을 샀다가 즉시 팔았다. 킹은 사고파는 수고를 한 대가로 140만 달러를 받았지만, 중개인이 수수료·요금·세금 문제에 대해 자신을 속였다고 주장하면서 소송을 제기했다. 또한 킹은 자신의 사망에 대해 재정적 이익을 취할 사람이 누구인지 알아낼 수 없었다고 항의했다. 킹의 변호사는 "그 돈의 주인이 월스트리트 헤지펀드인지 마피아 거물인지 알 수 없다."라고 말했다.[63]

보험회사와 생명보험 전매산업 간의 싸움은 주 의회를 배경으로 전국적으로 벌어졌다. 2007년 골드만삭스(Goldman Sachs), 크레디트스위스, UBS, 베어스턴스(Bear Stearns)를 비롯한 여러 은행은 생명보험 전매산업을 육성하는 동시에 이를 제한하려는 움직임에 반대하는 로비활동을 벌일 목적으로 생명보험시장연합회(Institutional Life Markets Association)를 결성했다. 연합회의 사명은 "수명과 사망에 관련된 시장에 혁신적인 자본시장 해결책"을 마련하는 것이었다.[64] 이는 사망을 놓고 도박을 벌이는 시장을 점잖게 일컬은 표현이었다.

2009년까지 미국 대부분의 주는 스핀 생명보험이나 나중에 명칭이 생긴 '제3자 가입 생명보험(STOLI)'을 금지하는 법을 제정했다. 하지만 투자가들의 사주를 받지 않고 스스로 생명보험에 가입했던 환자나 노인에게 생명보험 증권을 사서 거래할 수 있는 권한은 중개인에게 계속 허용했다. 생명보험 전매회사는 더 이상의 규제를 차단하기 위해, 업계가 지지하는 '제3자 소유 생명보험'과 업계가 반대하는 '제3자 가입 생명보험'을 엄격하게 구분했다.[65]

도덕적 측면에서 보면 두 보험의 차이는 크지 않다. 투자가들이 노인들을 꼬드겨 생명보험을 산 다음 빨리 이익을 보기 위해 되파는 행위는 특히 저속하다. 이러한 행위는 가장이나 회사 중역의 사망으로 인해 가정과 기업이 재정적으로 파탄을 맞는 상황을 대비하려는 생명보험의 정당한 목적과 확실히 상충된다. 하지만 모든 생명보험 전매에는 이렇게 불미스러운 측면이 있다. 타인의 생명을 놓고 투기를 하는 행위는 보험증권이 어떻게 발생했든 상관없이 도덕적으로 의심스럽다.

생명보험 전매산업의 대변인인 더그 헤드(Doug Head)는 플로리다 주에서 열렸던 보험 공청회에서 본인 명의의 생명보험을 투자가에게 팔 수 있도록 허용한 정책은 "재산권의 옹호이자 경쟁과 자유시장 경제학의 승리를 뜻한다."고 주장했다. 합법적인 피보험 이익을 소유한 사람이 일단 증권을 사면 가장 높은 가격을 제시하는 사람에게 증권을 자유롭게 팔 수 있어야 한다. "'제3자 소유 생명보험'은 자신의 생명보험 증권을 개방된 시장에서 팔 수 있는 증권 소유주의 근본적인 재산권 행사의 자연스러운 부산물이다." 헤드의 주장대로라면, 제3자가 가입하거나 주도한 정책은 다르다. 정책을 주도한 투자가에게는 피보험 이익이 없기 때문에 불법이다.[66]

하지만 이러한 주장은 설득력이 없다. 두 가지 경우 모두 결국 증권을 소유하게 되는 투자가는 사망하면 사망보험금이 나오는 노인에 대해 아무런 피보험 이익이 없다. 타인의 조속한 사망에 대해 도박을 거는 것은 두 경우 모두 마찬가지다. 헤드가 주장했듯이 우리에게 자기 명의의 생명보험을 사고팔 근본적인 권리가 있다면 우리가 주도적으로 이 권리를 행사하든 타인의 제안을 따라 행사하든 상관없지 않을까? 생명보험 전매의 장점이 보험계약자가 이미 소유한 보험 증권의 현금 가치를 개방하는 것이라면, 스핀 생명보험 증권의 장점은 말년의 '현금 가치를 개방'하는 것이다. 어느 쪽이든 타인은 최초 보험계약자의 사망에서 이익을 얻고, 최초 보험계약자는 자신을 그 상황에 놓는 대가로 약간의 돈을 받는다.

사망 채권

점점 성장하는 죽음을 사고파는 시장에 유일하게 남은 한 단계는 바로 월스트리트에 의한 금융증권화다. 2009년 《뉴욕타임스》의 보도에 따르면, 월스트리트 투자 은행들은 보험 증권을 사들여 채권으로 묶은 다음에 연금 기금이나 기타 거대 투자가에게 재판매할 계획을 세웠다. 채권은 최초 보험계약자의 사망으로 만기에 이르러 지불되는 사망보험금에서 수입을 만들어낸다. 월스트리트는 지난 수십 년 동안 주택저당에 실행해왔던 과정을 이제 '죽음'에도 되풀이하려는 것이다.[67]

《뉴욕타임스》에 따르면 "골드만삭스는 최초 보험계약자가 기대여명보다 오래 살지, 아니면 계획보다 빨리 사망할지를 놓고 투자가가 도박을 벌일 수 있도록 생명보험 전매의 거래가능 지수를 개발하고 있다." 그리고 크레디트스위스는 "월스트리트 기업이 비우량 주택담보대출 증권을 다룰 때와 똑같은 방식으로 생명보험 증권을 다량으로 매입해서 채권으로 묶은 후에 재판매하는 금융 조립라인"을 만들고 있다. 미국에 존재하는 생명보험 증권의 총액은 26조 달러에 달하며, 늘어나는 생명보험 전매의 거래, 즉 사망 시장은 주택저당증권 시장이 붕괴하면서 파생된 수입 감소를 상쇄할 새로운 금융상품이라는 희망을 주고 있다.[68]

일부 등급평가 회사들이 의혹을 제기하고는 있지만 최소한 한 군데는 위험을 최소화한 생명보험 전매를 바탕으로 채권을 만들 수 있으리라 믿고 있다. 주택저당증권이 전국 여러 지역에서 받는 대출을 묶는 것처럼, 생명보험 전매를 통해 형성된 채권도 "백혈병·폐암·심장병·유방암·당뇨병·알츠하이머 같은 질병을 앓는" 사람들의 증권을 묶을 수 있을 것이다. 질병에 대한 위험분산형 포트폴리오가 채권을 뒷받침하고 있으므로 어느 한 질병의 치료법이 발견되더라도 채권 가격이 폭락하지는 않을 것이기 때문에 투자가들은 안심할 수 있을 것이다.[69]

복잡한 금융 거래로 2008년 금융위기의 발생에 일조한 거대 보험기업 AIG 또한 여기에 흥미를 보이고 있다. AIG는 보험회사로서 생명보험 전매산업에 반대해왔고 이에 대항해 법정에서 다투어왔다. 하지만 현재 시장에 나와 있는 생명보험 전매용 증권 450억 달러 가운데 180억 달러를 조용히 사들였고 지금은 이들을 증권으로 묶어서 채권으로 판매하려 한다.[70]

그렇다면 사망 채권의 도덕적 위치는 어디일까? 몇 가지 측면에서 볼 때 사망 채권은 그 기저를 이루는, 죽음을 놓고 벌이는 도박과 비슷하다. 인간의 생명에 대해 도박을 벌여서 죽음으로부터 이익을 챙기는 행위가 도덕적으로 불미스럽다면, 사망 채권에도 앞에서 살펴보았던 다양한 관행, 즉 청소부 보험·말기환금·데스풀·순수하게 투기적 성격의 생명보험 거래와 똑같은 결점이 있다. 사망 채권에는 익명성과 추상성이 있으므로 도덕적 민감성이 잠식당하는 현상을 어느 정도 줄일 수 있다는 주장이 나올 수 있다. 일단 생명보험 증권을 거대한 패키지로 묶고 썰고 쪼개서 연금기금과 대학기부금 펀드로 판매한다면, 어떤 투자가도 특정 개인의 사망으로 근원적인 이익을 얻지는 않는다. 국가의 보건정책, 환경 기준, 식습관과 운동습관의 향상으로 건강이 좋아지고 수명이 늘어나면 의문의 여지없이 사망 채권 가격은 떨어질 것이다. 하지만 이러한 가능성에 거슬러서 도박을 하는 편이 에이즈에 걸린 뉴욕 사람이나 아이다호 주에 거주하는 목장주가 죽을 날을 손꼽아 기다리고 있는 것보다는 덜 괴로울 것 같다. 과연 그럴까?

때로 우리는 시장이 제공하는 사회적 선을 위해서라면 도덕성을 잠식하는 시장 관행을 감내하겠다고 결정한다. 생명보험은 이런 식의 타협으로 시작되었다. 예기치 못한 죽음으로 생겨날 수 있는 재정적 위험에 대해서 가족과 사업체를 보호하기 위해, 사회는 지난 두 세기 넘게 한 개인의 생명에 피보험 이익을 가진 사람들이 사망을 놓고 도박을 벌이도록 허용해야 한다고 마지못해 결론 내렸던 것이다. 하지만 투기를 향한 유혹을 억제하기는 어려웠다.

오늘날 삶과 죽음을 이용해 성장한 거대 시장이 입증하듯, 보험을 도박에서 해방시키려는 치열한 노력은 이루어지지 않았다. 월스트리트가 사망 채권 거래를 성사시키려고 준비하고 있을 때, 우리는 제재를 받지 않고 도박을 벌였던 런던 로이즈 커피하우스의 도덕적 세계로 돌아가고 있는 것이다. 다만 오늘날 타인의 죽음과 불운을 놓고 도박을 벌이는 행위가 상대적으로 별나고 이상해 보일 뿐이다.

5

명명권

NAMING
RIGHTS

20세기까지만 해도 야구경기장은 기업 임원과 블루칼라 노동자가 나란히 앉아 경기를 관람하고, 핫도그나 맥주를 사기 위해 똑같이 줄을 서며, 비가 오면 부자나 가난한 사람이나 가리지 않고 젖는 곳이었다. 하지만 경기장 높이 자리한 스카이박스가 등장하면서 부자와 특권 계층은 아래의 일반 관람석에 앉는 보통 사람들과 분리되었다. 비싼 입장료를 받는 스카이박스는 야구장의 훌륭한 수입원이 되고 이를 이용하는 관객도 만족스런 서비스를 받을 수 있으니 장려해야 할 제도일까? 세대와 계층 간의 차이를 뛰어넘어 같은 팀을 함께 응원하던 공감대와 연대의 가치는 변질되어도 괜찮을까?

WHAT
MONEY
CAN'T BUY

미니애폴리스에서 성장한 나는 열광적인 야구팬이었다. 내 홈팀인 미네소타 트윈스는 메트로폴리탄 스타디움에서 홈경기를 치렀다. 내가 열두 살이었던 1965년, 홈경기장에서 가장 좋은 좌석은 3달러였고 외야석은 1.5달러였다. 트윈스는 그 해에 월드시리즈에 진출했고 그때 아버지와 함께 관전했던 시리즈 7차전의 입장권을 나는 아직도 간직하고 있다. 우리 부자는 본루와 3루 사이 세 번째 층에 앉았다. 입장권 가격은 8달러였다. 나는 다저스의 위대한 투수 샌디 코팩스(Sandy Koufax)가 트윈스를 무찌르고 다저스에게 우승을 안겨주는 장면을 비통한 마음으로 지켜보아야 했다.

당시 트윈스의 스타 선수는 역대 최고 홈런 타자 중 한 명이자 현재 야구 명예의 전당에 헌액되어 있는 하몬 킬브루(Harmon Killebrew)였다. 그는 전성기에 연간 12만 달러를 벌었다. 당시는 프리에이전트(free agent, 일정 기간 자신이 속한 팀에서 활동한 뒤 다른 팀과 자유롭게 계약을 맺어 이적할 수 있는 자유계약선수 또는 그 제도-옮긴이) 제도가 도입되기 전이었기 때문에 활동하는 내내 선수에 대한 모든 권리는 팀이 쥐고 있었다. 따라서 선수들에게는 봉급을 협상할 힘이 거의 없었다. 소속된 팀을 위해 경기를 뛰거나, 그렇지 않으면 경기에 전혀 출전할 수 없었다. 이러한 체제는 1975년에 바뀌었다.[1]

그때 이후로 야구 사업은 많은 변화를 겪었다. 현재 미네소타 트윈스의 스타 선수는 조 마우어(Joe Mauer)로 얼마 전 1억 8400만 달러에 8년 계약을 맺었다. 이는 연봉 2300만 달러에 해당하므로 마우어가 매 경기마다(실제로는 7회전까지) 벌어들이는 돈은 킬브루가 한 시즌에 벌었던 금액보다 많다.[2]

충분히 예측할 수 있듯이 야구장 입장권 가격이 치솟았다. 요즘 트윈스 경기의 박스석은 72달러고 가장 싼 좌석은 11달러다. 그래도 트윈스 경기의 입장권은 상대적으로 싼 편이다. 뉴욕 양키스는 박스석에 260달러, 외야석이면서 시야가 가려지는 좌석에 12달러를 받는다. 과거에는 들어보지 못했던 기업비즈니스용 공간(corporate suites)과 럭셔리 스카이박스(luxury skyboxes)는 이보다 훨씬 비싸서 팀에 커다란 수입원이 되고 있다.[3]

야구경기에서 바뀐 것은 이뿐만이 아니다. 아메리칸리그에서 투수가 타석에서 야구방망이를 휘두르는 수고를 면하게 해주어 많은 논란을 빚고 있는 지명타자 제도를 말하려는 것이 아니다. 이 장에서는 점차 커져가는 시장의 역할, 상업주의, 현대 사회생활을 이끄는 경제적 사고방식이 야구에 반영되어 어떤 변화를 일으켰는지 살펴보려 한다. 19세기 말에 출범한 이후로 프로야구는 언제나 비즈니스의 하나였고 적어도 부분적으로는 그랬다. 하지만 지난 30여 년 동안 시장에 열광하는 현상은 미국 전역의 오락활동에도 흔적을 남겼다.

사인의 거래

스포츠 관련 수집품 사업을 생각해보자. 오랜 세월 동안 젊은 팬들은 사인을 받으려고 떠들썩하게 열성적으로 야구선수들을 쫓아다녔다. 친절한 선수는 경기가 시작되기 전에 선수 대기실 근처에서, 때로는 경기를 마치고 경기장을 떠나면서 득점 기록카드나 야구공에 사인을 해주곤 했다. 요즘에는 순수하게 사인을 받기 위해 밀치락달치락 모여들던 관행이, 중개인·도매업자·야구팀이 주무르는 10억 달러 규모의 수집품 사업으로 변모하고 있다.

열다섯 살이 되던 1968년에 사인을 받았던 기억이 가장 생생하게 떠오른다. 당시에 우리 가족은 미니애폴리스를 떠나 로스앤젤레스로 이사했다. 그해 겨울 나는 캘리포니아 라코스타에서 열린 자선골프대회에서 사이드라인 바깥쪽을 서성이며 경기를 관람했다. 역대 최고의 야구선수 몇 명이 그 대회에 출전했고 그들 대부분은 다음 홀로 이동하는 사이에 흔쾌히 사인을 해주었다. 야구공과 마커를 가져갈 만한 선견지명이 없었던 내게 있는 것이라고는 자그마한 카드 뭉치뿐이었다. 선수들은 만년필을 사용하거나 골프 점수를 기록하는 자그마한 연필을 사용해서 사인을 해주었다. 나는 사인을 받은 카드 뭉치를 보물단지처럼 가슴에 안고, 샌디 코팩스·윌리 메이스(Willie Mays)·미키 맨틀(Mickey Mantle)·조 디마지오(Joe DiMaggio)·밥 펠러(Bob Feller)·재키 로빈슨

(Jackie Robinson), 그리고 하몬 킬브루 등 내 어린 시절의 영웅들과 예전에 활약했던 전설적인 선수들을 짧게나마 만났다는 짜릿한 흥분을 감추지 못한 채 자리를 떴다.

나는 그때 받은 사인을 팔겠다는 생각은 하지 못했고 심지어 사인이 시장에서 거래되리라고도 생각하지 못했다. 나는 여태껏 모은 야구카드와 함께 사인도 아직까지 간직하고 있다. 하지만 1980년대에 들어서면서 운동선수의 사인과 물건은 사고팔 수 있는 재화로 여겨졌고 점점 늘어나는 수집가·중개인·딜러들의 손을 거치며 거래되었다.[4]

야구 스타들은 인기도에 따라 서로 다른 수수료를 받고 사인을 하기 시작했다. 명예의 전당 투수 밥 펠러는 1986년 수집가 전람회에서 자신의 사인을 장당 2달러에 팔았다. 3년 후 조 디마지오는 장당 20달러, 윌리 메이스는 10~12달러, 테드 윌리엄스(Ted Williams)는 15달러에 사인을 팔았다. 펠러의 사인 가격은 1990년대 들어서면서 10달러로 올랐다. 이들처럼 은퇴한 야구 명사들은 선수들이 거액의 연봉을 받기 이전 시대에 활동했기 때문에, 돈을 벌 기회가 왔을 때 이를 이용했다는 이유로 그들을 책망하기는 힘들다. 하지만 한창 활약하고 있던 선수들도 사인 판매 대열에 합세했다. 당시에 보스턴 레드삭스의 스타 투수 로저 클레멘스(Roger Clemens)는 사인 한 장당 8.50달러를 받았다. 다저스 투수 오렐 허샤이저(Orel Hershiser)를 포함한 일부 선수들은 그와 같은 관행에 반감을 품었다. 야구 전통주의자들은 베이브 루스(Babe Ruth)가 언제나 무료로 사인해주었던 일을 기억하면서 돈을 받고 사인해주는 관행을 한탄했다.[5]

그러나 이때만 해도 스포츠 관련 수집품 시장은 아직 초기 단계에 머물러 있었다. 1990년 《스포츠일러스트레이티드(Sports Illustrated)》는 오래된 사인 수집 관행이 어떻게 변질되었는지 묘사하는 기사를 실었다. "새로운 사인 수집가 무리"는 "무례하고, 끈질기고, 사인으로 돈을 벌려는 의욕에 넘쳐서" 호텔로 음식점으로 심지어는 집에까지 찾아가서 선수들에게 사인해달라고 졸랐다.

> 과거의 사인 사냥꾼들은 자신들의 영웅에 매료된 아이들이었지만 요즈음 사인을 받으려는 무리에는 수집가·딜러·투자가 등도 있다. …… 페이긴(Fagin, 찰스 디킨스의 『올리버 트위스트』에 등장하는 인물로 어린이를 소매치기·도둑질의 앞잡이로 만드는 나쁜 노인 – 옮긴이)과 그를 따르는 세상에 닳고 닳은 꼬마들처럼, 딜러들은 종종 아이들과 함께 일하면서 사인을 모아 판매한다. 투자가들은 역사적으로 중요한 공예품이나 순수 예술작품처럼 래리 버드(Larry Bird), 마이클 조던(Michael Jordan), 돈 매팅리(Don Mattingly), 호세 칸세코(Jose Canseco)의 사인도 시간이 흐르면 그 가치가 높아질 것이라 전제하고 사인을 매입한다.[6]

1990년대 들어서면서 중개인들은 야구선수들에게 돈을 주고 수천 개의 야구공, 야구방망이, 유니폼 및 기타 물품에 사인하게 했다. 그러면 딜러들은 대량 생산된 수집품을 카탈로그 회사, 케이블 텔레비전 채널, 소매상점을 통해 판매했다. 1992년 미키 맨틀(Mickey Mantle)은 직접 사인회에 참석하여 야구공 2만 개에 사인하고 275만 달러를 벌어들였다. 이 금액은 그가 양키스에서 활동한 내내 벌어들인 수입보다 많았다.[7]

경기에 실제로 사용되었던 물건에는 최대 가격이 붙었다. 1998년 마크 맥과이어(Mark McGwire)가 시즌 최다 홈런 기록을 세우자 수집품 열풍이 거세게 불었다. 맥과이어가 기록을 세운 70번째 홈런공을 잡은 팬은 그 공을 경매에서 300만 달러에 팔아 역대 스포츠 수집품 중 최고가를 기록했다.[8]

야구 기념품이 상품화되면서 팬과 경기의 관계, 팬 사이의 관계가 변했다. 맥과이어가 예전 기록을 깨면서 시즌 62번째 홈런을 치자, 그 공을 잡은 팀 포너리스(Tim Forneris)라는 팬은 공을 팔지 않고 "맥과이어 씨, 이 공은 당신 것입니다."라고 말하면서 즉시 맥과이어에게 건네주었다.[9]

야구공의 시장가치가 워낙 컸으므로 포너리스의 이처럼 너그러운 행동을 보도하는 기사가 쏟아졌다. 대부분은 그러한 행동을 칭찬했지만 비판하는 기사도 있었다. 스타디움에서 파트타임 구장관리인으로 일하는 스물두 살의 청년 포너리스는 그 일을 계기로 디즈니월드 행렬에 초대 받았고, 데이비드 레터맨이 진행하는 토크쇼에 출연했으며, 백악관에 초청 받아 클린턴 대통령을 만났다. 초등학교에 가서 올바른 행동에 관해 아이들에게 강연도 했다. 하지만 이렇듯 찬사가 쏟아지는 와중에도 한 개인금융 칼럼니스트는《타임》에 글을 실어 공을 선수에게 넘겨준 결정은 "우리 모두가 저지르는 개인금융 죄"라고 묘사하며 포너리스의 경솔함을 비판했다. 일단 포너리스가 "공을 잡았다면 그것은 그의 공"이라고 칼럼니스트는 주장했다. 자신이 잡은 공을 맥과이어에게 되돌려준 것은 "우리 대부분이 일상생활의 돈 문제에 있어서 중대한 실수를 저지르게 만드는 태도"의 전형적인 예라고 강조했다.[10]

여기 시장이 규범을 변질시키는 과정을 보여주는 또 하나의 사례가 있다. 기록을 세운 야구공을 거래 가능한 상품으로 보기 시작하면 그 공을 친 선수에게 공을 돌려주는 것은 더 이상 단순히 품위 있는 행위로만 비치지는 않는다. 그것은 너그러움을 나타내려는 영웅주의적 행위이거나 아니면 자기 소유물을 어리석게 낭비하는 행위다.

3년이 지나 배리 본즈(Barry Bonds)가 한 시즌에 홈런 73개를 치면서 맥과이어의 기록을 깼다. 관람석에서는 73번째 홈런공을 잡기 위한 추한 싸움이 벌어졌고 결국 기나긴 법적 논쟁으로 이어졌다. 홈런공을 잡은 팬이 그 공을 잡으려고 몰려든 사람들 무리에 떠밀려 바닥에 넘어졌던 것이다. 공은 그 사람의 글러브에서 미끄러져 나가서 근처에 서 있던 다른 사람의 수중에 들어갔다. 두 사람 모두 그 공이 합법적으로 자기 소유라고 주장했다. 이러한 다툼은 몇 개월에 걸친 법적 공방으로 확대되었고 결국 야구공 소유권의 구성요소를 정의하기 위해 법원이 임명한 법학 교수들과 변호사 여섯 명이 출석한 가운데 재판이 열렸다. 판사는 소유권을 주장하는 두 사람에게 공을 팔아 수익을 나누라고 판결했다. 공은 45만 달러에 팔렸다.[11]

오늘날 수집품의 시장 거래는 경기의 일상적인 부분이다. 부러진 야구방망이와 경기에서 사용한 공처럼 메이저리그 야구경기의 폐기물조차도 열광적인 구매자에게 팔린다. 실제로 경기에서 사용했던 물건이라는 사실을 수집가와 투자가에게 보증하기 위해 요사이 모든 메이저리그 경기에는 한 명 이상의 공식 '인증자(authenticator)'가 근무한다. 첨단기술로 제작한 홀로그램 스티커를 잔뜩 구비한 인증자들은 수십억 달러 규모의 수집품 시장에 나갈 야구공, 야구방망이, 베이스, 유니폼, 라인업 카드(line-up card, 선발 선수 명단을 적은 종이 – 옮긴이)를 비롯한 기타 물건이 진품이라는 사실을 기록하고 보증한다.[12]

2011년 데릭 지터(Derek Jeter)가 기록한 3천 번째 안타는 수집품 산업에서 엄청난 횡재거리였다. 양키스 소속의 유명한 유격수인 지터는 한 수집가와 계약을 맺고 나서 대기록을 세운 다음날, 약 천 개의 기념 야구공·야구방망이·사진에 사인했다. 사인한 공의 판매고는 699.99달러, 야구방망이의 판매고는 1099.99달러에 이르렀다. 수집가들은 지터가 밟았던 흙까지도 팔았다. 지터가 3천 번째 안타를 쳤던 경기가 끝나자 한 구장관리인이 지터가 서 있던 타자석과 유격수 자리에서 흙 20리터를 모았다. '신성한 흙'은 통에 담겨 밀봉되고 인증자의 홀로그램을 부착한 후에 팬과 수집가에게 조금씩 나누어 판매되었다. 과거 양키 스타디움(Yankee Stadium)을 부쉈을 때도 그곳에 있던 흙이 수집되어 거래되었다. 한 수집품 회사는 양키 스타디움에 있던 흙을 1천만 달러어치 이상 팔았다고 주장했다.[13]

칭송할 만한 업적과는 거리가 먼 기록을 이용하여 돈을 버는 선수들도 있다. 역대 안타 제조기였지만 경기를 놓고 도박을 벌인 행위가 발각되어 야구계에서 추방된 피트 로즈(Peter Rose)는 웹사이트를 열어 자신의 제명과 관련한 수집품을 팔고 있다. 배송비를 포함해 299달러를 지불하면 로즈가 사인하고 "야구로 도박을 해서 죄송합니다."라는 사과문을 인쇄한 야구공을 살 수 있다. 500달러를 지불하면 로즈를 야구계에서 제명시키겠다고 명시된 서류의 복사본에 로즈의 사인을 받을 수 있다.[14]

어떤 선수들은 이보다 훨씬 색다른 물건을 팔려고 시도했다. 2002년

애리조나 다이아몬드백스의 외야수 루이스 곤살레스(Luis Gonzalez)는 자신이 씹었던 껌 한 덩어리를 자선기금에 쓰겠다는 명분을 걸고 1만 달러의 가격을 붙여 온라인 경매에 내놓았다. 시애틀 매리너스의 투수 제프 넬슨(Jeff Nelson)은 팔꿈치 수술을 받고 나서 자신의 팔꿈치에서 나온 뼛조각을 이베이(eBay)의 경매에 올렸다. 입찰가는 2만 3600달러까지 올라갔지만, 이베이 측이 인간 신체의 일부는 판매할 수 없다는 규정을 내세우면서 경매를 중지시켰다. 해당 기사는 인증자가 수술에 입회했는지 여부는 보도하지 않았다.[15]

경기 이름

거래 대상은 운동선수의 사인과 물건만이 아니다. 야구장 이름 또한 거래된다. 양키 스타디움이나 펜웨이 파크(Fenway Park)처럼 역사적인 이름을 그대로 사용하는 야구장이 있기는 하지만, 요즘 메이저리그 소속 팀 대부분은 최고 가격을 제시하는 입찰자에게 명명권을 팔고 있다. 은행, 에너지 회사, 항공사, 기술 기업을 비롯한 여러 회사들은 최고 수준의 프로 경기가 펼쳐지는 경기장을 자사 이름으로 장식하여 두각을 나타내기 위해 엄청난 돈을 선뜻 지불한다.[16]

시카고 화이트삭스는 초기 팀 소유주의 이름을 딴 코미스키 파크(Comiskey Park)에서 81년 동안 경기를 펼쳤다. 하지만 지금은 이동통신업체의 이름을 딴 U.S. 셀룰러 필드(U.S. Cellular Field)라는 널찍한 스타디움에서 경기를 한다. 샌디에이고 패드리스는 애견용품 공급회사의 이름을 딴 펫코 파크(Petco Park)에서 경기한다. 내가 오랫동안 좋아해온 미네소타 트윈스는 미니애폴리스에 본사를 둔 거대 소매기업이 후원하는 타깃 필드(Target Field)에서 경기한다. 이 기업의 이름은 미네소타 팀버울브스가 경기하는 근처 농구장 타깃 센터(Target Center)에도 붙어 있다. 스포츠 역사상 최대 금액이 오간 명명권 계약의 하나로, 금융회사인 시티그룹(Citigroup)은 2006년 말 뉴욕메츠의 새 야구장을 20년 동안 시티 필드(Citi Field)로 명명할 권리를 4억 달러에 구입했다. 하지만 메츠가 스타디움에서 첫 경기를 펼쳤던 2009년에 금융위기가 불어닥치는 바람에 후원 계약에 어두운 그림자가 드리워졌고 지금은 시티그룹이 납세자의 구제금융에서 지원을 받고 있어 비판가들의 원성을 사고 있다.[17]

미식축구장 또한 후원 기업들에게 매력적인 투자 대상이다. 뉴잉글랜드 패트리어츠는 질렛 스타디움(Gillette Stadium)에서, 워싱턴 레드스킨스는 페덱스 필드(FedEx Field)에서 경기한다. 메르세데스 벤츠(Mercedes-Benz)는 최근에 세인츠의 홈구장인 뉴올리언스에 있는 슈퍼돔(Superdome)의 명명권을 샀다. 2011년까지 전미미식축구연맹(National Football League)에 속한 32개 팀 중 22개 팀이 후원 기업의 이름을 딴 경기장에서 경기를 펼치고 있다.[18]

경기장 명명권의 거래가 매우 흔하게 이루어지고 있기 때문에 최근 이러한 관행이 어떻게 유행하게 되었는지 잊기 쉽다. 명명권 거래는 야구선수들이 자신의 사인을 팔기 시작한 시기와 거의 비슷하게 생겨났다. 1988년에는 세 군데의 경기장에서만 명명권의 거래가 이루어졌고 거래 총액도 2500만 달러에 불과했다. 2004년에 이르자 거래는 66건으로, 총 36억 달러에 이르렀다. 이 수치는 프로야구·미식축구·농구·

하키 경기가 열리는 모든 경기장의 절반 이상에 해당한다. 2010년까지 100여 개 이상의 기업이 빅리그가 열리는 경기장의 명명권을 구입했다. 2011년 마스터카드(MasterCard)는 베이징올림픽 농구 경기장의 명명권을 샀다.[19]

기업의 명명권 행사는 경기장 정문에 간판을 부착하는 것으로 끝나지 않는다. 명명권은 아나운서가 경기 현황을 중계할 때 사용하는 언어에도 영향을 미친다. 뱅크원(Bank One)이 애리조나 다이아몬드백스가 경기하는 뱅크원 볼파크(Bank One Ballpark)의 명명권을 구매하며 맺은 계약에는 애리조나 팀이 홈런을 칠 때마다 아나운서가 "뱅크원 홈런이네요(Bank One Blast)."라고 말해야 한다는 조건이 붙었다. 대부분의 팀에서는 아직 홈런에까지 후원기업의 이름을 붙이지는 않는다. 하지만 투수 교체의 명명권을 파는 팀은 있다. 새 투수를 투입하기 위해 감독이 마운드로 나갈 때 아나운서는 계약조건에 따라 "AT&T가 구원투수를 투입합니다."라고 중계해야 한다.[20]

심지어 요즘은 선수가 홈으로 슬라이딩하는 것도 기업이 후원한다. 뉴욕생명보험(New York Life Insurance Company)은 메이저리그 야구팀 10군데와 계약을 맺어 선수가 안전하게 베이스로 슬라이딩할 때마다 기업 광고가 나오게 했다. 예를 들어, 홈플레이트에 슬라이딩한 주자에게 심판이 세이프를 외치면 텔레비전 화면에 기업 로고가 뜨고 중계 아나운서는 반드시 "세이프입니다. 안전하게 들어왔습니다. 뉴욕생명."이라고 말해야 한다. 이것은 이닝 사이에 광고 문구를 방송하는 것이 아니라 경기 자체를 기업 후원으로 중계하는 방법이다. 뉴욕생명보험의 부사장이자 광고 담당 이사는 이렇게 설명한다. "광고 문구는 야구경기 속으로 자연스럽게 통합된다. 이는 자신이 좋아하는 선수가 베이스에 안전하게 들어오기를 응원하는 팬에게, 미국 최대 상호 생명보험사와 거래하면 안전하고 안심할 수 있다는 사실을 각인시킬 수 있는 좋은 방법이다."[21]

2011년 메릴랜드의 마이너리그 야구팀 헤이거스타운 선즈는 경기의 최후 전선에까지 기업 후원을 끌어들였다. 타석에 들어선 선수에 대한 명명권을 지역 공공기업에 팔았던 것이다. 팀 최고 타자로 메이저리그에 진출할 전망이 밝은 브라이스 하퍼(Bryce Harper)가 타석에 들어설 때마다 아나운서는 "미스유틸리티(Miss Utility)가 후원하는 브라이스 하퍼가 타석에 들어섭니다. 땅을 파기 전에 반드시 811에 전화하세요."라고 말했다. 기업은 이처럼 밑도 끝도 없는 광고 문구로 대체 무엇을 의도했을까? 그렇게 광고하면 지하 배관과 케이블을 훼손할 수도 있는 공사를 계획하고 있는 사람들의 주의를 끌 수 있다고 믿었을 것이다. 이 회사의 마케팅 이사는 "브라이스 하퍼가 타자석의 땅을 발로 파기 전에 팬들에게 그러한 광고 문구를 전달하는 것은, 굴착공사에 착수하기 전에 반드시 미스유틸리티에 공사 사실을 알려야 한다고 상기시킬 수 있는 훌륭한 방법이다."라고 설명했다.[22]

아직 선수들의 명명권까지 판매하는 메이저리그 팀은 없다. 하지만 2004년, 메이저리그는 베이스의 광고권을 팔려고 시도한 적이 있다. 콜롬비아 픽처스(Columbia Pictures)와 홍보 계약을 맺고 개봉을 앞둔

> 기업은 메이저리그 경기가 펼쳐지는 경기장을 자사 이름으로 장식하기 위해 엄청난 돈을 지불한다. 심지어 선수가 홈으로 슬라이딩하는 것도 기업의 후원을 받는다. 뉴욕 생명보험과 계약을 맺은 경기장에서는 심판이 세이프를 외치면 "세이프입니다. 안전하게 들어왔습니다. 뉴욕생명."이라고 중계 방송해야 한다.

영화 〈스파이더맨 2〉의 로고를 6월 중 사흘 동안 모든 메이저리그 소속 야구장의 1, 2, 3루에 새기는 데 동의했던 것이다. 단 홈플레이트에는 로고를 새기지 않기로 했다. 하지만 이내 대중들의 반대가 빗발치는 바람에 새로운 계획은 무산되었다. 상업화로 인해 야구경기가 어수선해지기는 했지만, 베이스만은 아직 신성하다.[23]

스카이박스

미국 생활에서 벌어지는 대부분의 활동과는 달리 야구·미식축구·농구·하키 등의 운동경기는 사회구성원을 결속하고 시민에게 자부심을 부여하는 원천이다. 뉴욕에 있는 양키 스타디움부터 샌프란시스코에 있는 캔들스틱 파크(Candlestick Park)에 이르기까지 스포츠 경기장은 시민 종교의 대성당이자 각양각층의 사람들이 한데 모여 상실과 희망을 공유하고, 신성 모독적 의식을 치르기도 하고 기도를 하기도 하는 공공장소다.[24]

하지만 프로 스포츠가 시민 정체성의 원천이기만 한 것은 아니다. 동시에 이익창출의 근원, 즉 사업이기도 하다. 최근 수십 년 동안 스포츠계에서는 돈이 공동체 의식을 밀어내고 있다. 명명권과 기업 후원 때문에 홈팀을 응원하는 경험이 변질되고 있다고 말한다면 과장일 것이다. 하지만 시민 명소의 이름을 바꾸는 행위는 곧 그 장소의 의미도 바꾼다. 그래서 디트로이트 팬들은 팀 이름을 땄던 타이거 스타디움(Tiger Stadium)이 은행 이름을 딴 코메리카 파크(Comerica Park)로 바뀌었을 때 애통해 했던 것이다. 또한 덴버 브롱코스 팬들은 덴버를 기억하게 하고 자신들이 사랑한 마일하이 스타디움(Mile High Stadium, 마일하이는 미국 동부의 덴버 주를 가리키는 단어로 도시 전체가 해발 1600미터의 고지이기 때문에 붙여졌다-옮긴이)의 이름이 상호펀드 회사를 떠올리게 하는 인베스코 필드(Invesco Field)로 바뀌자 분개했다.[25]

물론 스포츠 경기장은 주로 사람들이 모여 운동경기를 관람하는 곳이다. 따라서 팬들이 경기장에 가는 주요 목적은 시민으로서의 경험을 하기 위해서가 아니다. 데이비드 오티스(David Ortiz)가 9회 말에 홈런 치는 장면이나, 톰 브래디(Tom Brady)가 경기 종료를 불과 몇 초 앞두고 터치다운 패스를 성사시키는 장면을 보러 간다. 그래도 경기장은 공적 성격을 띠므로 관중들은 최소한 몇 시간 동안 같은 장소에 함께 있다는 의식과 시민으로서의 자부심을 느낀다. 하지만 '명소'라는 의미가 옅어지고 광고판 같은 의미가 부각되면서 경기장이 지녔던 공적인 성격은 희미해진다. 경기장이 관중들 마음에 불어넣었던 사회적 결속과 시민적 감성 역시 마찬가지다.

기업의 명명권과 더불어 호사스러운 스카이박스(경기장 높이 위치한 고급 관람석-옮긴이) 거래가 확산되면서 스포츠 경기에 담겼던 시민정신은 훨씬 더 심하게 잠식당하고 있다. 내가 1960년대 중반 미네소타 트윈스의 경기를 관람하러 갔을 때만 해도 가장 비싼 좌석과 가장 싼 좌석의 가격 차이는 2달러에 불과했다. 사실상 20세기에도 야구경기장은 기업 임원과 블루칼라 노동자가 나란히 앉아 경기를 관람하고, 핫도그나 맥주를 사기 위해 모두 똑같이 줄을 서며, 비가 오면 부자나 가난한 사람이나 가리지 않고 젖

> 스카이박스는 자신을 다른 사람들과 분리시키려는 엘리트들의 열망과 욕구를 부추긴다. 한때 모든 계층의 사람들이 한데 어울려 즐겼던 프로 스포츠가 오히려 지금은 계층 간 차이를 부각시키고 있다.

는 곳이었다. 하지만 지난 수십 년 동안 이러한 현상에 변화가 찾아왔다. 경기장 높이 자리한 스카이박스가 등장하면서 부자와 특권계층은 아래의 일반 관람석에 앉는 보통사람들과 분리되었다.

1965년 초현대적 시설의 휴스턴 애스트로돔(Houston Astrodome)에 처음으로 호사스러운 박스석이 등장하기는 했지만 스카이박스의 유행은 1970년대 들어 댈러스 카우보이스가 텍사스 스타디움에 호화 특별관람석을 만들면서 시작됐다. 기업들은 수십만 달러를 들여 일반 관중들 머리 위에 자리한 호화로운 공간에서 중역들과 고객들을 대접했다. 1980년대에 12개 이상의 팀이 댈러스 카우보이의 선례를 따라 유리로 둘러싸여 공중에 호화롭게 자리 잡은 공간에서 부유한 팬들의 비위를 맞췄다. 1980년대 말 기업이 스카이박스 비용이라 주장할 수 있었던 금액에 대해 미 의회가 세금공제 혜택을 줄였지만 냉난방 시설이 잘 갖추어진 쾌적한 공간을 원하는 수요는 사라지지 않았다.

호화 특별관람석에서 나오는 수입은 팀에 훌륭한 재원이었으므로 1990년대에 경기장 건축을 부추겼다. 하지만 비판가들은 사람들이 지위의 높고 낮음에 상관없이 한데 섞여 스포츠 경기를 관람하던 관습이 스카이박스의 등장으로 파괴되었다고 비난했다. 조너선 콘(Jonathan Cohn)은 이렇게 썼다. "스카이박스의 은밀하고 경망스러운 특성은 미국 사회의 본질적인 결점, 즉 자신을 다른 사람들과 분리시키려는 엘리트들의 열망과 필사적인 욕구를 부추긴다. …… 한때 지위 불안의 해독제로 작용했던 프로 스포츠가 지금은 오히려 그 질병에 지독하게 걸려 있다."《뉴스위크》의 기고가 프랭크 데포드(Frank Deford)는 인기 있는 스포츠에서 가장 훌륭한 요소는 어김없이 "실질적 민주주의다. …… 경기장은 거대한 공공집회가 열리는 곳이고 우리 모두가 함께 모여 같이 열광할 수 있는 20세기의 마을 광장이다."라고 썼다. 하지만 최근 유행하는 호화 특별관람석은 "대중이 발산하는 열광에서 상당히 격리되어 있는 탓에 미국의 스포츠 궁전은 좌석 배열이 가장 계층화되었다는 사실을 뽐내는 지경에 이르렀다." 한 텍사스 신문은 스카이박스를 부자 관중들이 "일반 대중에게서 자신을 분리할 수 있게" 해주는 스포츠계의 "외부인 출입제한 지역"이라고 불렀다.[26]

비판의 목소리가 있기는 하지만 이제 스카이박스는 대부분의 프로 스포츠 경기장과 대학 경기장에서 친숙하게 볼 수 있는 특징으로 자리 잡았다. 특별실과 회원용 좌석을 포함한 비싼 좌석들은 전체 좌석의 일부에 지나지 않지만 메이저리그 팀이 거두는 입장료 수입에서는 거의 40퍼센트를 차지한다. 2009년에 개장한 새 양키 스타디움은 예전 경기장보다 좌석 수가 3천 석이 줄었지만 호화 특별석은 오히려 3배로 늘어났다. 보스턴 레드삭스의 홈경기장인 펜웨이 파크에는 모두 40군데의 특별석에 대기자 명단이 있으며 가격은 시즌당 35만 달러까지 올라갔다.[27]

대규모 스포츠 경기가 열리는 대학교에도 스카이박스로 거두는 수입은 거절하기 힘들 정도로 매력적이다. 1996년, 30군데에 이르는 대학 경기장에 호화로운 박스석이 설치되었다. 2011년에 이르자 노트르담 대학교를 제외한 모든 주요 대학 미식축구장에 박스석이 생겼다. 대학 경기장의 스카이박스를 이용하는 사람들에게는 특별 세금혜택이 주어지고 호화 특별석을 구매하는 사람들에게는 비용의 80퍼센트를 대학 기부금 명목으로 세금에서 공제해준다.[28]

스카이박스의 윤리적 문제를 둘러싼 가장 최근의 논쟁은 미국 최대 규모의 대학 경기장을 소유한 미시간대학교에서 벌어졌다. 빅 하우스(Big House)로 알려진 미시간 경기장에는 1975년 이후로 매년 홈경기가 열릴 때마다 10만 명 이상의 팬이 모여든다. 2007년 대학 이사회가 학교의 상징인 스타디움에 스카이박스 증축을 포함하여 2억 2600만 달러가 들어가는 보수계획을 검토하자 일부 동문들이 항의했다. 한 졸업생은 이렇게 주장했다. "대학 미식축구, 특히 미시간 미식축구의 위대한 점 중 하나는 자동차 공장의 노동자이건 백만장자이건 모두 함께 앉아 같은 팀을 응원할 수 있는 훌륭한 공공장소라는 것이다."[29]

"빅 하우스를 구하자(Save the Big House)"라는 구호를 내건 모임은 호화로운 특별석 증축 계획을 철회하라는 탄원서를 모아 대학교 이사회를 설득했다. 비판자들은 이렇게 말했다.

> 125년 동안 믿음직스런 미시간 팬들은 나란히 함께 서서, 함께 추위에 떨었고, 함께 응원했으며, 함께 승리했다. 호화로운 박스석은 그러한 전통에 완전히 반하는 것으로, 미시간 팬을 소득 수준으로 가르고 그들의 화합을 해칠 뿐 아니라 미시간 팬이라면 나이와 배경에 상관없이 누구나 경기를 함께 관전하며 느끼는 흥미와 동지애를 훼손시킨다. 미시간 경기장에 호화 박스석을 건립하겠다는 생각은 미시간대학이 전념한 평등주의 이상에 위배된다.[30]

하지만 이러한 저항은 실패하고 말았다. 이사회는 5 대 3으로 미시간 경기장에 81개의 호화 특별석을 증축하기로 결정했다. 2010년 증축한 경기장이 개장하자, 16명을 수용할 수 있는 특별석의 가격은 주차비를 포함해 시즌당 최고 8만 5천 달러에 이르렀다.[31]

머니볼

최근 수십 년 동안 수집품 시장·명명권·스카이박스 등이 부상한 현실은 우리 사회가 시장 지향적이라는 사실을 반영한다. 스포츠계에서 시장 중심 사고가 자리 잡고 있는 예로 최근에 야구공이 '머니볼(moneyball)'로 탈바꿈하고 있는 현상을 들 수 있다. "머니볼이라는 용어는 마이클 루이스(Michael Lewis)가 금융계의 통찰력을 야구에 적용한 내용으로 2003년에 발표한 베스트셀러 『머니볼』에 등장한다. 이 책에서 루이스는 값비싼 스타 선수들을 영입할 수 없는 작은 팀인 오클랜드 애슬레틱스가 선수들의 연봉 총액이 3분의 1에 불과한데도 오히려 부유한 뉴욕 양키스와 어깨를 나란히 하는 우승 기록을 세울 수 있었던 비결을 서술했다.

빌리 빈(Billy Beane) 단장이 이끄는 애슬레틱스는 통계학적 분석을 사용해서 야구계에서 제 실력을 인정받지 못하고 있는 선수들을 가려내고 인습적인 야구지식에서 벗어난 전략을 구사해서 비용을 많이 들이지 않고 경쟁력 갖춘 팀을 구성할 수 있었다. 예를 들어, 팀은 타율이나 장타율보다는 출루율이 높아야 승리에 유리하다는 사실을 깨달았다. 그래서 몸값이 비싼 강타자보다 지명도는 떨어지지만 포볼을 많이 얻어냈던 선수를 영입했다. 보통은 경기에 이기는 데 도루가 유익하다고 생각하지만 애슬레틱스 팀은 도루를 시도하면 득점 가능성이 높아지기는커녕 오히려 떨어진다는 사실도 알아냈다. 그래서 가장 발이 빠른 선수들에게도 도루를 시도하지 말라고 말했다.

빈의 전략은 최소한 얼마간은 성공을 거두었다. 2002년 루이스가 팀을 따라가서 경기를 관람했을 당시 애슬레틱스는 아메리칸리그 서부지구에서 우승했다. 비록 결승전에서 패배하기는 했지만 애슬레틱스의 이야기는 흥미진진한 다윗과 골리앗 이야기 같았다. 자금력이 부족하고 전력이 열세인 팀이 기지와 현대 계량경제학을 사용해 양키스 같이 부유한 최강 팀과 경쟁했기 때문이다. 또한 애슬레틱스의 이야기는 현명한 투자가라면 시장 비효율성을 어떻게 활용하느냐에 따라 수익을 올릴 수 있다는 사실을 입증한 실례였다. 빌리 빈은 정량적 트레이더라는 새로운 집단이 월스트리트에 도입한 이론을 야구에 적용했다. 구세대 인물들이 직감과 개인적 경험에 의존하는 것과는 달리 이 이론에서는 컴퓨터화한 분석방법을 사용한다.[32]

2011년 『머니볼』은 할리우드 영화로 제작되었고 브래드 피트(Brad Pitt)가 빌리 빈 역을 연기했다. 하지만 나는 무슨 이유에서인지 영화를 보고 전혀 감동을 받지 못했다. 브래드 피트는 언제나처럼 매력적이었고 카리스마가 넘쳤다. 그렇다면 영화가 만족스럽지 못했던 이유는 무엇이었을까? 부분적으로는 영화가 훌륭한 젊은 선발 투수 세 명과 올스타 유격수 미겔 테하다(Miguel Tejada) 등 스타 선수들을 비중 있게 다루지 않고, 자격 미달이지만 포볼을 얻어내는 능력으로 빈에게 발탁된 선수들에게 초점을 맞추었기 때문이다. 하지만 영화가 불만족스러웠던 진짜 이유는 정량적 방법과 효율적인 가격 결정 체제의 승리에 벌떡 일어나 환호를 보내기가 힘들었기 때문이다. 선수들보다 그 두 가지

가 〈머니볼〉의 주인공이었던 것이다.[33]

실제로 내 친구이자 동료인 래리 서머스(앞서 말했던 경제적 이타주의에 대한 아침 기도를 했던 경제학자)는 머니볼 전략의 가격 효율성이 고무적이라고 생각했다. 2004년 하버드대학교 총장으로 재임 중이던 서머스는 연설을 하며 "지난 30~40년 동안 일어난 중요한 지적 혁명"의 실례로 『머니볼』을 인용하면서 점차 부상하고 있는 사회과학, 특히 경제학을 "과학의 실제적 형태"라고 강조했다. 그는 팀을 승리로 이끌 수 있는 야구 기술과 전략을 알아내기 위해 "매우 현명한 야구단 단장이 어떻게 계량경제학 박사를 고용하게 되었는지" 설명했다. 서머스는 빈이 거둔 성공에서 더 큰 진리를 보았다. 야구를 향한 머니볼 접근법에 삶의 교훈이 담겨 있다고 생각했던 것이다. "야구에서 옳은 것은 실제 훨씬 넓은 범위의 인간 활동에서도 옳다."

서머스의 견해대로라면 과학적인 머니볼 접근법에 담긴 지혜가 인간 활동의 어느 영역까지 확산되었을까? 환경규제 분야에서는 '헌신적 운동가들과 변호사들'을 밀어내고 '비용-수익 분석에 유능한 사람들'로 대체되었다. 미국 대통령 선거에서는 '똑똑한 경제학자들과 MBA'가 과거 영향력을 행사했던 현명하고 젊은 변호사들 보다 더 중요해졌다. 또한 월스트리트는 말로만 떠드는 사람들을 끌어내리고 컴퓨터에 정통한 정량 분석의 귀재들로 하여금 복잡하고 새로운 파생상품을 만들어내도록 했다. 서머스는 이렇게 주장했다. "지난 30년 동안 투자은행 업계는 19번째 홀(클럽하우스의 식당이나 바를 가리킨다-옮긴이)에서 고객을 만나는 데 숙련된 사람들의 수중을 떠나, 파생상품의 가격 책정과 관련된 어려운 수학 문제를 능숙하게 푸는 사람들의 지배를 받게 되었다."[34]

금융위기가 닥치기 불과 4년 전에는 시장지상주의 신념, 즉 머니볼 신념이 두드러지게 드러났다.

하지만 경제계에도, 오클랜드 애슬레틱스에도 상황은 위와 같이 호의적으로 전개되지 않았다. 애슬레틱스는 2006년에 마지막으로 플레이오프에 진출한 이후로 한 시즌도 승리하지 못했다. 엄밀히 말하자면 그 이유는 머니볼 전략이 실패해서가 아니라 확대되었기 때문이다. 부분적으로는 루이스가 쓴 책 덕분에 돈이 많은 팀을 포함하여 다른 팀들도 출루율이 높은 선수를 영입하는 전략의 가치를 깨달았던 것이다. 2004년 즈음에는 부자 팀들이 연봉을 높게 책정했기 때문에 이러한 선수들의 몸값이 더 이상 싸지 않았다. 이제 타석에서 인내심을 발휘해 포볼을 많이 얻어내는 선수들의 연봉은 경기를 승리로 이끄는 데 공헌한 정도를 반영했다. 따라서 빈이 활용했던 시장 비효율성은 더 이상 존재하지 않았다.[35]

머니볼 전략은 최소한 장기적으로는 약자를 위한 전략이 아니라는 사실이 밝혀졌다. 부자 팀들은 통계학자를 고용해서 그들이 추천하는 야구선수들에게 가난한 팀보다 높은 연봉을 제시했다. 프로야구계에서 선수들에게 가장 후한 연봉을 지불하는 팀 중 하나인 보스턴 레드삭스는 머니볼 전략의 추종자였던 소유주이자 단장의 지휘 아래 2004년과 2007년 월드시리즈 챔피언이 되었다. 루이스의 책이 출간되고 여러 해가 지나면서 메이저리그 팀의 승률을 결정하는 데 있어 돈이 중요한 요소로 떠올랐다.[36]

이러한 현상은 경제학 이론의 예측과 전혀 다르지 않았다. 야구 재능에 가격이 효율적으로 매겨진다면 선수들의 연봉으로 쓸 수 있는 돈을 가장 많이 보유한 팀이 최고의 실적을 내리라 기대할 수 있다. 하지만 여기서 더욱 커다란 의문이 생긴다. 경제학자들의 말대로라면 머니볼 전략은 야구를 더욱 효율적으로 만든다. 하지만 야구경기가 향상되었을까? 그렇지는 않은 것 같다.

머니볼 전략이 경기 진행 방식을 어떻게 변화시켰는지 생각해보자. 타자는 타석에서 시간을 끌고, 포볼을 많이 얻어내고, 투수는 공을 더 많이 던지며 투구법을 많이 바꾼다. 타자의 프리 스윙이 줄어들고, 주자가 대담하게 베이스 패스(base path, 네 개의 베이스를 연결하는, 주자가 따라 달릴 수 있게 하는 통로-옮긴이)를 밟고, 번트나 도루를 시도하는 횟수도 줄어든다. 이러한 현상을 경기력 향상이라 말하기는 힘들다. 9회 말 만루에 무승부 상황에서 타격을 오래 끄는 것은 야구경기에서 전형적으로 볼 수 있는 장면이다. 하지만 타격을 오래 끌고 포볼이 많은 경기는 대부분 지루하기 마련이다. 머니볼 전략은 최근에 발생하고 있는 시장 침입 현상과 마찬가지로 야구 자체를 망치지는 않았지만 경기의 재미를 떨어뜨렸다.

이는 내가 이 책에서 다양한 재화와 활동에 관해 말하려 했던 요점이기도 하다. 시장을 좀 더 효율적으로 만드는 일 자체는 미덕이 아니다. 진정한 문제는 이런저런 시장 체제를 도입하는 것이 경기의 선(善)을 향상시키는지 훼손시키는지 여부다. 이는 야구뿐 아니라 우리가 살고 있는 사회에 관해서도 생각해보아야 할 문제다.

광고의 자리

시장과 상업주의가 기승을 부리는 분야는 스포츠 세계만이 아니다. 지난 20년 동안 상업 광고는 신문·잡지·라디오·텔레비전, 이제는 인터넷 등의 친숙한 영역을 넘어 삶의 모든 측면을 장악하고 있다.

2000년 거대한 피자헛 로고를 새긴 러시아 로켓이 우주공간으로 광고를 실어날랐다. 하지만 1990년대 이후, 광고가 기발한 장소를 침범하는 것은 확실히 일상적인 일이 되었다. 식료품 매장에서는 최근 개봉된 할리우드 영화나 지상파 텔레비전 시리즈물을 홍보하는 스티커가 사과와 바나나 위에 부착되기 시작했다. CBS의 가을 텔레비전 프로그램 광고가 인쇄된 계란이 식료품 코너에 모습을 드러냈다. 광고는 계란 상자가 아니라 계란에 한 알 한 알 새겨진다. 레이저에칭(laser-etching) 기술이 발달하면서 회사의 로고와 광고 문구를 정교하면서도 지워지지 않게 계란 껍데기에 새길 수 있게 되었기 때문이다.[37]

광고주들은 전략적으로 설치된 비디오 화면 덕택에 하루 중 짧은 순간 동안 사람들의 주의를 끌 수 있다. 가고자 하는 층에 멈출 때까지 꼼짝없이 기다려야 하는 엘리베이터 안에서, 현금을 찾기 위해 기다리는 현금인출기 앞에서, 기름 탱크가 차기를 기다리는 주유소 펌프 앞에서, 심지어 음식점, 술집, 기타 공공장소의 소변기 앞에서도, 몸이 피곤에 지치고 주의가 산만한 사람이라도 서서 기다릴 수밖에 없는 순간에 비디오 화면은 위력을 발휘한다.[38]

화장실 광고는 예로부터 변기에 불법 스티커를 붙이고 불법 낙서를 하거나 매춘부의 전화번호로 화장실 벽을 도배하는 방법이 사용되었다. 하지만 1990년대 들어서면서 이러한 방법이 주류로 떠오르기 시작했다. 《광고 시대(Advertising Age)》에 실린 기사에 따르면 "주요 주류 회사나 공중파 텔레비전과 더불어 소니·유니레버·닌텐도 같은 회사의 마케터들은 바지를 반쯤 벗고 지퍼를 내린 사람들 앞에 자신들의 광고 문구를 들이밀기 위해 매춘부와 괴짜들의 광고를 밀어내고 있다." 탈취제·자동차·가수·비디오 게임을 선전하기 위한 멋진 광고는 이제 화장실과 소변기 앞에서 흔하게 볼 수 있는 광경이 되었다. 2004년에 이르러 젊고, 부유하며, 꼼짝없이 보고 들을 수밖에 없는 피동적 수용자(captive audience, 주어진 광고나 방송을 피할 수 없이 들어야 하는 청중-옮긴이)들을 겨냥한 화장실 광고가 5천만 달러 규모의 사업으로 성장했다. 화장실 광고 회사는 자체적으로 동업자 단체를 결성하고 최근 라스베이거스에서 14번째 연례 집회를 열었다.³⁹

광고주들이 화장실 벽 공간을 구매하기 시작하면서 원래는 영화와 텔레비전 프로그램의 오랜 특징이었던 간접광고가 책 속으로도 파고들었다. 2001년 영국 소설가 페이 웰던(Fay Weldon)은 이탈리아 보석 회사 불가리(Bulgari)의 의뢰를 받아 책을 썼다. 웰던은 외부에 금액을 밝히지 않은 거금을 받고 그 대가로 자신이 쓰는 소설에서 불가리 보석을 최소한 12번 언급하기로 했다. 제목도 계약 조건에 맞게 『불가리 커넥션(The Bulgari Connection)』이라고 붙인 이 책은 영국의 하퍼콜린스(HarperCollins)와 미국의 그로브애틀랜틱(Grove/Atlantic)에서 출간되었다. 웰던은 광고주가 요구한 최소 기준을 넘어 소설에서 불가리를 34번 언급했다.⁴⁰

일부 저자들은 기업의 후원을 받아 소설을 쓴다는 개념에 분노하면서 편집자들에게 웰던의 책을 검토하지 말라고 촉구했다. 한 비평가는 소설에서의 제품 언급이 "소설 속 묘사의 진정성에 대한 독자들의 신뢰를 잠식할" 가능성이 있다고 말했다. 또 한 비평가는 제품을 언급함으로써 투박해진 문장을 지적했다. "'손에 쥐고 있는 불가리 목걸이 하나의 가치는 덤불에 묻힌 두 개보다 낫다.'라고 도리스는 말했다." "그들은 잠시 동안 기분 좋게 끌어안고 온갖 열정을 불살랐다. 그리고 그녀는 그날 점심시간에 불가리에서 그를 만났다."[41]

책에 등장하는 간접 광고가 아직 만연해 있지는 않지만, 전자책 기기의 보급과 전자책 출간의 등장으로 책을 읽는 행위는 광고와 더욱 가까워질 것이다. 2011년 아마존은 독자들의 인기를 끌고 있는 킨들 리더(미국 인터넷 서점 아마존닷컴이 출시한 전자책 기기-옮긴이)를 광고주가 제공하는 화면보호 프로그램이 포함되는 대신 특가로 판매하는 기기와 화면보호 프로그램 없이 정가로 판매하는 기기 두 종류로 나누어 판매하기 시작했다. 특가 판매용 모델의 가격은 표준 모델보다 40달러 저렴한 대신 화면보호기와 홈페이지 밑에 여러 개의 광고가 교대로 뜬다.[42]

항공기 여행도 점차 상업주의에 물들고 있다. 1장에서 살펴본 바에 따르면 항공사는 공항에서의 줄서기를 이익 창출의 기회로 삼았고, 추가 비용을 지불하는 승객에게 보안검색대를 우선 통과하거나 일반 승객보다 빨리 탑승할 수 있는 특권을 부여한다. 하지만 이뿐만이 아니다. 승객은 '줄서기 협상'을 통해 비행기에 탑승해서 좌석에 앉으면, 곧 온통 광고물로 둘러싸인 자신을 발견하게 된다. 몇 년 전 US 항공은 좌석 테이블과 냅킨, 그리고 믿고 싶지 않겠지만 멀미용 종이봉투에도 부착할 광고를 팔기 시작했다. 저가 항공사인 라이언에어(Ryanair)와 스피리트 항공(Spirit Airlines)은 승객 머리 위에 있는 수하물 보관함에 광고를 부착했다. 델타 항공은 이륙할 때 안전수칙을 설명하는 비디오를 방영하기 직전에 링컨 자동차 광고를 승객들에게 보여주려는 계획을 세웠다. 하지만 상업용 광고를 방영하면 승객들이 안전방송을 무시할 수 있다는 불만이 접수되자 링컨 자동차 광고를 안전방송의 맨 끝으로 옮겼다.[43]

오늘날 저자나 항공사만 기업의 후원을 받을 수 있는 것은 아니다. 자기 소유의 자동차를 굴러다니는 광고판으로 삼을 마음만 있다면 자동차를 소유하는 것만으로도 기업 광고를 유치할 수 있다. 광고 대행사는 강장음료·휴대전화·세제·지역 배관재료 매장의 제품 광고 문구와 로고가 인쇄된 비닐로 자동차를 꾸미게 해주는 사람에게 매달 최고 900달러까지 지급한다. 이러한 거래에는 몇 가지 '합리적인' 제약이 따른다. 예를 들어 자동차로 코카콜라 제품을 광고한다면 운전하는 동안 펩시콜라를 마시는 모습을 보여선 안 된다. 광고주들은 광고가 인쇄된 자동차를 운전해 다니면 하루 평균 7만 명이 그 광고를 보리라고 추정하기 때문이다.[44]

또 자신이 사는 집을 광고판으로 만들 수도 있다. 2011년 캘리포니아에 있는 소형 광고회사인 애드주키(Adzookie)는 집을 압류당할 위기에 처했거나 대출금을 갚느라 허덕이는 집 소유주에게 특별한 제안을 했다. 지붕을 제외하고 집의 외관 전체를 밝은 색 광고로 페인트칠하게 해주면 광고를 전시하는 동안 매달 대출금을 지불해주겠다는 것이었다. 회사는 웹사이트에 "밝은 색의 집과 이웃의 시선을 감당할 마음의 준비가 되어 있다면 아래 양식을 작성해서 제출하십시오."라고 명시했다. 회사의 제안에 관심을 보인 주택 소유자들의 문의가 빗발쳤다. 주택 열 채를 모집할 계획이었던 회사는 두 달도 되지 않은 기간 동안 2만 2천 건의 신청서를 받았다.[45]

최근에는 본인 소유의 자동차나 집이 없더라도 여전히 광고를 싣고 횡재할 수 있는 길이 있다. 자신의 신체를 광고판으로 만드는 것이다. 이러한 광고 방법은 샌프란시스코에서 가족이 운영하는 자그마한 멕시코 식당 카사산체스(Casa Sanchez)에서 시작했다. 1988년 주인은 챙이 넓은 멕시코 모자를 쓴 소년이 거대한 옥수수를 타고 있는 모양의 식당 로고를 신체 부위에 문신하는 사람에게 점심식사를 평생 무료로 제공하겠다고 제의했다. 산체스 가족은 그러한 제안을 받아들일 사람이 거의 없으리라 생각했다. 하지만 아니었다. 몇 달 만에 40명이 넘는 사람들이 카사산체스 로고의 문신을 뽐내며 샌프란시스코 거리를 활보했다. 그리고 가끔 점심시간에는 무료 부리토를 먹으러 식당에 들렀다. 식당 주인은 광고가 성공해서 기뻤지만 문신을 새긴 사람들 모두가 50년 동안 매일 점심시간마다 음식점을 찾는다면 앞으로 580만 달러 어치의 부리토를 제공해야 한다는 계산을 하자 정신이 번쩍 들었다.[46]

몇 년이 지나 런던에 있는 한 광고대행사는 사람들의 이마를 광고 공간으로 활용하기 시작했다. 카사산체스의 광고와는 달리, 이번 문신은 일시적이었다. 하지만 위치는 더욱 눈에 띄는 부위였다. 대행사는 시간당 4.20파운드를 받고 이마에 회사 로고를 문신할 대학생을 모집했다. 후원에 관심을 보인 기업은 대행사의 아이디어에 찬사를 보내면서 이마 광고가 "샌드위치 광고판(sandwich board, 사람들이 앞뒤로 매고 다니는 광고판-옮긴이)의 연장이지만 조금 더 친환경적이다."라고 표현했다.[47]

다른 광고대행사들도 앞다퉈 여러 형태의 신체 광고를 개발했다. 에어뉴질랜드(Air New Zealand)는 '머리 광고판'을 기획하고 30명을 고용했다. 참가자들은 머리를 밀고 뒤통수에 "기분전환이 필요하세요? 뉴질랜드로 오세요."라는 일회용 문신을 새겨넣었다. 2주 동안 머리에 광고를 싣는 비용은 1200달러에 상당한 뉴질랜드 왕복 항공권이나 현금 777달러였는데, 이는 에어뉴질랜드가 사용하는 보잉 777을 상징하는 것이다.[48]

가장 극단적인 신체 광고판의 예로는 자신의 이마에 새길 상업 광고를 경매에 붙인 유타에 사는 30세 여성을 들 수 있다. 미혼모인 캐리 스미스(Kari Smith)는 학교생활에 제대로 적응하지 못하는 열한 살짜리 아들의 교육문제를 해결하기 위해 돈이 필요했다. 2005년 온라인 경매에서 스미스는 1만 달러에 광고주가 요구하는 광고 문구를 자신의 이마에 영구 문신으로 새겨넣겠다고 제안했다. 한 온라인카지노 업체가 그녀의 제안을 받아들였다. 문신 전문가가 만류하려 했지만 스미스는 뜻을 굽히지 않았고 해당 카지노 웹사이트의 주소를 이마에 새겨넣었다.[49]

상업주의의 문제는 무엇일까?

많은 사람들이 1990년대와 2000년대 초반에 쏟아진 명명권과 광고의 홍수를 혐오감과 심지어 불안한 눈초리로 지켜보았다. 당시 홍수를 이루었던 신문 기사 제목에도 그러한 불안은 그대로 드러났다.

빗발치는 광고 폭격에 도망칠 곳도 숨을 곳도 없다. -《LA타임스》

광고 맹공격 -《선데이타임스》

무한 광고 -《워싱턴포스트》)

이제 시선이 닿는 곳 어디든 광고가 보인다. -《뉴욕타임스》

여기도, 저기도, 온갖 곳이 광고 -《USA투데이》

비평가들과 사회운동가들은 "내용 없고 화려하기만 한 상업적 가치"와 "광고와 상업주의의 타락"을 비판했다. 그들은 상업주의를 "국가 전체의 마음과 정신과 사회를 조야하게 만드는 전염병"이라고 불렀다. 몇몇 사람들은 광고를 일종의 '오염'이라고 묘사했다. 식료품 매장에서 파는 과일에 영화 광고 스티커가 붙어 있는 것이 싫은 이유를 묻는 질문에 한 쇼핑객은 "내가 먹을 사과가 광고로 더럽혀지는 것이 싫다."라고 대답했다. 한 광고대행사 중역조차 "이제 더 이상 광고에 물들지 않은 대상이 남아 있는지 모르겠다."고 말할 정도다.[50]

이러한 우려에 담긴 도덕의 힘을 부정하기는 어렵다. 하지만 오늘날 지배적인 공공 담론의 틀로는 우리가 지난 20년 동안 목격해온 광고 확산 현상의 문제점이 무엇인지 설명하기가 쉽지 않다.

공격적이고 침입적인 성향을 띠는 광고는 오랫동안 문화적 비판의 주제가 되어왔다. 1914년 월터 리프먼(Walter Lippmann, 미국의 평론가이자 칼럼니스트-옮긴이)은 "경치를 훼손하고 담장을 뒤덮고 도시를 도배하고 밤새 반짝이고 깜빡이며 사람들을 현혹하는 소란스러움"을 한탄했다. 광고가 없는 곳을 찾기 어렵다. "동부의 하늘은 껌 광고로, 북부의 하늘은 칫솔과 속옷 광고로, 서부의 하늘은 위스키 광고로, 남부의 하늘은 속치마 광고로 번쩍인다. 미국 하늘 전체가 추하게 시시덕거리

는 여성들로 눈이 부시다."⁵¹

월터 리프먼이 중서부와 남부의 시골길을 돌아보았다면 자신의 우려가 사실이었음을 확신했을 것이다. "메일파우치 토바코(Mail Pouch Tobacco, 씹는 담배의 브랜드 이름-옮긴이)를 씹으세요. 제일 좋은 담배는 당신 것."이라는 씹는 담배용 광고 문구가 선명한 색으로 페인트 칠해져 있는 헛간 수천 채를 보았을지도 모른다. 진취적인 성향의 메일파우치 담배회사 소유주는 1890년대부터 교통량이 많은 도로 근처에 헛간을 소유한 농부들에게 무료 페인트칠과 함께 1~10달러를 지불하고 그들의 헛간을 광고판으로 바꾸었다. 최초의 옥외광고에 속하는 헛간 광고판은 요즈음 주택을 페인트칠하는 광고의 선조인 셈이다.⁵²

이러한 선례가 있기는 하지만 최근 20년 동안 성행한 상업주의는 독특한 종류의 무경계성을 나타내면서 무엇이든 거래의 대상으로 삼는 세상을 상징한다. 많은 사람들은 이러한 세상이 혼란스럽다고 주장하는데 사실 그 말이 맞다. 하지만 정확히 어떤 점이 불미스럽게 느껴지는 것일까?

물론 이러한 세상에 불미스러운 점이 '전혀 없다'고 주장하는 사람도 있다. 집이나 헛간, 스타디움이나 화장실, 뒤통수나 이마 등 광고나 기업의 후원을 얻을 목적으로 거래되는 공간이 이를 팔려는 사람의 소유이고 거래가 자발적으로 이루어진다면, 이러한 거래에 반대할 권리는 누구에게도 없기 때문이다. 자기 소유의 사과, 비행기, 혹은 야구팀이라면, 자신이 원하는 대로 명명권이든 광고 공간이든 자유롭게 팔 수 있어야 한다. 이것이 바로 아무런 제약이 없는 광고 시장이다.

우리가 다른 상황에서 살펴보았듯이 자유방임주의 논거에는 두 가지 반박이 따른다. 하나는 강압과 불공정성에 관한 반박이고 또 하나는 부패와 타락에 관한 반박이다.

첫째, 강압과 불공정을 이유로 들어 반박하는 입장에서는 선택의 자유라는 원칙은 인정하지만 시장에서 이루어지는 선택의 모든 경우가 진정한 의미에서 자발적인지 의구심을 던진다. 집 소유주가 당장 집을 압류당할 처지에 놓여서 자기 집을 요란스러운 광고로 페인트칠하는 데 동의했다면, 진정으로 자유롭게 선택한 것이 아니라 다소 효과적으로 강요당했다고 볼 수 있다. 만약 몸이 아픈 자녀의 약값이 절실하게 필요한 부모가 자기 신체 부위에 광고 문신을 새겨넣기로 동의했다면 이 또한 온전히 자발적인 선택으로 볼 수 없을지 모른다. 강압을 이유로 들어 반박하는 입장은 자유로운 시장 중심 관계는 재화를 사고파는 배경 조건이 공정하고 누구도 다급한 경제적 필요로 인해 강압을 당하지 않을 때에만 형성된다고 주장한다.

오늘날 정치적 논쟁은 위와 같은 근거로 대부분 규제 없는 시장을 선호하는 사람과, 공평한 경쟁의 장에서 선택이 이루어질 때에만, 그리고 사회적 협조의 기본 조건이 공정할 때에만 시장에서의 선택이 자유롭다고 주장하는 사람 사이에서 이루어진다.

하지만 어느 쪽 입장에 서더라도 시장 중심 사고와 시장 중심 관계가 모든 인간 활동을 침해하는 세상이 대체 왜 문제인지 알 수 없다. 이러한 상황에서 무엇이 문제인지 파악하려면 부패와 타락이라는 도덕적 어휘가 필요하다. 그리고 부패와 타락을 언급하려면 최소한 마음속으로라도 '좋은 삶(the good life)'이라는 관념에 호소해야 한다.

'타락' '훼손' '조야함' '오염' '신성함의 상실' 등 상업주의를 비판하는 사람들이 사용하는 언어를 생각해보자. 이는 좀 더 고결한 생활과 존재 방식을 표현하는 영성 충만한 언어다. 이는 강압이나 불공정과 관계 있는 것이 아니라 특정한 태도·관행·재화의 타락을 뜻한다. 상업주의를 향한 도덕적 비판은 내가 부패에 관한 반박이라 불렀던 비판의 한 예다.

명명권과 광고에서의 부패는 두 가지 차원으로 작용한다. 일부 경우에 있어서 관행의 상업화는 그 자체로 타락이다. 따라서 기업의 후원을 받은 광고 문신을 이마에 새기고 돌아다니는 것은 비록 자유로운 의사로 거래가 이루어졌다 하더라도 개인의 품위를 떨어뜨리는 행위다.

명명권의 극단적인 예를 하나 들어보자. 2001년 사내 아기를 출산할 예정인 부부가 아들의 이름을 이베이와 야후의 경매 사이트에 올렸다. 부부는 한 기업이 아들의 명명권을 사고 그에 대한 대가를 애정 깊은 부모에게 넉넉하게 치른다면 안락한 집을 장만하고 가족이 사용할 편의시설도 구매할 수 있으리라 희망했다. 하지만 결국 부부가 요구한 50만 달러라는 조건을 수용할 회사가 나타나지 않았고, 부부는 경매를 포기하고 아들의 이름을 보통의 방식대로 제인(Zane)이라 지었다.[53]

이 사례를 놓고 아이가 동의하지 않았으므로 자녀에 대한 명명권을 기업에 파는 행위는 잘못이라고 주장할지 모르겠다(강압을 이유로 한 반박). 하지만 이는 명명권의 거래가 불미스러운 주요 원인이 아니다. 어쨌거나 자녀는 자기 이름을 손수 짓지 않기 때문이다. 우리 대부분은 부모가 지어준 이름을 받으며 이 과정이 강압적이라고 생각하지 않는다. 기업이 명명한 자녀를 둘러싸고 강압에 관한 문제가 불거지는 유일한 이유는, '월마트 윌슨' '펩시 피터슨' '잠바 쥬스 존스'와 같은 이름으로 불리며 평생 살아가는 것은 설사 자녀가 동의했더라도 품위가 떨어지는 일이기 때문이다.

상업주의에 속한 사례라고 모두 부패한 것은 아니다. 오랫동안 경기장 득점판을 장식해온 전광판과 외야의 벽처럼 합당한 예도 있다. 하지만 기업 광고를 담은 가벼운 언어가 방송 부스를 침입해 들어와서 투수를 교체하거나 주자가 2루로 슬라이딩할 때마다 아나운서가 광고를 반복하는 경우는 다르다. 이것은 소설에 등장하는 간접광고에 가깝다. 최근에 라디오나 텔레비전이 방송하는 미국 프로야구 중계에 귀를 기울인다면 이 말이 무슨 뜻인지 알 수 있을 것이다. 아나운서가 쉴 새 없이 반복하는 기업 후원 슬로건은 경기를 방해하며 실황중계에서 들을 수 있는 독창적이고 진정성 있는 묘사를 망친다.

> 지나친 상업주의에 대한 반박은 첫째, 경제적 필요로 인한 강압이지 사실상 개인의 자유로운 선택이 아니라는 것이고, 둘째, 그것 자체가 부패와 타락이라는 점이다. 기업의 후원을 받은 광고 문신을 이마에 새기고 돌아다니는 것은 비록 자발적인 선택으로 거래가 이루어졌다 하더라도 개인의 품위를 떨어뜨리는 행위다.

따라서 광고가 있어도 되는 영역과 있어서는 안 되는 영역을 결정하려면 소유권이나 공정성에 관해 논쟁을 벌이는 것만으로는 부족하다. 사회 관행의 의미와 사회 관행이 나타내는 재화의 의미를 놓고 논쟁해야 한다. 또한 각 경우에 상업화가 관행을 타락시키는지 여부에 의문을 던져야 한다.

숙고해야 할 사항은 더 있다. 일부 광고는 자체가 부패하지는 않더라도 사회적 삶을 전체적으로 상업화시키는 데 기여할 수 있다. 오염으로 유추해보면 이 점을 쉽게 이해할 수 있다. 이산화탄소를 배출하는 행위는 자체만으로는 잘못이 아니다. 우리도 호흡을 할 때마다 이산화탄소를 배출하기 때문이다. 하지만 이산화탄소를 지나치게 많이 배출하면 환경을 파괴할 수 있다. 이와 비슷하게 새로운 영역으로 팽창한 광고가 당시에는 받아들여질 만했더라도 지나치게 광범위하게 퍼진다면 모든 것을 마스터카드나 맥도널드가 '협찬'하는, 기업 후원과 소비지상주의의 지배를 받는 사회를 낳을 수 있다. 그렇다면 이 또한 일종의 타락이다.

광고 스티커로 인해 자신이 구매하려는 사과가 "더럽혀지는 것"을 원하지 않는다던 쇼핑객의 말을 기억해보자. 엄밀하게 말하면 이것은 과장이다. 흠집만 내지 않는다면 한 장의 스티커는 과일 한 조각도 더럽힐 수 없다. 사과나 바나나의 맛도 영향을 받지 않는다. 바나나에 '치키타(Chiquita, 바나나 유통회사의 이름 – 옮긴이)'라는 이름이 적힌 스티커가 붙은 지는 오래되었고 그것을 불평하는 사람은 거의 없다. 그렇다면 영화나 텔레비전 프로그램을 선전하는 스티커를 과일에 붙인다고 불평하는 것은 이상하지 않을까? 반드시 그렇지는 않다. 짐작건대 쇼핑객이 반대하는 이유는 사과에 부착된 광고 스티커 때문이 아니라 상업용 광고가 일상적인 삶을 침범했기 때문일 것이다. "더러워지는 것"은 사과가 아니라, 점점 시장가치와 상업적 감수성이 지배하는, 우리가 살고 있는 세상이다.

광고의 잠식 효과는 식료품 매장보다 명명권과 기업 후원이 광범위하게 퍼지고 있는 공공장소에서 더욱 문제로 떠오른다. 이러한 '시정(市政) 마케팅'은 시민 생활의 중심에 상업주의를 끌어들일 우려가 있다. 지난 20년 동안 재정적 압박을 받아

일부 광고는 그 자체로는 문제가 안 되더라도 사회를 전체적으로 상업화시키는 데 기여할 수도 있다. 이산화탄소를 배출하는 행위 자체는 잘못이 아니지만 지나치게 많이 배출하면 환경을 파괴하듯이, 새로운 영역으로 팽창한 광고가 처음에는 받아들여질 만하더라도 지나치게 광범위하게 퍼지면 사회 전체가 기업 후원과 소비지상주의의 지배를 받는다.

온 시와 주는 광고주에게 공공 해변·공원·지하철·학교·문화적 명소 등에 광고할 수 있는 권리를 판매해서 재정 수지를 맞추려고 애써왔다.

시정 마케팅

시정 마케팅은 1990년대에 유행하기 시작했다. 메이저리그 팀의 소유주들이 경기장 명명권의 거래로 수익을 거두자 정부 관리들도 시정 서비스와 설비에 기업 후원을 모색하기 시작했다.

해안 구조와 음료 공급권

1998년 여름 뉴저지 주 시사이드 하이츠에 있는 공공 해변에서 하루를 즐기려고 도착한 사람들의 눈에는 시야가 닿는 곳마다 5천여 개의 스키피 피넛버터(Skippy Peanut Butter) 병 무늬 자국이 모래사장을 가득 덮고 있는 광경이 펼쳐졌다. 이는 모래에 광고를 새길 수 있도록 새로 발명된 기계의 작품이었고, 스키피는 시에 광고비를 지불하고 사람들의 발밑에 광고를 깔았다.[54]

대륙 건너편 캘리포니아 주 오렌지카운티에서 활동하는 해안 구조대는 요즈음 쉐보레의 후원을 받고 있다. 제너럴모터스(General Motors, GM)는 250만 달러 규모의 후원 협정을 맺고 오렌지카운티 소속 인명구조원들에게 '오렌지 코스트(Orange Coast) 해변의 공식 해양안전 차량'이라는 광고 문구를 새긴 신형 소형 트럭과 셰비블레이저(Chevy Blazer) 42대를 지급했다. 협정에 따라 쉐보레는 사진 촬영을 위해 해안에 자유롭게 들어갈 수 있게 되었다. 근처 로스앤젤레스 카운티의 공식 해안 차량은 포드레인저(Ford Ranger)였고 이곳에서 일하는 인명 구조원들은 스피도(Speedo)가 후원하는 수영복을 입었다.[55]

1999년 코카콜라는 캘리포니아 주 헌팅턴 비치(Huntington Beach)의 공식 청량음료 제공 기업이 되기 위해 600만 달러를 냈다. 협정에 따라 코카콜라는 자사 광고에 헌팅턴 비치의 서프 시티(Surf City) 로고를 사용할 수 있는 동시에 시가 소유한 해변·공원·건물에 자사의 청량음료·주스·생수를 독점으로 판매하는 권리를 얻었다.

미국 전역에서 약 12개 도시가 청량음료 회사와 이와 비슷한 협정을 맺었다. 샌디에이고에서 펩시는 670만 달러 협정을 맺고 음료 공급 독점권을 획득했다. 수많은 후원 협정을 맺은 샌디에이고는 버라이즌(Verizon, 미국의 이동통신사―옮긴이)을 도시의 '공식 무선통신 파트너'로 삼았고 캐디액사이언스(Cardiac Science)라는 회사를 공식 제세동기 공급업체로 결정했다.[56]

시정 마케팅의 강력한 지지자인 마이클 블룸버그(Michael Bloomberg) 뉴욕 시 시장은 2003년 첫 최고 마케팅 책임자를 임명했다. 최고 마케팅 책임자가 부임해서 제일 먼저 주도한 주요 사업은 스내플(Snapple)과 1억 6600만 달러 규모로 5년 계약을 체결한 것이었다. 이로써 스내플은 뉴욕 시 소재 공립학교에 주스와 생수, 6천 곳에 이르는 시 소유 건물에 차와 생수, 초콜릿 음료를 독점적으로 판매할 수 있는 권리를 얻었다. 비판가들은 빅 애플(Big Apple, 뉴욕 시의 별칭―옮긴이)이 '빅 스내플(Big Snapple)'이 되려고 도시를 팔아넘기고 있다고 말했다. 시정 마케팅은 규모가 1994년에 1천만 달러에 불과했지만 2002년에는 1억 7500만 달러에 달할 정도로 빠르게 성장하고 있는 사업이다.[57]

지하철역과 자연 관찰로

일부 공공시설에 대한 명명권 거래는 느리게 진행되었다. 2001년 매사추세츠 항만교통공단(MBTA)은 유서 깊은 보스턴 지하철역 4군데의 명명권을 팔려 했지만 관심을 보이는 기업이 없었다. 하지만 최근에 일부 도시가 지하철역의 명명권을 파는 데 성공했다. 2009년 뉴욕 시 교통운수당국(MTA)는 브루클린에서 가장 오래되고 번화한 지하철역 중 하나의 명명권을 20년 기한으로 400만 달러를 받고 바클레이스은행(Barclays Bank)에 팔았다. 런던에 본사를 두고 있는 바클레이스은행은 해당 지하철역이 바클레이스의 이름을 붙인 스포츠 경기장과 연결되어 있기 때문에 명명권을 소유하고 싶어했다. 지역 교통운수당국은 지하철역에 적극적으로 광고를 판매하여 지하철 차량 전체를 광고로 감싸고, 지하철역 기둥·회전식 출입구·바닥을 광고로 도배했다. 이렇게 뉴욕 지하철이 거둔 광고 수입은 1997년 3800만 달러에서 2008년 1억 2500만 달러로 늘어났다.[58]

2010년 필라델피아 교통운수당국은 19세기 펜실베이니아 주지사의 이름을 땄던 패티슨(Pattison) 역의 개명권을 이동통신사인 AT&T에 팔았다. AT&T는 당국에 340만 달러, 거래를 주선한 광고대행사에 200만 달러를 지불했다. 새로 개명한 AT&T 역은 필라델피아의 스포츠 팀들이 경기를 벌이는 경기장들과 연결되어 있어서 사람들의 이목이 집중된다. 또한 경기장의 이름은 시티즌뱅크 파크(Citizens Bank Park), 웰스파고센터(Wells Fargo Center), 링컨 파이낸셜필드(Lincoln Financial Field)처럼 은행과 금융 서비스 회사의 이름을 따서 지어졌다. 전 시민자문위원회 의장은 지하철역의 명명권 거래에 반대하면서 "교통체제는 공공 서비스이고 역 이름은 주변 거리나 이웃과 중요한 관계가 있다."라고 주장했다. 하지만 교통 담당 관리는 교통운수당국에는 자금이 필요하며, 명명권을 팔면 "고객과 납세자에게 돌아가는 경제적 부담을 줄일 수 있다."라고 응수했다.[59]

일부 시와 주는 공원·자연 관찰로·자연보호 구역을 후원해줄 기업을 찾고 있다. 2003년 매사추세츠 주 의회는 주에 속한 600군데의 공원·숲·위락 지역의 명명권 판매의 실행 가능성을 알아보기 위해 투표로 시민들의 의견을 물었다. 《보스턴글로브(Boston Globe)》는 헨리 데이비드 소로(Henry David Thoreau, 미국 사상가이자 문학자로 미국 문학의 고전으로 널리 사랑받고 있는 『월든(waldon)』을 썼다-옮긴이)가 살았던 월든 호수가 '월마트 호수'가 될지도 모른다고 우려하는 내용의 사설을 실었다. 매사추세츠 주는 그 계획을 추진하지 않았다. 하지만 최근에 많은 거대 후원기업들이 전국 주립공원에 자사 브랜드를 내거는 협정을 맺고 있다.[60]

고급 아웃도어 의류 제조사인 노스페이스(North Face)는 버지니아와 메릴랜드에 자리한 공원의 자연 관찰로 표지에 자사 로고를 새긴다. 코카콜라는 산불이 발생한 지역에 새롭게 시행하는 삼림조성 사업을 후원하는 대가로 캘리포니아 주립공원에 자사 로고를 전시하도록 승낙받았다. 네슬레는 놀이터를 설치해주고 주시주스(Juicy Juice) 브랜드를 뉴욕 시립공원 내 간판에 광고한다. 네슬레의 경쟁 주스 회사인 오드왈라(Odwalla)는 삼림조성 프로그램을 후원하고 그 대가로 전국 주립공원에 자사 브랜드 인지도를 높였다. 2010년 로스앤젤레스는 도시 공원의 건물·테이블·쓰레기통에 영화 〈요기 베어(Yogi Bear)〉를 선전하는

포스터를 부착하려 시도했지만 시민들의 반대에 부딪혀 실행하지 못했다.⁶¹

2011년 주립 자연 관찰로에 대한 명명권과 상업광고의 판매를 허용하는 법안이 플로리다 주 의회에 상정되었다. 최근 자전거·하이킹·카누 전용 길에 대해 정부가 재정지원금을 삭감하자 일부 입법자들은 광고가 예산 삭감을 보충할 수 있는 방법이라 생각한 것이다. 거번먼트 솔루션스 그룹(Government Solutions Group)이라는 회사가 주립공원과 기업 후원 거래를 성사시키기 위해 중개 역할을 한다. 이 회사의 CEO인 섀리 보이어(Shari Boyer)는 주립공원이 이상적인 광고 공간이라고 지적한다. 그녀는 주립공원을 찾는 사람들은 수입이 많은 "훌륭한 소비자"라고 설명한다. 더욱이 공원은 주위를 분산시키는 요소가 거의 없는 매우 조용한 마케팅 환경이다. "공원은 사람들에게 다가갈 수 있는 멋진 장소다. 여기서 사람들은 광고를 받아들이기 적절한 마음 상태에 있기 때문이다."⁶²

순찰차와 소화전

2000년대 초 재정난에 처한 많은 도시와 마을이 지나치게 후해 보이는 제안의 유혹을 받았다. 노스캐롤라이나에 있는 한 회사가 운전석과 뒷좌석을 분리하는 창살과 섬광등을 포함해서 각종 사양을 갖춘 신형 순찰차를 연간 1달러에 제공하겠다고 제의한 것이다. 그 대가로 회사가 제시한 조건은 나스카(Nascar, 미국의 대표적인 자동차 경주대회—옮긴이) 출전 자동차처럼 순찰차를 광고와 상업용 로고로 치장하는 것이었다.⁶³ 일부 경찰서와 시 관리들은 순찰차 한 대의 구매 가격이 2만 8천 달러인 점을 감안하면 광고를 부착하는 것쯤은 상대적으로 적은 대가라고 생각했다. 28개 주 160곳 이상의 지방자치제 당국이 협정에 서명했다. 순찰차를 제공하기로 한 거번먼트 애퀴지션(Government Acquisition)은 관심을 보이는 도시와 계약을 맺고 지역과 전국 단위 회사에 광고를 팔기 시작했다. 순찰차에 실릴 광고는 알코올·담배·소형화기·게임 광고 등은 안 되며, 건전한 취향의 광고여야 한다고 회사 측은 강조했다. 해당 회사의 웹사이트에는 맥도널드의 금색 아치를 후드에 인쇄한 순찰차 사진이 예시로 게시되었다. 회사가 보유한 고객은 닥터페퍼(Dr. Pepper), 나파오토파트(NAPA Auto Parts), 타바스코(Tabasco), 미국 우편서비스(US Postal Servie), 미국 육군, 발보린(Valvoline) 등이었다. 또한 회사는 은행, 유선 방송국, 자동차 영업소, 보안 회사, 라디오와 텔레비전 방송국을 잠재 광고주로 생각하고 접촉할 계획을 세웠다.[64]

하지만 순찰차를 광고로 도배한다는 소식이 전해지자 반대하는 목소리가 불거졌다. 논설위원들과 일부 경찰관은 몇 가지 근거를 들어 계획에 반대했다. 어떤 사람들은 순찰차를 후원한 기업에 경찰이 특혜를 줄 위험이 있다고 우려했다. 경찰이 맥도널드·던킨 도넛·지역 철물점 등의 후원을 받으면 법 집행 기관으로서 지녀야 할 품위와 권위가 훼손된다는 주장도 나왔다. 어떤 사람들은 정부와 사회운영에 필요한 공무 집행 비용을 자발적으로 대야 하는 대중의 태도에 나쁜 영향을 미친다고 주장했다. 칼럼니스트 레오나르드 피츠 주니어(Leonard Pitts Jr.)는 이렇게 썼다. "사회를 질서정연하게 운영하고 사회의 권위를 유지하는 데 근본적으로 필요한 기능이 있는데, 이러한 기능은 전통적으로 공공선을 이루기 위해 우리 모두가 고용하고 훈련시킨 사람들의 손에 맡겨왔다. 법의 집행도 이러한 기능의 하나다. 최소한 과거에는 그랬다."[65]

이러한 거래를 지지하는 사람들도 경찰이 상품을 광고하며 다니는 것이 어색하다는 것은 시인했다. 하지만 재정 위기에 처해 있는 시기에 대중을 위해서는 광고를 전시하는 순찰차라도 없는 것보다는 낫다고 주장했다. 한 경찰서장은 이렇게 말했다. "상업적인 광고를 부착하고 돌아다니는 순찰차를 보고 사람들은 비아냥거릴지 모르지만, 순찰차가 위기상황에 대처하는 장면을 보면 그나마 순찰차가 있다는 사실에 매우 기뻐할 것이다." 오마하의 한 시의원은 순찰차에 광고를 부착하는 계획에 처음에는 찬성하지 않았지만 예산을 절약할 수 있다는 생각에 마음이 흔들렸다고 말했다. 그러면서 이렇게 비유했다. "우리 시의 스포츠 경기장에는 담장에도 복도에도 광고가 붙어 있다. 시립 강당에도 사정은 마찬가지다. 고상하게만 광고한다면 경찰차도 다르지 않다."[66]

경기장의 명명권과 기업 후원은 대중 사이에 도덕적 관점이 번지거나 최소한 대중에게 이를 고민하게 하는 계기가 되었다. 그래서 순찰차 광고를 둘러싼 반박이 수면 위로 떠오를 무렵, 대중들은 상업적 관행이 시민 생활에 침입해 들어오는 문제에 관해 숙고할 준비가 돼 있었다.

결국 광고를 부착하는 조건으로 순찰차를 제공하겠다고 제의했던 노스캐롤라이나 소재의 회사는 뜻을 이루지 못했다. 해당 회사의 광고 계획에 불참하도록 전국 광고주를 설득하는 운동 등 대중들의 반대에 부딪혔기 때문에 계획을 포기해야 했고, 회사는 그로 인해 파산하고 말았다. 하지만 순찰차에 광고를 부착하자는 아이디어는 사라지지 않았다.

영국에서 기업의 후원을 받는 순찰자가 등장한 것은 1990년대로 내무부가 경찰청 연간 예산의 1퍼센트까지는 기업의 후원으로 충당할 수 있도록 허용하면서부터다. 한 경찰 관계자는 이렇게 말했다. "경찰은 최근까지 시장에서 금기시되는 영역이었지만, 이제 누구든 원하면 무엇이든 살 수 있게 되었다." 1996년 해러즈백화점은 "이 차는 해러즈의 후원을 받고 있습니다."라고 새겨진 순찰차를 타고 다니는 특별 경찰관을 선보인 바 있다.[67]

광고하는 순찰차는 마침내 미국에 도입되었지만 나스카 스타일은 아니었다. 2006년 매사추세츠 주 리틀턴의 경찰국은 지역 식료품 매장 체인인 도닐런스슈퍼마켓(Donelan's Supermarkets)의 튀지 않고 점잖은 내용의 광고 세 점을 순찰차 한 대에 부착했다. 범퍼에 붙이는 특대형 스티커처럼 생긴 광고물은 트렁크와 뒤쪽 범퍼에 부착되었다. 이렇게 홍보를 해주는 대가로 슈퍼마켓은 순찰차 한 대의 리스 비용으로 매년 1만 2천 달러를 시에 지불한다.[68]

내가 알고 있는 한 소방차에 광고를 부착하려는 시도는 없었다. 하지만 2010년 켄터키 프라이드 치킨(KFC)은 새롭게 출시한 '혀가 얼얼하게 매운 맛' 닭 날개 구이를 선전하기 위해 인디애나폴리스 소방국과 후원 협정을 맺었다. 협정에는 인디애나폴리스 소방국과 사진을 찍고 시립 문화센터에 비치된 소화기에 KFC의 창시자 커널 샌더스(Colonel Sanders)의 얼굴을 비롯해 KFC 로고를 부착하는 조건이 포함되었다. 인디애나 주의 다른 도시에서도 KFC는 비슷한 액수의 광고비를 지불하고 자사 로고를 소화전에 부착하는 권리를 획득했다.[69]

감옥과 학교

광고는 시민의 권위를 상징하고 공공 목적을 구현하는 두 기관, 즉 감옥과 학교에도 침투하고 있다. 2011년 뉴욕 주 버펄로 소재의 이리카운티 구금센터(Erie County Holding Center)는 피고들이 체포된 직후에 보는 고화질 텔레비전 화면에 광고를 내보내기 시작했다. 이러한 부류의 시청자에게 광고하려는 광고주는 누구일까? 바로 보석 보증인과 변호사다. 광고는 일 년을 단위로 주당 40달러에 거래되어 구금센터의 규칙과 면회시간에 대한 정보와 함께 방송된다. 광고는 수감자들을 방문하기 위해 가족과 친구가 기다리는 로비에도 방송된다. 카운티 정부는 광고 수입의 3분의 1을 받아 연간 8천~1만 5천 달러를 카운티 재정에 보태고 있다.[70]

광고는 신속하게 팔렸다. 애당초 계획을 세웠던 광고사 사장 앤서니 디나(Anthony N. Diina)는 본 광고 계획의 매력을 이렇게 설명했다. "구금센터에 갇히고 나면 무엇을 원하겠는가? 우선 감옥에서 나가고 싶을 것이고 기소 당하고 싶지 않을 것이다. 따라서 보석과 변호사를 원한다." 이렇게 광고와 시청자가 완전히 맞아떨어진다. 디나는 《버펄로뉴스(The Buffalo News)》와의 인터뷰에서 이렇게 말했다. "광고는 사람들이 결정을 내리고 싶어하는 순간에 해야 한다. 이 경우가 바로 그렇다. 수감자들은 궁극적으로 피동적 수용자다."[71]

채널 원(Channel One)은 다른 부류의 피동적 수용자, 즉 전국의 교실에서 채널 원을 시청해야 하는 수백만 명의 십대에게 광고 메시지를 흘려 보낸다. 사업가 크리스 휘틀(Chris Whittle)은 1989년 광고 협찬을 받는 12분짜리 텔레비전 뉴스 프로그램을 시작했다. 그는 학교에 텔레비전 수상기, 비디오 장비, 위성 연결을 무료로 제공하는 대가로 2분간의 광고를 포함한 뉴스 프로그램을 전교생에게 매일 보여주어야 한다는 조건을 달았다. 뉴욕 주는 채널 원을 학교에서 방송하지 못하도록 금지시켰지만 대부분의 주는 허용했다. 2000년 즈음 1만 2천 곳의 학교에 재학하는 800만 명의 학생이 채널 원을 시청했다. 이 숫자가 미국 내 전체 십대의 40퍼센트 이상에 달하자 채널 원은 펩시, 스니커즈, 클리어라실, 게토레이, 리복, 타코 벨, 미 육군 등 광고주에게 32초 단위의 광고에 약 20만 달러에 달하는 할증료(지상파 텔레비전의 광고 요금과 비교해서)를 청구할 수 있었다.[72]

채널 원의 한 중역은 1994년 아동 마케팅 회의에서 자사의 재정적 성공을 이렇게 설명했다. "광고주에게 최대의 세일즈 포인트는 아동에게 2분짜리 광고를 강제로 보여주는 것이다. 화장실에 갈 수 없고, 자리를 바꿀 수도 없고, 뒤에서 소리 지르는 엄마도 없고, 닌텐도 게임을 할 수도 없고, 헤드셋을 쓸 수도 없는 아이들을 잡아둘 수 있기 때문이다."[73]

휘틀은 몇 년 전에 채널 원을 매각하고 지금은 뉴욕에서 영리 목적의 사립학교를 운영하고 있다. 채널 원은 더 이상 과거만큼 막강한 영향력을 휘두르지는 못한다. 2000년대 초반에 절정기에 이른 이후로 광고에 참여했던 학교와 주요 광고주의 3분의 1가량을 잃었다. 하지만 교실의 상업주의에 대한 금기를 깨는 데는 성공했다. 요즈음 공립학교에는 광고, 기업 후원, 간접광고, 심지어 명명권이 범람한다.[74]

물론 교실에서의 상업주의 현상이 완전히 새로운 것은 아니다. 1920년대 아이보리 비누(Ivory Soap)는 비누조각 대회용으로 비누를 기증했다. 채점판에 회사 로고를 부착하거나 고등학교 앨범에 광고를 게재하는 것은 오랜 관행으로 굳어져 있다. 하지만 1990년대 들어서면서 기업이 학교 활동에 개입하는 빈도가 급격하게 증가했다. 기업은 아이들의 마음에 브랜드 이름을 새기고 기업 이미지를 심어놓기 위하여 비디오·포스터·학습도구를 제작하여 교사들에게 무료로 제공했다. 기업은 그러한 자료를 일컬어 '협찬 교육자료'라고 불렀다. 학생들은 허시초콜릿이나 맥도널드가 제공한 교육자료를 이용해 영양에 관해 배우고, 엑슨(Exxon)이 제작한 비디오를 통해 알래스카 원유 유출의 영향력을 공부할 수 있었다. 프록터앤갬블(P&G)은 일회용 기저귀가 지구환경에 유익한 이유를 설명하는 환경 교과과정을 제공했다.[75]

2009년 세계 최대 아동서적 출판사인 스콜라스틱(Scholastic)은 초등학교 4학년 교사 6만 6천 명에게 에너지산업에 관한 교과과정 자료를 무료로 배포했다. '미국의 에너지'라는 제목의 교과과정은 미국 석탄재단에서 자금 지원을 받아 제작되었다. 업계의 후원으로 제작된 교육자료는 석탄의 이점은 부각했지만 탄광 사고, 유독성 폐기물, 온실 가스, 석탄이 환경에 미치는 영향은 전혀 언급하지 않았다. 일방적 내용의 교과과정을 비난하는 여론이 확대되고 있다고 언론이 보도하자 스콜라스틱은 기업의 후원을 받는 출판의 규모를 축소하겠다고 발표했다.[76]

기업의 후원을 받은 무료 교육자료가 모두 이념적 내용을 선전하는 것은 아니다. 일부 자료는 브랜드 이름만 선전한다. 한 유명한 예로 캠벨수프(Campbell Soup Company)는 과학적 방법을 가르칠 목적으로 제작한 과학도구 세트를 무료로 제공했다. 세트에 포함되어 있는 눈금 수저를 사용해 학생들은 캠벨의 프레고(Prego) 스파게티 소스가 경쟁기업 제품인 라구(Ragu)보다 진하다는 사실을 입증하는 방법을 살펴보았다.

제너럴밀스(General Mills)는 '분출구 : 경이로운 지구'라는 제목으로 화산에 관한 과학 교과과정을 교사들에게 제공했다. 여기에 포함된 도구 세트에는 깨물면 가운데 부드러운 부분이 '터지는' 프루트거셔즈(Fruit Gushers, 6각형 모양의 과일향 젤라틴으로 만들어지고 속에는 시럽이 들어 있는 스낵-옮긴이) 캔디의 무료 견본이 들어 있었다. 교사 지침서에는 학생들에게 프루트거셔즈를 깨물게 해서 그때 느낌을 화산 폭발과 비교해보게 하라고 적혀 있다. 투씨롤(Toosie Roll) 세트는 초등학교 3학년 학생들이 투씨롤의 개수를 세면서 산수 연습을 할 수 있도록 가르쳤다. 또한 글쓰기 과제로는 투씨롤에 얽힌 추억을 주제로 가족과 인터뷰하여 작문해보라고 권했다.[77]

학교에 광고가 넘쳐나는 이유는 아이들의 구매력이 증가하고 가족 소비에 미치는 아이들의 영향력이 점점 커지기 때문이다. 미국 기업이 아이들을 대상으로 하는 광고에 투자한 비용은 1983년 1억 달러에서 2005년에는 168억 달러로 늘어났다. 아이들은 하루의 대부분을 학교에서 생활하기 때문에 마케팅 담당자들은 학생들을 공략하기 위해 공격적인 마케팅 활동을 펼친다. 유감스럽기는 하지만 교육에 필요한 재원이 부족한 까닭에 공립학교는 기업의 이러한 마케팅 활동을 적극 환영하는 추세다.[78]

2001년 뉴저지 주에 있는 한 초등학교는 공립학교로는 처음으로 기업 후원자에게 학교의 명명권을 팔았다. 해당 초등학교는 지역 슈퍼마켓에서 10만 달러를 기부받고 체육관을 숍라이트 오브 브룩론 센터(ShopRite of Brooklawn Center)로 개명했다. 그후로 다른 명명권 거래가 뒤를 이었다. 가장 수익성이 높은 거래 대상은 고등학교 미식축구장의 명명권으로 가격은 10만~100만 달러에 달했다. 2006년 필라델피아에 세워진 한 신생 공립고등학교는 목표가를 높게 책정했다. 해당 고등학교는 거래 가능한 명명권의 가격 목록을 발표하면서 공연예술 강당의 명명권은 100만 달러, 체육관은 75만 달러, 과학 실험실은 5만 달러, 학교 이름은 500만 달러를 제시했다. 마이크로소프트사는 학교 방문객 센터의 명명권을 10만 달러에 사들였다. 일부 명명권은 이보다 가격이 낮다. 매사추세츠 뉴베리포트에 있는 한 고등학교는 교장실의 명명권 가격으로 1만 달러를 제시했다.[79]

많은 교육청은 동원할 수 있는 온갖 공간에 노골적으로 광고를 유치해왔다. 2011년 콜로라도 주의 한 교육청은 성적표에 광고할 공간을 팔았다. 몇 년 전에는 플로리다에 있는 한 초등학교가 로널드 맥도널드가 등장하는 만화와 황금색 아치 로고가 그려진 맥도널드 광고가 인쇄된 표지에 성적표를 넣어 학생들에게 배포했다. 사실상 광고는 모든 과목에서 A나 B를 받은 학생이나 결석이 3회 미만인 학생에게 맥도널드의 해피밀 세트를 무료로 제공하려는 '성적표 인센티브' 계획의 일부였다. 하지만 이 광고계획은 지역사회의 반대에 부딪혀 무산되었다.[80]

2011년 미국 7개 주는 학교 통학버스의 양쪽 측면에 광고 부착을 승인했다. 통학버스 광고는 실내광고를 처음으로 허용한 학교가 있는 콜로라도 주에서 1990년대에 시작했다. 콜로라도 스프링스에서는 마운틴듀(Mountain Dew) 광고가 학교 복도를 장식하고, 버거킹 광고가 스쿨버스의 양쪽 측면을 뒤덮었다. 최근에는 미네소타, 펜실베이니아 등에 있는 학교들이 벽과 바닥에 거대한 '슈퍼 그래픽' 광고를 설치하고, 광고가 인쇄된 비닐로 라커와 라커룸 의자, 식당 테이블을 덮을 수 있

도록 광고주에게 허용했다.[81]

학교에 범람하는 상업화는 두 가지 면에서 부패했다. 첫째, 기업의 후원을 받아 제작된 교과자료의 대부분은 편견과 왜곡, 피상적 내용으로 가득하다. 놀랄 것도 없이, 소비자 연맹의 연구 결과에 따르면 기업에서 후원을 받아 제작된 교육자료의 80퍼센트가 후원자의 제품이나 관점에 호의적인 방향으로 기울어 있다. 둘째, 설사 기업 후원자가 나무랄 데 없이 훌륭한 질의 객관적 교육도구를 제공한다 해도, 상업적 광고는 학교의 목적에 어긋나기 때문에 여전히 학교에 유해할 것이다. 광고는 사람들에게 무언가를 원하고 자신의 욕구를 충족시키라고 부추긴다. 하지만 교육은 자신의 욕구를 비판적으로 돌아본 후에 욕구를 자제하거나 향상시키라고 가르친다. 광고의 목적은 소비자를 끌어들이는 것인 반면, 공립학교의 목적은 시민을 양성하는 것이다.[82]

어린 시절에 소비 사회를 지향하는 기본 훈련을 많이 받은 학생들에게 주변 세상에 관해 비판적으로 생각하는 시민으로 성장하도록 가르치는 일은 결코 쉽지 않다. 아이들이 걸어다니는 광고판이 되어 로고·라벨·라이센스 의류를 선전하며 등교하는 시대에, 학교가 소비지상주의 정신에 흠뻑 젖은 대중문화와 어느 정도 거리를 유지한다는 것은 매우 어렵지만, 그만큼 중요하기도 하다.

하지만 광고는 이렇게 거리를 두는 것을 싫어한다. 광고는 장소를 구분하는 경계를 흐리게 하며 모든 환경을 판매 장소로 만든다. 학교 광고주를 대상으로 열리는 마케팅 컨퍼런스의 홍보용 책자에는 "학교에서 수익의 흐름을 찾아라!"라고 적혀 있다. "읽는 법을 배우는 초등학교 1학년 학생이든 생애 첫 자가용을 고르는 십대이든, 우리는 전통적인 교실 환경에서 당신의 회사와 제품을 학생들에게 소개할 수 있다고 보장합니다!"[83]

마케팅 담당자들이 학교 문을 밀고 들어오면, 재정적으로 허덕이고 경기 침체, 재산세 상한제, 예산 삭감, 입학생 수 증가로 비틀거리는 학교들은 이들을 받아들일 수밖에 없다고 느낀다. 하지만 학교보다 더 큰 잘못은 우리 시민에게 있다. 아이들을 교육시키는 데 필요한 공공자금을 늘리지 않고 버거킹과 마운틴듀에 아이들의 시간을 팔고 아이들의 마음을 빌려주겠다는 결정을 내리고 있기 때문이다.

> 학교에 범람하는 상업화는 두 가지 면에서 부패했다. 첫째, 기업의 후원으로 제작된 교육 자료는 편견과 왜곡, 피상적 내용으로 가득하다. 둘째, 기업이 객관적인 자료를 제공한다 해도 상업적 광고는 학교의 목적에 어긋나기 때문에 여전히 유해하다.

스카이박스화

상업주의가 침투했다고 해서 모든 것이 파괴되지는 않는다. KFC 로고가 새겨진 소화전은 여전히 불길을 사로잡을 물을 제공한다. 할리우드 영화 광고로 도배한 지하철 차량을 타도 여전히 저녁식사 시간에 맞춰 귀가할 수 있다. 아이들은 투시롤을 세면서 산수를 익힐 수 있다. 홈구장에 원하는 이름을 붙일 수는 없더라도 스포츠팬들은 여전히 뱅크오브아메리카 스타디움, AT&T 파크, 링컨 파이낸셜필드 등에서 홈 팀을 응원할 수 있다.

하지만 어떤 대상이든 기업의 로고를 새기면 의미가 바뀐다. 시장은 흔적을 남기기 때문이다. 간접광고는 책의 품위를 변질시키고 저자와 독자의 관계를 타락시킨다. 신체에 새기는 문신 광고는 그 대가로 돈을 받는 사람을 사물화하고 품위를 떨어뜨린다. 교실에 침투한 상업주의는 학교의 교육적 목적을 훼손한다.

물론 이러한 판단에 이의가 있을 수 있다는 것은 인정한다. 사람들은 저마다 책·신체·학교의 의미, 이들에 대한 가치부여 방식을 놓고 의견을 달리할 수 있다. 실제로 가정생활·우정·성·출산·건강·교육·자연·예술·시민정신·스포츠 등 시장이 침입해온 많은 영역에 어떤 규범이 합당한지를 놓고 서로 의견이 다르다. 또한 사망 가능성에 관해 주장하는 방식에도 차이가 난다. 하지만 내가 말하려는 요점은 시장과 상업이 재화의 성질을 바꾸는 상황을 목격했다면 시장에 속한 영역은 무엇이고 시장에 속하지 않은 영역은 무엇인지 의문을 던져야 한다는 것이다. 그리고 재화의 의미와 목적, 재화를 지배해야 하는 가치를 놓고 깊이 사고하지 않고서는 이러한 질문에 대답할 수 없다.

그러다 보면 불가피하게 좋은 삶에 상충되는 개념에 관해 깊이 생각하기 마련이다. 이는 우리가 가끔은 발을 들여놓기를 두려워하는 영역이다. 우리는 반대에 부딪힐까봐 두려워서 자신의 도덕적·정신적 확신을 공공의 장에 내보이기를 주저한다. 하지만 이러한 문제에 맞서지 않고 뒷걸음질 친다고 해서 문제가 미해결 상태로 머물러 있지는 않는다. 그렇게 함으로써 우리는 시장이 우리 대신 결정을 내리도록 허용하게 되는 셈이다. 이것이 바로 지난 30년 동안 우리가 얻은 교훈이다. 시장지상주의 시대는 공공 담론에 도덕적·정신적 실체가 상당히 부족했던 시대와 일치한다. 시장을 제자리에 놓을 수 있는 유일한 희망은, 우리가 소중하게 생각하는 사회 관행과 재화의 의미에 관해 솔직하게 공개적으로 숙고하는 것이다.

이런저런 재화의 의미에 관해 논쟁하는 것을 넘어, 좀 더 큰 의문을 던져야 한다. 우리는 어떤 사회에서 살고 싶은가? 명명권과 시정 마케팅이 우리가 함께 살아가는 세상을 점유하면서 공적 성격을 약화시킨다. 상업화는 특정 재화를 훼손할 뿐 아니라 공통성을 잠식한다. 돈으로 살 수 있는 대상이 많아질수록 각계각층 사람들이 서로 마주칠 기회는 줄어든다. 야구경기장에서 스카이박스를 올려다보면서, 혹은 스카이박스 안에서 내려다보면서 이러한 현상을 목격한다. 과거에 야구경기장에서 여러 계층의 사람들이 한데 섞여 응원했던 경험이 사라지고 있는 현상은 스카이박스를 올려다보는 사람뿐 아니라 그곳에서 내려다보는 사람들에게도 상실(喪失)이다.

사회 전반에 걸쳐서도 비슷한 현상이 일어나고 있다. 불평등이 점차 심화하면서 모든 것이 시장의 지배를 받는 현상은 부유한 사람과 그렇지 못한 사람들의 삶이 점차 분리되고 있다는 의미다. 우리는 서로 다른 장소에서 살고 일하고 쇼핑하며 논다. 우리 아이들은 서로 다른 학교에 다닌다. 우리는 이러한 현상을 가리켜 스카이박스화(skyboxification)되고 있다고 말할 수 있을지 모르겠다. 이는 민주주의에 좋지 않으며 만족스러운 생활방식도 아니다.

민주주의는 완벽한 평등을 필요로 하지는 않지만 시민에게 공동체적 생활을 공유할 것을 요구한다. 그러려면 배경·사회적 위치·태도·신념이 서로 다른 사람들이 매일 생활하며 서로 마주하고 부딪치는 것이 중요하다. 그래야 서로의 차이를 견뎌내고 이를 놓고 협상하고 공공선에 관심을 쏟는 법을 배울 수 있다.

따라서 결국 시장의 문제는 사실상 우리가 어떻게 함께 살아가고 싶은가에 관한 문제다. 모든 것을 사고팔 수 있는 사회에서 살고 싶은가? 시장에서 거래되지 않고 돈으로도 살 수 없는 도덕적·시민적 재화는 존재하는가?

주

■ 서론: 시장과 도덕

1. Jennifer Steinhauer, "For $82 a Day, Booking a Cell in a 5-Star Jail," *New York Times*, April 29, 2007.
2. Daniel Machalaba, "Paying for VIP Treatment in a Traffic Jam: More Cities Give Drivers Access to Express Lanes—for a Fee," *Wall Street Journal*, June 21, 2007.
3. Sam Dolnick, "World Outsources Pregnancies to India," *USA Today*, December 31, 2007; Amelia Gentleman, "India Nurtures Business of Surrogate Motherhood," *New York Times*, March 10, 2008.
4. Eliot Brown, "Help Fund a Project, and Get a Green Card," *Wall Street Journal*, February 2, 2011; Sumathi Reddy, "Program Gives Investors Chance at Visa," *Wall Street Journal*, June 7, 2011.
5. Brendan Borrell, "Saving the Rhino Through Sacrifice," *Bloomberg Businessweek*, December 9, 2010.
6. Tom Murphy, "Patients Paying for Extra Time with Doctor: 'Concierge' Practices, Growing in Popularity, Raise Access Concerns," *Washington Post*, January 24, 2010; Paul Sullivan, "Putting Your Doctor, or a Whole Team of Them, on

Retainer," *New York Times*, April 30, 2011.
7. www.pointcarbon.com.에서 현재의 유로화 가치를 확인할 수 있다.
8. Daniel Golden, "At Many Colleges, the Rich Kids Get Affirmative Action: Seeking Donors, Duke Courts 'Development Admits,'" *Wall Street Journal*, February 20, 2003.
9. Andrew Adam Newman, "The Body as Billboard: Your Ad Here," *New York Times*, February 18, 2009.
10. Carl Elliott, "Guinea-Pigging," *New Yorker*, January 7, 2008.
11. Matthew Quirk, "Private Military Contractors: A Buyer's Guide," *Atlantic*, September 2004, p. 39, quoting P. W. Singer; Mark Hemingway, "Warriors for Hire," *Weekly Standard*, December 18, 2006; Jeffrey Gettleman, Mark Massetti, and Eric Schmitt, "U.S. Relies on Contractors in Somalia Conflict," *New York Times*, August 10, 2011.
12. Sarah O'Connor, "Packed Agenda Proves Boon for Army Standing in Line," *Financial Times*, October 13, 2009; Lisa Lerer, "Waiting for Good Dough," *Politico*, July 26, 2007; Tara Palmeri, "Homeless Stand in for Lobbyists on Capitol Hill," CNN, http://edition.cnn.com/2009/POLITICS/07/13/line.standers/.
13. Amanda Ripley, "Is Cash the Answer?" *Time*, April 19, 2010, pp. 44-45.
14. 한 체중 감량에 관한 연구에서 참가자들은 16주 동안 체중을 14파운드 감량하고 평균 378.49달러를 받았다. 다음 글 참조. Kevin G. Volpp, "Paying People to Lose Weight and Stop Smoking," Issue Brief, Leonard Davis institute of Health Economics, University of Pennsylvania, vol. February 2009; K.G. Volpp et al., "Financial Incentive-Based Approaches for Weight Loss," *JAMA 300*(December 10, 2008): 2631-37.
15. Sophia Grene, "Securitising Life Policies Has Dangers," *Financial Times*, August 2, 2010; Mark Maremont and Leslie Scism, "Odds Skew Against Investors in Bets on Strangers' Lives," *Wall Street Journal*, December 21, 2010.
16. T. Christian Miller, "Contractors Outnumber Troops in Iraq," *Los Angeles Times*, July 4, 2007; James Glanz, "Contractors Outnumber U.S. Troops in Afghanistan," *New York Times*, September 2, 2009.

17. "Policing for Profit: Welcome to the New World of Private Security," *Economist*, April 19, 1997.
18. *Value in Ethics and Economics*(Cambridge, MA: Harvard University Press, 1993)에서 엘리자베스 앤더슨(Elizabeth Anderson)이 쓴 통찰력 있는 설명에서 큰 도움을 받았다.
19. Edmund L. Andrews, "Greenspan Concedes Error on Regulation," *New York Times*, October 24, 2008.
20. "What Went Wrong with Economics," *The Economist*, July 16, 2009.
21. Frank Newport, "Americans Blame Government More Than Wall Street for Economy," Gallup Poll, October 19, 2011, www.gallup.com/poll/150191/Americans-Blame-Gov-Wall-Street-Economy.aspx.
22. William Douglas, "Occupy Wall Street Shares Roots with Tea Party Protesters—but Different Goals," *Miami Herald*, October 19, 2011; David S. Meyer, "What Occupy Wall Street Learned from the Tea Party," *Washington Post*, October 7, 2011; Dunstan Prial, "Occupy Wall Street, Tea Party Movements Both Born of Bank Bailouts," Fox Business, October 20, 2011, www.foxbusiness.com/markets/2011/10/19/occupy-wall-street-tea-party-born-bank-bailouts.

■ **1장: 새치기**

1. Christopher Caldwell, "First-Class Privilege," *New York Times Magazine*, May 11, 2008, pp. 9–10.
2. The United Airlines Premier Line is described at https://store.united.com/traveloptions/control/category?category_id=UM_PMRLINE&navSource=Travel+Options+Main+Menu&linkTitle=UM_PMRLINE; David Millward, "Luton Airport Charges to Jump Security Queue," *Telegraph*, March 26, 2009, www.london-luton.co.uk/en/prioritylane.
3. Caldwell, "First-Class Privilege."
4. Ramin Setoodeh, "Step Right Up! Amusement-Park Visitors Pay Premium to

Avoid Long Lines," *Wall Street Journal*, July 12, 2004, p. B1; Chris Mohney, "Changing Lines: Paying to Skip the Queues at Theme Parks," Slate, July 3, 2002; Steve Rushin, "The Waiting Game," *Time*, September 10, 2007, p. 88; Harry Wallop, "£350 to Queue Jump at a Theme Park," *Telegraph*, February 13, 2011. The quote is from Mohney, "Changing Lines."

5. Setoodeh, "Step Right Up!"; Mohney, "Changing Lines"; www.universalstudios hollywood.com/ticket_front_of_line.html.

6. www.esbnyc.com/observatory_visitors_tips.asp; https://ticketing.esbnyc.com/Webstore/Content.aspx?Kind=LandingPage.

7. www.hbo.com/curb-your-enthusiasm/episodes/index.html#1/curb-your-enthusiasm/episodes/4/36-the-car-pool-lane/synopsis.html.

8. Timothy Egan, "Paying on the Highway to Get Out of First Gear," *New York Times*, April 28, 2005, p. A1; Larry Copeland, "Solo in the Car-pool Lane?" *USA Today*, May 9, 2005, p. 3A; Daniel Machalaba, "Paying for VIP Treatment in a Traffic Jam," *Wall Street Journal*, June 21, 2007, p. 1; Larry Lane, " 'HOT' Lanes Wide Open to Solo Drivers—For a Price," *Seattle Post-Intelligencer*, April 3, 2008, p. A1; Michael Cabanatuan, "Bay Area's First Express Lane to Open on I-680," *San Francisco Chronicle*, September 13, 2010.

9. Joe Dziemianowicz, "Shakedown in the Park: Putting a Price on Free Shakespeare Tickets Sparks an Ugly Drama," *Daily News*, June 9, 2010, p. 39.

10. Ibid.; Glenn Blain, "Attorney General Andrew Cuomo Cracks Down on Scalping of Shakespeare in the Park Tickets," *Daily News*, June 11, 2010; "Still Acting Like Attorney General, Cuomo Goes After Shakespeare Scalpers," *Wall Street Journal*, June 11, 2010.

11. Brian Montopoli, "The Queue Crew," *Legal Affairs*, January/February 2004; Libby Copeland, "The Line Starts Here," *Washington Post*, March 2, 2005; Lisa Lerer, "Waiting for Good Dough," *Politico*, July 26, 2007; Tara Palmeri, "Homeless Stand in for Lobbyists on Capitol Hill," CNN, http://edition.cnn.com/2009/POLITICS/07/13/line.standers.

12. Sam Hananel, "Lawmaker Wants to Ban Hill Line Standers," *Washington Post*,

October 17, 2007; Mike Mills, "It Pays to Wait: On the Hill, Entrepreneurs Take Profitable Queue from Lobbyists," *Washington Post*, May 24, 1995; "Hustling Congress," *Washington Post*, May 29, 1995. Senator McCaskill is quoted in Sarah O'Connor, "Packed Agenda Proves Boon for Army Standing in Line," *Financial Times*, October 13, 2009.

13. Robyn Hagan Cain, "Need a Seat at Supreme Court Oral Arguments? Hire a Line Stander," FindLaw, September 2, 2011, http://blogs.findlaw.com/supreme court/2011/09/need-a-seat-at-supreme-court-oral-arguments-hire-a-line-stander.html; www.qmsdc.com/linestanding.html.
14. www.linestanding.com. Statement by Mark Gross at http://qmsdc.com/Response%20to%20S-2177.htm.
15. 고메스(Gomes)의 말은 팔메리(Palmeri)가 쓴 "Homeless Stand in for Lobbyists on Capitol Hill."에 인용되어 있다.
16. Ibid.
17. David Pierson, "In China, Shift to Privatized Healthcare Brings Long Lines and Frustration," *Los Angeles Times*, February 11, 2010; Evan Osnos, "In China, Health Care Is Scalpers, Lines, Debt," *Chicago Tribune*, September 28, 2005; "China Focus: Private Hospitals Shoulder Hopes of Revamping China's Ailing Medical System," Xinhua News Agency, March 11, 2010, www.istockanalyst.com/article/viewiStockNews/articleid/3938009.
18. Yang Wanli, "Scalpers Sell Appointments for 3,000 Yuan," *China Daily*, December 24, 2009, www.chinadaily.com.cn/bizchina/2009-12/24/content 9224785.htm; Pierson, "In China, Shift to Privatized Healthcare Brings Long Lines and Frustration."
19. Osnos, "In China, Health Care Is Scalpers, Lines, Debt."
20. Murphy, "Patients Paying for Extra Time with Doctor"; Abigail Zuger, "For a Retainer, Lavish Care by 'Boutique Doctors,'" *New York Times*, October 30, 2005.
21. Paul Sullivan, "Putting Your Doctor, or a Whole Team of Them, on Retainer," *New York Times*, April 30, 2011, p. 6; Kevin Sack, "Despite Recession,

Personalized Health Care Remains in Demand," *New York Times*, May 11, 2009.

22. Sack, "Despite Recession, Personalized Health Care Remains in Demand."
23. www.md2.com/md2-vip-medical.php.
24. www.md2.com/md2-vip-medical.php?qsx=21.
25. Samantha Marshall, "Concierge Medicine," *Town & Country*, January 2011.
26. Sullivan, "Putting Your Doctor, or a Whole Team of Them, on Retainer"; Drew Lindsay, "I Want to Talk to My Doctor," *Washingtonian*, February 2010, pp. 27–33.
27. Zuger, "For a Retainer, Lavish Care by 'Boutique Doctors.'"
28. Lindsay, "I Want to Talk to My Doctor"; Murphy, "Patients Paying for Extra Time with Doctor"; Zuger, "For a Retainer, Lavish Care by 'Boutique Doctors'"; Sack, "Despite Recession, Personalized Health Care Remains in Demand."
29. 최근 연구 결과에 따르면, 매사추세츠 주에서 대다수의 가정의와 내과 의사는 새 환자를 받고 있지 않다. Robert Pear, "U.S. Plans Stealth Survey on Access to Doctors," *New York Times*, June 26, 2011. 참조
30. N. Gregory Mankiw, *Principles of Microeconomics*, 5th ed. (Mason, OH: South-Western Cengage Learning, 2009), pp. 147, 149, 151.
31. N. Gregory Mankiw, *Principles of Microeconomics*, 1st ed. (Mason, OH: South-Western Cengage Learning, 1998), p. 148.
32. Blain, "Attorney General Cuomo Cracks Down on Scalping of Shakespeare in the Park Tickets."
33. Richard H. Thaler, an economist, quoted in John Tierney, "Tickets? Supply Meets Demand on Sidewalk," *New York Times*, December 26, 1992.
34. Marjie Lundstrom, "Scalpers Flipping Yosemite Reservations," *Sacramento Bee*, April 18, 2011.
35. "Scalpers Strike Yosemite Park: Is Nothing Sacred?" editorial, *Sacramento Bee*, April 19, 2011.
36. Suzanne Sataline, "In First U.S. Visit, Pope Benedict Has Mass Appeal: Catholic Church Tries to Deter Ticket Scalping," *Wall Street Journal*, April 16, 2008.
37. John Seabrook, "The Price of the Ticket," *New Yorker*, August 10, 2009. The $4

million fi gure comes from Marie Connolly and Alan B. Kreuger, "Rockonomics: The Economics of Popular Music," March 2005, working paper, www.krueger. princeton.edu/working_papers.html.
38. Seabrook, "The Price of the Ticket."
39. Andrew Bibby, "Big Spenders Jump the Queue," *Mail on Sunday* (London), March 13, 2006; Steve Huettel, "Delta Thinks of Charging More for American Voice on the Phone," *St. Petersburg Times*, July 28, 2004; Gersh Kuntzman, "Delta Nixes Special Fee for Tickets," *New York Post*, July 29, 2004.

■ **2장: 인센티브**

1. Michelle Cottle, "Say Yes to CRACK," *New Republic*, August 23, 1999; William Lee Adams, "Why Drug Addicts Are Getting Sterilized for Cash," *Time*, April 17, 2010. http://projectprevention.org/statistics에 따르면, 불임시술이나 장기 피임을 하는 대가로 프로젝트프리벤션에서 현금을 지급받은 마약 중독자와 알코올 중독자(남녀를 포함해서)의 수는 2011년 8월을 기준으로 3848명이었다.
2. Pam Belluck, "Cash for Sterilization Plan Draws Addicts and Critics," *New York Times*, July 24, 1999; Adams, "Why Drug Addicts Are Getting Sterilized for Cash"; Cottle, "Say Yes to CRACK."
3. Adams, "Why Drug Addicts Are Getting Sterilized for Cash"; Jon Swaine, "Drug Addict Sterilized for Cash," *Telegraph*, October 19, 2010; Jane Beresford, "Should Drug Addicts Be Paid to Get Sterilized?" *BBC News Magazine*, February 8, 2010, http://news.bbc.co.uk/2/hi/uk_news/magazine/8500285.stm.
4. Deborah Orr, "Project Prevention Puts the Price of a Vasectomy—and for Forfeiting a Future—at £200," *Guardian*, October 21, 2010; Andrew M. Brown, "Paying Drug Addicts to be Sterilised Is Utterly Wrong," *Telegraph*, October 19, 2010; Michael Seamark, "The American Woman Who Wants to 'Bribe" UK Heroin Users with £200 to Have Vasectomies," *Daily Mail*, October 22, 2010; Anso Thom, "HIV Sterilisation Shock: Health Ministry Slams

Contraception Idea," *Daily News* (South Africa), April 13, 2011; "Outrage over 'Cash for Contraception' Offer to HIV Positive Women," *Africa News*, May 12, 2011.

5. Adams, "Why Drug Addicts Are Getting Sterilized for Cash."
6. Gary S. Becker, *The Economic Approach to Human Behavior* (Chicago: University of Chicago Press, 1976), pp. 3-4.
7. Ibid., pp. 5-8.
8. Ibid., pp. 7-8.
9. Ibid., p. 10. Emphasis in original.
10. Ibid., pp. 12-13.
11. Amanda Ripley, "Should Kids Be Bribed to Do Well in School?" *Time*, April 19, 2010.
12. 프라이어가 수행한 연구의 결과는 다음 책에 요약되어 있다. 연구 결과 전체를 보려면 다음 글 참조. Roland G. Fryer, Jr., "Financial Incentives and Student Achievement: Evidence from Randomized Trials," *Quarterly Journal of Economics* 126(November 2011): 1755-98, www.economics.harvard.edu/faculty/fryer/papers_fryer.
13. Fryer, "Financial Incentives and Student Achievement"; Jennifer Medina, "Next Question: Can Students Be Paid to Excel?" *New York Times*, March 5, 2008.
14. Fryer, "Financial Incentives and Student Achievement"; Bill Turque, "D.C. Students Respond to Cash Awards, Harvard Study Shows," *Washington Post*, April 10, 2010.
15. Fryer, "Financial Incentives and Student Achievement."
16. Ibid.
17. Ibid.
18. Michael S. Holstead, Terry E. Spradlin, Margaret E. McGillivray, and Nathan Burroughs, "The Impact of Advanced Placement Incentive Programs," Indiana University, Center for Evaluation & Education Policy, Education Policy Brief, vol. 8, Winter 2010; Scott J. Cech, "Tying Cash Awards to AP-Exam Scores Seen as Paying Off," *Education Week*, January 16, 2008; C. Kirabo Jackson, "A

Little Now for a Lot Later: A Look at a Texas Advanced Placement Incentive Program," *Journal of Human Resources* 45 (2010), http://works.bepress.com/c_kirabo_jackson/1/.

19. "Should the Best Teachers Get More Than an Apple?" *Governing Magazine*, August 2009; National Incentive-Pay Initiatives, National Center on Per for mance Incentives, Vanderbilt University, www.performanceincentives.org/news/detail.aspx?pageaction=ViewSinglePublic&LinkID=46&ModuleID=28&NEWSPID=1; Matthew G. Springer et al., "Teacher Pay for Per for mance," National Center on Per for mance Incentives, September 21, 2010, www.performanceincentives.org/news/detail.aspx?pageaction=ViewSinglePublic&LinkID=561&ModuleID=48&NEWSPID=1; Nick Anderson, "Study Undercuts Teacher Bonuses," *Washington Post*, September 22, 2010.

20. Sam Dillon, "Incentives for Advanced Work Let Pupils and Teachers Cash In," *New York Times*, October 3, 2011.

21. Jackson, "A Little Now for a Lot Later."

22. Ibid.

23. Pam Belluck, "For Forgetful, Cash Helps the Medicine Go Down," *New York Times*, June 13, 2010.

24. Ibid.; Theresa Marteau, Richard Ashcroft, and Adam Oliver, "Using Financial Incentives to Achieve Healthy Behavior," *British Medical Journal* 338 (April 25, 2009): 983–85; Libby Brooks, "A Nudge Too Far," *Guardian*, October 15, 2009; Michelle Roberts, "Psychiatric Jabs for Cash Tested," BBC News, October 6, 2010; Daniel Martin, "HMV Voucher Bribe for Teenage Girls to Have Cervical Jabs," *Daily Mail* (London), October 26, 2010.

25. Jordan Lite, "Money over Matter: Can Cash Incentives Keep People Healthy?" *Scientifi c American*, March 21, 2011; Kevin G. Volpp et al., "A Randomized, Controlled Trial of Financial Incentives for Smoking Cessation," *New England Journal of Medicine* 360 (February 12, 2009); Brendan Borrell, "The Fairness of Health Insurance Incentives," *Los Angeles Times*, January 3, 2011; Robert Langreth, "Healthy Bribes," *Forbes*, August 24, 2009; Julian Mincer, "Get Healthy

or Else...," *Wall Street Journal*, May 16, 2010.

26. www.nbc.com/the-biggest-loser.

27. K. G. Volpp et al., "Financial Incentive–Based Approaches for Weight Loss," *JAMA* 300 (December 10, 2008): 2631–37; Liz Hollis, "A Pound for a Pound," *Prospect*, August 2010.

28. Victoria Fletcher, "Disgust over NHS Bribes to Lose Weight and Cut Smoking," *Express* (London), September 27, 2010; Sarah-Kate Templeton, "Anger Over NHS Plan to Give Addicts iPods," *Sunday Times* (London), July 22, 2007; Tom Sutcliffe, "Should I Be Bribed to Stay Healthy?" *Independent* (London), September 28, 2010; "MP Raps NHS Diet-for-Cash Scheme," BBC News, January 15, 2009; Miriam Stoppard, "Why We Should Never Pay for People to Be Healthy!" *Mirror* (London), October 11, 2010.

29. Harald Schmidt, Kristin Voigt, and Daniel Wikler, "Carrots, Sticks, and Health Care Reform—Problems with Wellness Incentives," *New England Journal of Medicine* 362 (January 14, 2010); Harald Schmidt, "Wellness Incentives Are Key but May Unfairly Shift Healthcare Costs to Employees," *Los Angeles Times*, January 3, 2011; Julie Kosterlitz, "Better Get Fit—Or Else!" *National Journal*, September 26, 2009; Rebecca Vesely, "Wellness Incentives Under Fire," *Modern Healthcare*, November 16, 2009.

30. 뇌물에 관련한 반박을 다른 반박과 연결지어 생각해보려면 다음 글 참조. Richard E. Ashroft, "Personal Financial Incentives in Health Promotion: Where Do They Fit in an Ethic of Autonomy?" *Health Expectations* 14(June 2011): 191-200.

31. V. Paul-Ebhohimhen and A. Avenell, "Systematic Review of the Use of Financial Incentives in Treatments for Obesity and Overweight," *Obesity Reviews* 9 (July 2008): 355–67; Lite, "Money over Matter"; Volpp, "A Randomized, Controlled Trial of Financial Incentives for Smoking Cessation"; Marteau, "Using Financial Incentives to Achieve Healthy Behaviour."

32. Gary S. Becker, "Why Not Let Immigrants Pay for Speedy Entry," in Gary S. Becker and Guity Nashat Becker, eds., *The Economics of Life* (New York: McGraw Hill, 1997), pp. 58–60, originally appeared in *BusinessWeek*, March

2, 1987; Gary S. Becker, "Sell the Right to Immigrate," Becker-Posner Blog, February 21, 2005, www.becker-posner-blog.com/2005/02/sell-the-right-to-immigrate-becker.html.
33. Julian L. Simon, "Auction the Right to Be an Immigrant," *New York Times*, January 28, 1986.
34. Sumathi Reddy and Joseph de Avila, "Program Gives Investors Chance at Visa," *Wall Street Journal*, June 7, 2011; Eliot Brown, "Help Fund a Project, and Get a Green Card," *Wall Street Journal*, February 2, 2011; Nick Timiraos, "Foreigners' Sweetener: Buy House, Get a Visa," *Wall Street Journal*, October 20, 2011.
35. Becker, "Sell the Right to Immigrate."
36. Peter H. Schuck, "Share the Refugees," *New York Times*, August 13, 1994; Peter H. Schuck, "Refugee Burden-Sharing: A Modest Proposal," *Yale Journal of International Law* 22 (1997): 243–97.
37. Uri Gneezy and Aldo Rustichini, "A Fine Is a Price," *Journal of Legal Studies* 29 (January 2000): 1–17.
38. Peter Ford, "Egalitarian Finland Most Competitive, Too," *Christian Science Monitor*, October 26, 2005; "Finn's Speed Fine Is a Bit Rich," BBC News, February 10, 2004, http://news.bbc.co.uk/2/hi/business/3472785.stm; "Nokia Boss Gets Re-cord Speeding Fine," BBC News, January 14, 2002, http://news.bbc.co.uk/2/hi/europe/1759791.stm.
39. Sandra Chereb, "Pedal-to-Metal Will Fill Nevada Bud get Woes?" Associated Press State and Local Wire, September 4, 2010; Rex Roy, "Pay to Speed in Nevada," AOL original, October 2, 2010, http://autos.aol.com/article/pay-to-speed-nevada/.
40. Henry Chu, "Paris Metro's Cheaters Say Solidarity Is the Ticket," *Los Angeles Times*, June 22, 2010.
41. Malcolm Moore, "China's One-Child Policy Undermined by the Rich," *Telegraph* (London), June 15, 2009; Michael Bristow, "Grey Areas in China's One-Child Policy," BBC News, September 21, 2007, http://news.bbc.co.uk/2/hi/asia-pacific/7002201.stm; Clifford Coonan, "China Eases Rules on One ChildPolicy,"

Independent (London), April 1, 2011; Zhang Ming'ai, "Heavy Fines for Violators of One-Child Policy," china.org.cn, September 18, 2007, www.china.org.cn/english/government/224913.htm.

42. "Beijing to Fine Celebrities Who Break 'One Child' Rule," Xinhua news agency, January 20, 2008, http://english.sina.com/china/1/2008/0120/142656.html; Melinda Liu, "China's One Child Left Behind," *Newsweek*, January 19, 2008; Moore, "China's One-Child Policy Undermined by the Rich."
43. Kenneth E. Boulding, *The Meaning of the Twentieth Century* (New York: Harper, 1964), pp. 135–36.
44. David de la Croix and Axel Gosseries, "Procreation, Migration and Tradable Quotas," CORE Discussion Paper No. 2006/98, November 2006, available at SSRN, http://ssrn.com/abstract=970294.
45. Michael J. Sandel, "It's Immoral to Buy the Right to Pollute," *New York Times*, December 15, 1997.
46. Sanford E. Gaines, Michael Leifman, Eric S. Maskin, Steven Shavell, Robert N. Stavins가 편집자에게 보낸 편지의 내용이다. "Emissions Trading Will Lead to Less Pollution," *New York Times*, December 17, 1997. 원래 기사와 함께 일부 편지는 다음 글에 재 인쇄되었다. Robert N. Stavins, ed., *Economics of the Environment: Selected Readings*, 5th ed. (New York: Norton, 2005), pp. 355-58. 다음 글 또한 참조하라. Mark Sagoff, "Controlling Global Climate: The Debate over Pollution Trading," *Report from the Institute for Philosophy & Public Policy* 19, no. 1 (Winter 1999).
47. 내 입장을 변호하기 위해 몇 마디 하려 한다. "오염권을 구매하는 행위는 비도덕적이다."라는 도발적인 제목(내가 붙인 제목이 아니라 편집자가 고른 제목이다)이 오해를 불렀을지는 모르지만 실제로 기사에서는 이산화탄소를 배출하는 행위가 불미스럽다고 주장하지 않았다. 많은 사람들이 그렇게 읽었다면 내 견해를 분명하게 밝힐 필요가 있다. 이 점에 관해 함께 토론해준 피터 캐나보(Peter Cannavo)와 조슈아 코헨(Joshua Cohen)에게 감사한다. 또한 당시에 하버드 법학대학 학생으로 이 주제에 관해 내가 세미나를 진행할 수 있도록 훌륭한 논문을 쓴 제프리 스코펙(Jeffrey Skopek)에게 도움을 받았다.

48. Paul Krugman, "Green Economics," *New York Times Magazine*, April 11, 2010.
49. See Richard B. Stewart, "Controlling Environmental Risks Through Economic Incentives," *Columbia Journal of Environmental Law* 13 (1988): 153–69; Bruce A. Ackerman and Richard B. Stewart, "Reforming Environmental Law," *Stanford Law Review* 37 (1985); Bruce A. Ackerman and Richard B. Stewart, "Reforming Environmental Law: The Democratic Case for Market Incentives," *Columbia Journal of Environmental Law* 13 (1988): 171–99; Lisa Heinzerling, "Selling Pollution, Forcing Democracy," *Stanford Environmental Law Journal* 14 (1995): 300–44. See generally Stavins, *Economics of the Environment*.
50. Broder, "From a Theory to a Consensus on Emissions." 이산화황 배출권 거래제에 대한 비판적 견해에 관해서는 다음 글 참조. James Hansen, "Cap and Fade," New York Times, December 7, 2009.
51. Broder, "From a Theory to a Consensus on Emissions." 이산화황 배출권 거래제에 대한 비판적 견해에 관해서는 다음 글 참조. James Hansen, "Cap and Fade," *New York Times*, December 7, 2009.
52. See BP "target neutral" website, www.bp.com/sectionbodycopy.do?categoryId=9080&contentId=7058126; £20 yearly estimate is at www.bp.com/sectiongenericarticle.do?categoryId=9032616&contentId=7038962; for British Airways carbon offset projects, see www.britishairways.com/travel/csr-projects/public/en_gb.
53. 하버드대학교 법학대학에서 내가 이끌었던 세미나에 출석했던 제프리 M. 스코펙은 탄소상쇄에 관한 비판을 다음 글에서 상세하게 서술했다. "Note: Uncommon Goods: On Environmental Virtues and Voluntary Carbon Offsets," *Havard Law Review* 123, no. 8(June 2010): 2065-87.
54. 탄소상쇄 정책을 변호하는 신중한 경제학자의 주장을 살펴보려면 다음 글 참조. Robert M. Frank, "Carbon Offsets: A Small Price to Pay for Efficiency," *New York Times*, May 31, 2009.
55. Brendan Borrell, "Saving the Rhino Through Sacrifi ce," *Bloomberg Businessweek*, December 9, 2010.
56. Ibid.

57. C. J. Chivers, "A Big Game," *New York Times Magazine*, August 25, 2002.
58. Ibid.
59. Paul A. Samuelson, *Economics: An Introductory Analysis*, 4th ed. (New York: McGraw-Hill, 1958), pp. 6–7.
60. N. Gregory Mankiw, *Principles of Economics*, 3rd ed. (Mason, OH: Thomson South-Western, 2004), p. 4.
61. Steven D. Levitt and Stephen J. Dubner, *Freakonomics: A Rogue Economist Explores the Hidden Side of Everything*, revised and expanded ed. (New York: William Morrow, 2006), p. 16.
62. 인텐시브와 그 역사의 개념에 대한 이해를 돕기 위한 토론으로는 다음 글 참조. see Ruth W. Grant, "Ethics and Incentives: A Po liti cal Approach," *American Political Science Review* 100 (February 2006): 29–39.
63. Google Books Ngram Viewer, http://ngrams.googlelabs.com/graph?content=incentives&year_start=1940&yearend=2008&corpus=0&smoothing=3. Accessed September 9, 2011.
64. Levitt and Dubner, *Freakonomics*, p. 16.
65. Ibid., p. 17.
66. Google Books Ngram Viewer, http://ngrams.googlelabs.com/graph?content=incentivize&year_start=1990&year_end=2008&008corpus=0&smoothing=3. Accessed September 9, 2011.
67. LexisNexis academic search of major newspapers by de cade for "incentivize" or "incentivise." Accessed September 9, 2011.
68. Data compiled from the American Presidency Project, University of California, Santa Barbara, archive of Public Papers of the Presidents, www.presidency.ucsb.edu/ws/index.php#1TLVOyrZt.
69. 세계경제포럼(World Economic Forum)에서 실시한 영국 수상의 연설, Davos, January 28, 2011, www.number10.gov.uk/news/prime-ministers-speech-at-the-world-economic-forum/;캐머론은 존 F. 번스와 앨런 코웰의 다음 글에 실린 런던 폭동을 인용했다. "After Riots, British Leaders Offer Divergent Proposals," *New York Times*, August 16, 2011.

70. Levitt and Dubner, *Freakonomics*, pp. 190, 46, 11.
71. Mankiw, *Principles of Economics*, 3rd ed., p. 148.
72. 공리주의에 대한 이 같은 반박에 관해 좀 더 깊이 생각해보려면 다음 글 참조. Michael J. Sandel, *Justice: What's the Right Thing to Do?* (New York: Farrar, Straus and Giroux, 2009), pp. 41-48, 52-56.

■ **3장: 시장은 어떻게 도덕을 밀어내는가**

1. Daniel E. Slotnik, "Too Few Friends? A Web Site Lets You Buy Some (and They're Hot)," *New York Times*, February 26, 2007.
2. Heathcliff Rothman, "I'd Really Like to Thank My Pal at the Auction House," *New York Times*, February 12, 2006.
3. Richard A. Posner, "The Regulation of the Market in Adoptions," *Boston University Law Review* 67 (1987): 59-72; Elizabeth M. Landes and Richard A. Posner, "The Economics of the Baby Shortage," *Journal of Legal Studies* 7 (1978): 323-48.
4. Elisabeth Rosenthal. "For a Fee, This Chinese Firm Will Beg Pardon for Anyone," *New York Times*, January 3, 2001.
5. Rachel Emma Silverman, "Here's to My Friends, the Happy Couple, a Speech I Bought: Best Men of Few Words Get Them on the Internet to Toast Bride and Groom," *Wall Street Journal*, June 19, 2002; Eilene Zimmerman, "A Toast from Your Heart, Written by Someone Else," *Christian Science Monitor*, May 31, 2002.
6. www.theperfecttoast.com; www.instantweddingtoasts.com.
7. Joel Waldfogel, "The Deadweight Loss of Christmas," *American Economic Review* 83, no. 5 (December 1993): 1328-36; Joel Waldfogel, *Scroogenomics: Why You Shouldn't Buy Presents for the Holidays* (Princeton: Princeton University Press, 2009), p. 14.
8. Waldfogel, *Scroogenomics*, pp. 14-15.

9. Joel Waldfogel, "You Shouldn't Have: The Economic Argument for Never Giving Another Gift," *Slate*, December 8, 2009, www.slate.com/articles/business/the_dismal_science/2009/12/you_shouldnt_have.html.
10. Mankiw, *Principles of Economics*, 3rd ed., p. 483.
11. Alex Tabarrok, "Giving to My Wild Self," December 21, 2006, http://marginalrevolution.com/marginalrevolution/2006/12/giving_to_my_wi.html.
12. Waldfogel, *Scroogenomics*, p. 48.
13. Ibid., pp. 48–50, 55.
14. Stephen J. Dubner and Steven D. Levitt, "The Gift-Card Economy," *New York Times*, January 7, 2007.
15. Waldfogel, *Scroogenomics*, pp. 55–56.
16. Jennifer Steinhauer, "Harried Shoppers Turned to Gift Certificates," *New York Times*, January 4, 1997; Jennifer Pate Offenberg, "Markets: Gift Cards," *Journal of Economic Perspectives* 21, no. 2 (Spring 2007): 227–38; Yian Q. Mui, "Gift-Card Sales Rise After Falling for Two Years," *Washington Post*, December 27, 2010; 2010 National Retail Federation Holiday Consumer Spending Report, cited in "Gift Cards: Opportunities and Issues for Retailers," Grant Thornton LLP, 2011, p. 2, www.grantthornton.com/portal/site/gtcom/menuitem.91c078ed5c0ef4ca80cd8710033841ca/?vgnextoid=a047bfc210VgnVCM1000003a8314RCRD&vgnextfmt=default.
17. 주디스 마틴의 견해는 트레이시 로즈혼(Tracie Rozhon)이 쓴 다음 기사에 인용되어 있다. "The Weary Holiday Shopper is Giving Plastic This Season," New York Times, December 9, 2002; Liz Pulliam Weston, "Gift Cards Are Not Gifts," MSN Money, http://articles.moneycentral.msn.com/SavingandDebt/FindDealsOnline/GiftCardsAreNotGifts.aspx.
18. "Secondary Gift Card Economy Sees Significant Growth in 2010," Marketwire, January 20, 2011, www.marketwire.com/press-release/secondary-gift-card-economy-sees-significant-growth-in-2010-1383451.htm; 상품권의 가격은 플라스틱 정글(Plastic Jungle) 웹사이트에서 제시된 금액이다. October 21, 2011, www.plasticjungle.com.

19. Offenberg, "Markets: Gift Cards," p. 237.
20. Sabra Chartrand, "How to Send an Unwanted Present on Its Merry Way, Online and Untouched," *New York Times*, December 8, 2003; Wesley Morris, "Regifter's Delight: New Software Promises to Solve a Holiday Dilemma," *Boston Globe*, December 28, 2003.
21. See Daniel Golden, *The Price of Admission* (New York: Crown, 2006); Richard D. Kahlenberg, ed., *Affirmative Action for the Rich* (New York: Century Foundation Press, 2010).
22. 캐스린 라실라(Kathrin Lassila)가 다음 글에서 인용한 예일 대학교 총장 릭 레빈(Rick Levin)의 주장 참조. "Way Yale Favors Its Own," Yale Alumni Magazine, November/December 2004, www.yalealumnimagazine.come/issues/2004_11/q_a/html; 또한 존 헤칭거(John Hechinger)가 다음 글에서 인용한 프린스턴 대학교 총장 셜리 틸먼(Shirley Tilghman)의 주장 참조. "The Tiger Roars: Under Tilghman, Princeton Adds Students, Battles Suits, Takes on the Eating Clubs," Wall Street Journal, July 17, 2006.
23. 나는 1998년 옥스퍼드대학교 브레이스노즈 칼리지(Brasenose College)에서 한 태너 강의(Tanner Letures, 오버트 태너와 그의 아내 그레이스가 설립해서 매년 일류 대학에서 개최되는 '태너의 인간 가치에 대한 강의'의 일환-옮긴이)에서 상업화에 관한 이 두 가지 반박을 제시했다. 이 장에서는 당시 설명을 보완해서 제시하고 있다. Michael J. Sandel, "What Money Can't Buy," in Grethe B. Peterson, ed., *The Tanner Lectures on Human Values*, vol. 21 (Salt Lake City: University of Utah Press, 2000), pp. 87-122.
24. Bruno S. Frey, Felix Oberholzer-Gee, Reiner Eichenberger, "The Old Lady Visits Your Backyard: A Tale of Morals and Markets," *Journal of Political Economy* 104, no. 6 (December 1996): 1297–1313; Bruno S. Frey and Felix Oberholzer-Gee, "The Cost of Price Incentives: An Empirical Analysis of Motivation Crowding-Out," *American Economic Review* 87, no. 4 (September 1997): 746–55. See also Bruno S. Frey, *Not Just for the Money: An Economic Theory of Personal Motivation* (Cheltenham, UK: Edward Elgar Publishing, 1997), pp. 67–78.
25. Frey, Oberholzer-Gee, and Eichenberger, "The Old Lady Visits Your Backyard,"

pp. 1300, 1307; Frey and Oberholzer-Gee, "The Cost of Price Incentives," p. 750. The amounts offered ranged from $2,175 to $8,700 per year for the life of the facility. Median monthly house hold income of respondents was $4,565. Howard Kunreuther and Doug Easterling, "The Role of Compensation in Siting Hazardous Facilities," *Journal of Policy Analysis and Management* 15, no. 4 (Autumn 1996): 606–608.

26. Frey, Oberholzer-Gee, and Eichenberger, "The Old Lady Visits Your Backyard," p. 1306.
27. Frey and Oberholzer-Gee, "The Cost of Price Incentives," p. 753.
28. Kunreuther and Easterling, "The Role of Compensation in Siting Hazardous Facilities," pp. 615–19; Frey, Oberholzer-Gee, and Eichenberger, "The Old Lady Visits Your Backyard," p. 1301. For an argument in favor of cash compensation, see Michael O'Hare, " 'Not on *My* Block You Don't': Facility Siting and the Strategic Importance of Compensation," *Public Policy* 25, no. 4 (Fall 1977): 407–58.
29. Carol Mansfi eld, George L. Van Houtven, and Joel Huber, "Compensating for Public Harms: Why Public Goods Are Preferred to Money," *Land Economics* 78, no. 3 (August 2002): 368–89.
30. Uri Gneezy and Aldo Rustichini, "Pay Enough or Don't Pay at All," *Quarterly Journal of Economics* (August 2000): 798–99.
31. Ibid., pp. 799–803.
32. Ibid., pp. 802–807.
33. Uri Gneezy and Aldo Rustichini, "A Fine Is a Price," *Journal of Legal Studies* 29, no. 1 (January 2000): 1–17.
34. Fred Hirsch, *The Social Limits to Growth* (Cambridge, MA: Harvard University Press, 1976), pp. 87, 93, 92.
35. Dan Ariely, *Predictably Irrational*, rev. ed. (New York: Harper, 2010), pp. 75–102; James Heyman and Dan Ariely, "Effort for Payment," *Psychological Science* 15, no.11 (2004): 787–93.
36. 외재적 보상이 내재적 동기 유발에 미치는 영향을 주제로 수행된 128가지 연구의

개관과 분석을 살펴보려면 다음 글 참조. Edward L. Deci, Richard Koestner, and Richard M. Ryan, "A Meta-Analytic Review of Experiments Examining the Effets of Extrinsic Rewards on Intrinsic Motivation," *Psychological Bulletin* 125, no. 6(1999): 627-68.

37. Bruno S. Frey and Reto Jegen, "Motivation Crowding Theory," *Journal of Economic Surveys* 15, no. 5 (2001): 590. See also Maarten C. W. Janssen and Ewa Mendys-Kamphorst, "The Price of a Price: On the Crowding Out and In of Social Norms," *Journal of Economic Behavior & Organization* 55 (2004): 377–95.

38. Richard M. Titmuss, *The Gift Relationship: From Human Blood to Social Policy* (New York: Pantheon, 1971), pp. 231–32.

39. Ibid., pp. 134–35, 277.

40. Ibid., pp. 223–24, 177.

41. Ibid., p. 224.

42. Ibid., pp. 255, 270–74, 277.

43. Kenneth J. Arrow, "Gifts and Exchanges," *Philosophy & Public Affairs* 1, no. 4 (Summer 1972): 343–62. 애로의 통찰력 있는 대응에 대해서는 다음 글 참조. Peter Singer, "Altruism and Commerce: A Defense of Titmuss Against Arrow," *Philosophy & Public Affairs* 2 (Spring 1973): 312–20.

44. Arrow, "Gifts and Exchanges," pp. 349–50.

45. Ibid., p. 351.

46. Ibid., pp. 354–55.

47. Sir Dennis H. Robertson, "What Does the Economist Economize?" Columbia University, May 1954, reprinted in Dennis H. Robertson, *Economic Commentaries* (Westport, CT: Greenwood Press, 1978 [1956]), p. 148.

48. Ibid.

49. Ibid., p. 154.

50. Aristotle, *Nicomachean Ethics*, translated by David Ross (New York: Oxford University Press, 1925), book II, chapter 1 [1103a, 1103b].

51. Jean-Jacques Rousseau, *The Social Contract*, trans. G.D.H. Cole, rev. ed. (New York: Knopf, 1993 [1762]), book III, chap. 15, pp. 239–40.

52. Lawrence H. Summers, "Economics and Moral Questions," Morning Prayers, Memorial Church, September 15, 2003, reprinted in *Harvard Magazine*, November– December 2003, www.harvard.edu/president/speeches/summers_2003/prayer.php.

■ 4장: 삶과 죽음의 시장

1. Associated Press, "Woman Sues over Store's Insurance Policy," December 7, 2002; Sarah Schweitzer, "A Matter of Policy: Suit Hits Wal-Mart Role as Worker Life Insurance Beneficiary," *Boston Globe*, December 10, 2002.
2. Associated Press, "Woman Sues over Store's Insurance Policy."
3. Schweitzer, "A Matter of Policy."
4. Ibid.
5. Ellen E. Schultz and Theo Francis, "Valued Employees: Worker Dies, Firm Profits—Why?" *Wall Street Journal*, April 19, 2002.
6. Ibid.; Theo Francis and Ellen E. Schultz, "Why Secret Insurance on Employees Pays Off," *Wall Street Journal*, April 25, 2002.
7. Ellen E. Schultz and Theo Francis, "Why Are Workers in the Dark?" *Wall Street Journal*, April 24, 2002.
8. Theo Francis and Ellen E. Schultz, "Big Banks Quietly Pile Up 'Janitors Insurance,'" *Wall Street Journal*, May 2, 2002; Ellen E. Schulz and Theo Francis, "Death Benefit: How Corporations Built Finance Tool Out of Life Insurance," *Wall Street Journal*, December 30, 2002.
9. Schultz and Francis, "Valued Employees"; Schultz and Francis, "Death Benefit."
10. Schultz and Francis, "Death Benefit"; Ellen E. Schultz, "Banks Use Life Insurance to Fund Bonuses," *Wall Street Journal*, May 20, 2009.
11. Ellen E. Schultz and Theo Francis, "How Life Insurance Morphed Into a Corporate Finance Tool," *Wall Street Journal*, December 30, 2002.
12. Ibid.

13. Schultz and Francis, "Valued Employees."
14. 2003년 연방 예산 추정에 따르면, 기업소유 생명보험에 관련한 세금공제로 세수가 감소한 탓에 납세자는 연간 19억 달러를 부담해야 한다. Theo Francis, "Workers' Lives: Best Tax Break?" *Wall Street Journal*, February 19, 2003.
15. 내가 쓴 기사에서 이 부분을 인용했다. "You Bet Your Life," *New Republic*, September 7, 1998.
16. 윌리엄 스콧 페이지는 헬렌 헌틀리(Helen Huntley)의 글에서 인용했다. "Turning Profit, Helping the Dying," *St. Petersburg Times*, January 25, 1998.
17. David W. Dunlap, "AIDS Drugs Alter an Industry's Math: Recalculating Death-Benefi t Deals," *New York Times*, July 30, 1996; Marcia Vickers, "For 'Death Futures,' the Playing Field Is Slippery," *New York Times*, April 27, 1997.
18. Stephen Rae, "AIDS: Still Waiting," *New York Times Magazine*, July 19, 1998.
19. William Kelley quoted in "Special Bulletin: Many Viatical Settlements Exempt from Federal Tax," Viatical Association of America, October 1997, cited in Sandel, "You Bet Your Life."
20. Molly Ivins, "Chisum Sees Profi t in AIDS Deaths," *Austin American-Statesman*, March 16, 1994. See also Leigh Hop, "AIDS Sufferers Swap Insurance for Ready Cash," *Houston Post*, April 1, 1994.
21. Charles LeDuff, "Body Collector in Detroit Answers When Death Calls," *New York Times*, September 18, 2006.
22. John Powers, "End Game," *Boston Globe*, July 8, 1998; Mark Gollom, "Web 'Death Pools' Make a Killing," *Ottawa Citizen*, February 15, 1998; Marianne Costantinou, "Ghoul Pools Bet on Who Goes Next," *San Francisco Examiner*, February 22, 1998.
23. Victor Li, "Celebrity Death Pools Make a Killing," Columbia News Service, February 26, 2010, http://columbianewsservice.com/2010/02/celebrity-death-pools-make-a-killing/; http://stiffs.com/blog/rules/.
24. Laura Pedersen-Pietersen, "The Ghoul Pool: Morbid, Tasteless, and Pop u lar," *New York Times*, June 7, 1998; Bill Ward, "Dead Pools: Dead Reckoning," *Minneapolis Star Tribune*, January 3, 2009. Updated celebrity lists are posted

at http://stiffs.com/stats and www.ghoulpool.us/?page_id=571. Gollom, "Web 'Death Pools' Make a Killing"; Costantinou, "Ghoul Pools Bet on Who Goes Next."

25. Pedersen-Pietersen, "The Ghoul Pool."
26. www.deathbeeper.com/; Bakst quoted in Ward, "Dead Pools: Dead Reckoning."
27. Geoffrey Clark, *Betting on Lives: The Culture of Life Insurance in England, 1695–1775* (Manchester: Manchester University Press, 1999), pp. 3–10; Roy Kreitner, *Calculating Promises: The Emergence of Modern American Contract Doctrine* (Stanford: Stanford University Press, 2007), pp. 97–104; Lorraine J. Daston, "The Domestication of Risk: Mathematical Probability and Insurance 1650–1830," in Lorenz Kruger, Lorraine J. Daston, and Michael Heidelberger, eds., *The Probabilistic Revolution*, vol. 1 (Cambridge, MA: MIT Press, 1987), pp. 237–60.
28. Clark, *Betting on Lives*, pp. 3–10; Kreitner, *Calculating Promises*, pp. 97–104; Daston, "The Domestication of Risk"; Viviana A. Rotman Zelizer, *Morals & Markets: The Development of Life Insurance in the United States* (New York: Columbia University Press, 1979), pp. 38 (quoting the French jurist Emerignon), 33.
29. Clark, *Betting on Lives*, pp. 8–10, 13–27.
30. Kreitner, *Calculating Promises*, pp. 126–29.
31. Clark, *Betting on Lives*, pp. 44–53.
32. Ibid., p. 50; Zelizer, *Morals & Markets*, p. 69, citing John Francis, *Annals, Anecdotes, and Legends* (London: Longman, Brown, Green, and Longmans, 1853), p. 144.
33. Life Assurance Act of 1774, chap. 48 14 Geo 3, www.legislation.gov.uk/apgb/Geo3/14/48/introduction; Clark, *Betting on Lives*, pp. 9, 22, 34–35, 52–53.
34. Zelizer, *Morals & Markets*, pp. 30, 43. And see generally pp. 91–112, 119–47.
35. Ibid., p. 62.
36. Ibid., p. 108.
37. Ibid., p. 124.
38. Ibid., pp. 146–47.

39. Ibid., pp. 71–72; Kreitner, *Calculating Promises*, pp. 131–46.
40. *Grigsby v. Russell*, 222 U.S. 149 (1911), p. 154. See Kreitner, *Calculating Promises*, pp. 140–42.
41. *Grigsby v. Russell*, pp. 155–56.
42. Carl Hulse, "Pentagon Prepares a Futures Market on Terror Attacks," *New York Times*, July 29, 2003; Carl Hulse, "Swiftly, Plan for Terrorism Futures Market Slips into Dustbin of Ideas," *New York Times*, July 29, 2003.
43. Ken Guggenheim, "Senators Say Pentagon Plan Would Allow Betting on Terrorism, Assassination," Associated Press, July 28, 2003; Josh Meyer, "Trading on the Future of Terror: A Market System Would Help Pentagon Predict Turmoil," *Los Angeles Times*, July 29, 2003.
44. Bradley Graham and Vernon Loeb, "Pentagon Drops Bid for Futures Market," *Washington Post*, July 30, 2003; Hulse, "Swiftly, Plan for Terrorism Futures Market Slips into Dustbin of Ideas."
45. Guggenheim, "Senators Say Pentagon Plan Would Allow Betting on Terrorism, Assassination"; Meyer, "Trading on the Future of Terror"; Robert Schlesinger, "Plan Halted for a Futures Market on Terror," *Boston Globe*, July 30, 2003; Graham and Loeb, "Pentagon Drops Bid for Futures Market."
46. Hulse, "Pentagon Prepares a Futures Market on Terror Attacks."
47. Hal R. Varian, "A Market in Terrorism Indicators Was a Good Idea; It Just Got Bad Publicity," *New York Times*, July 31, 2003; Justin Wolfers and Eric Zitzewitz, "The Furor over 'Terrorism Futures,'" *Washington Post*, July 31, 2003.
48. Michael Schrage and Sam Savage, "If This Is Harebrained, Bet on the Hare," *Washington Post*, August 3, 2003; Noam Scheiber, "Futures Markets in Everything," *New York Times Magazine*, December 14, 2003, p. 117; Floyd Norris, "Betting on Terror: What Markets Can Reveal," *New York Times*, August 3, 2003; Mark Leibovich, "George Tenet's 'Slam-Dunk' into the History Books," *Washington Post*, June 4, 2004.
49. Schrage and Savage, "If This Is Harebrained." See also Kenneth Arrow et al., "The Promise of Prediction Markets," *Science* 320 (May 16, 2008): 877–78;

Justin Wolfers and Eric Zitzewitz, "Prediction Markets," *Journal of Economic Perspectives* 18 (Spring 2004): 107–26; Reuven Brenner, "A Safe Bet," *Wall Street Journal*, August 3, 2003.

50. 예측시장의 한계에 관해서는 다음 글 참조. Joseph E. Stiglitz, "Terrorism: There's No Futures in It," *Los Angeles Times*, July 31, 2003. 예측 시장을 변호하는 입장에 관해서는 다음 글 참조. Adam Meirowitz and Joshua A. Tucker, "Learning from Terrorism Markets," *Perspectives on Politics* 2(June 2004), and James Surowiecki, "Damn the Slam PAM Plan!" Slate, July 30, 2003, www.slate.com/articles/news_and_politics/hey_wait_a_minute/2003/07/damn_the_slam_pam_plan.html. 개괄적인 내용을 살펴보려면 다음 글 참조. Wolfers and Zitzewitz, "Prediction Markets"

51. 조지메이슨대학교 경제학자인 로빈 D. 핸슨(Robin D. Hanson)의 말을 다음 글에서 인용했다. David Glenn, "Defending the 'Terrorism Futures' Market," *Chronicle of Higher Education*, August 15, 2003.

52. Liam Pleven and Rachel Emma Silverman, "Cashing In: An Insurance Man Builds a Lively Business in Death," *Wall Street Journal*, November 26, 2007.

53. Ibid.; www.coventry.com/about-coventry/index,asp.

54. www.coventry.com/life-settlement-overview/secondary-market.asp.

55. See Susan Lorde Martin, "Betting on the Lives of Strangers: Life Settlements, STOLI, and Securitization," *University of Pennsylvania Journal of Business Law* 13 (Fall 2010): 190. The number of lapsed life policies for 2008 was 38%, according to *ACLI Life Insurers Fact Book*, December 8, 2009, p. 69, cited in Martin.

56. Mark Maremont and Leslie Scism, "Odds Skew Against Investors in Bets on Strangers' Lives," *Wall Street Journal*, December 21, 2010.

57. Ibid.; Mark Maremont, "Texas Sues Life Partners," *Wall Street Journal*, July 30, 2011.

58. Maria Woehr, " 'Death Bonds' Look for New Life," The Street, June 1, 2011, www.thestreet.com/story/11135581/1/death-bonds-look-for-new-life.html.

59. Charles Duhigg, "Late in Life, Finding a Bonanza in Life Insurance," *New York*

Times, December 17, 2006.

60. Ibid.
61. Ibid.
62. Leslie Scism, "Insurers Sued Over Death Bets," *Wall Street Journal*, January 2, 2011; Leslie Scism, "Insurers, Investors Fight Over Death Bets," *Wall Street Journal*, July 9, 2011.
63. Pleven and Silverman, "Cashing In."
64. IIbid. 생명보험기관 연합회(Institutional Life Markets Association)의 웹사이트 홈페이지에서 인용했다. www.lifemarketassociation.org/
65. Martin, "Betting on the Lives of Strangers," pp. 200–06.
66. Testimony of Doug Head, executive director, Life Insurance Settlement Association, at the Florida Offi ce of Insurance Regulation Informational hearing, August 28, 2008, www.floir.com/siteDocuments/LifeInsSettlementAssoc.pdf.
67. Jenny Anderson, "Wall Street Pursues Profit in Bundles of Life Insurance," *New York Times*, September 6, 2009.
68. Ibid.
69. Ibid.
70. Leslie Scism, "AIG Tries to Sell Death-Bet Securities," *Wall Street Journal*, April 22, 2011.

■ **5장: 명명권**

1. 1969년 킬브루의 연봉은 야구연감(Baseball Almanac)에서 조사했다. www.baseball-almanac.com/players/player.php?p=killeha01.
2. Tyler Kepner, "Twins Give Mauer 8-Year Extension for $184 Million," *New York Times*, March 21, 2010; http://espn.go.com/espn/thelife/salary/index?athleteID=5018022.
3. Twins 2012 ticket prices at http://minnesota.twins.mlb.com/min/ticketing/season-ticket_prices.jsp; Yankees 2012 ticket prices at http://newyork.yankees.

mlb.com/nyy/ballpark/seating_pricing.jsp.

4. Rita Reif, "The Boys of Summer Play Ball Forever, for Collectors," *New York Times*, February 17, 1991.

5. Michael Madden, "They Deal in Greed," *Boston Globe*, April 26, 1986; Dan Shaughnessy, "A Card-Carrying Hater of These Types of Shows," *Boston Globe*, March 17, 1997; Steven Marantz, "The Write Stuff Isn't Cheap," *Boston Globe*, February 12, 1989.

6. E. M. Swift, "Back Off!" *Sports Illustrated*, August 13, 1990.

7. Sabra Chartrand, "When the Pen Is Truly Mighty," *New York Times*, July 14, 1995; Shaughnessy, "A Card-Carrying Hater of These Types of Shows."

8. Fred Kaplan, "A Grand-Slam Bid for McGwire Ball," *Boston Globe*, January 13, 1999; Ira Berkow, "From 'Eight Men Out' to EBay: Shoeless Joe's Bat," *New York Times*, July 25, 2001.

9. Daniel Kadlec, "Dropping the Ball," *Time*, February 8, 1999.

10. Rick Reilly, "What Price History?" *Sports Illustrated*, July 12, 1999; Kadlec, "Dropping the Ball."

11. Joe Garofoli, "Trial Over Bonds Ball Says It All—About Us," *San Francisco Chronicle*, November 18, 2002; Dean E. Murphy, "Solomonic Decree in Dispute Over Bonds Ball," *New York Times*, December 19, 2002; Ira Berkow, "73d Home Run Ball Sells for $450,000," *New York Times*, June 26, 2003.

12. John Branch, "Baseball Fights Fakery With an Army of Authenticators," *New York Times*, April 21, 2009.

13. Paul Sullivan, "From Honus to Derek, Memorabilia Is More Than Signed Bats," *New York Times*, July 15, 2011; Richard Sandomir, "Jeter's Milestone Hit Is Producing a Run on Merchandise," *New York Times*, July 13, 2011; Richard Sandomir, "After 3,000, Even Dirt Will Sell," *New York Times*, June 21, 2011.

14. www.peterose.com.

15. Alan Goldenbach, "Internet's Tangled Web of Sports Memorabilia," *Washington Post*, May 18, 2002; Dwight Chapin, "Bizarre Offers Have Limited Appeal," *San Francisco Chronicle*, May 22, 2002.

16. Richard Sandomir, "At (Your Name Here) Arena, Money Talks," *New York Times*, 2004 에서, 명명권 거래의 수와 가치에 관해서는 스포츠 마케팅 중역 딘 본햄(Dean Bonham)의 말을 인용했다. David Biderman, "The Stadium-Naming Game," *Wall Street Journal*, February 3, 2010.
17. Sandomir, "At (Your Name Here) Arena, Money Talks"; Rick Horrow and Karla Swatek, "Quirkiest Stadium Naming Rights Deals: What's in a Name?" *Bloomberg Businessweek*, September 10, 2010, http://images.businessweek.com/ss/09/10/1027_quirkiest_stadium_naming_rights_deals/1.htm; Evan Buxbaum, "Mets and the Citi: $400 Million for Stadium-Naming Rights Irks Some," CNN, April 13, 2009, http://articles.cnn.com/2009-04-13/us/mets.ballpark_1_citi-field-mets-home-stadium-naming?_s=PM:US.
18. Chris Woodyard, "Mercedes-Benz Buys Naming Rights to New Orleans' Superdome," *USA Today*, October 3, 2011; Brian Finkel, "MetLife Stadium's $400 Million Deal," *Bloomberg Businessweek*, August 22, 2011, http://images.businessweek.com/slideshows/20110822/nfl-stadiums-with-the-most-expensive-naming-rights/.
19. Sandomir, "At (Your Name Here) Arena, Money Talks," citing Dean Bonham, a sports marketing executive, on the number and value of naming rights deals.
20. Bruce Lowitt, "A Stadium by Any Other Name?" *St. Petersburg Times*, August 31, 1996; Alan Schwarz, "Ideas and Trends: Going, Going, Yawn: Why Baseball Is Homer Happy," *New York Times*, October 10, 1999.
21. "New York Life Adds Seven Teams to the Scoreboard of Major League Baseball Sponsorship Geared to 'Safe' Calls," New York Life press release, May 19, 2011, www.newyorklife.com/nyl/v/index.jsp?vgnextoid=c4fbd4d392e10310VgnVCM100000ac841cacRCRD.
22. Scott Boeck, "Bryce Harper's Minor League At-Bats Sponsored by Miss Utility," *USA Today*, March 16, 2011; Emma Span, "Ad Nauseum," Baseball Prospectus, March 29, 2011, www.baseballprospectus.com/article.php?articleid=13372.
23. Darren Rovell, "Baseball Scales Back Movie Promotion," ESPN.com, May 7, 2004, http://sports.espn.go.com/espn/sportsbusiness/news/story?id=1796765.

24. 이 문단과 다음 몇 문단은 다음 글에서 가져왔다. Michael J. Sandel, "Spoiled Sports," *New Republic*, May 25, 1998.
25. Tom Kenworthy, "Denver Sports Fans Fight to Save Stadium's Name," *USA Today*, October 27, 2000; Cindy Brovsky, "We'll Call It Mile High," *Denver Post*, August 8, 2001; David Kesmodel, "Invesco Ready to Reap Benefits: Along with P.R., Firm Gets Access to Broncos," *Rocky Mountain News*, August 14, 2001; Michael Janofsky, "Denver Newspapers Spar Over Stadium's Name," *New York Times*, August 23, 2001.
26. Jonathan S. Cohn, "Divided the Stands: How Skyboxes Brought Snob Appeal to Sports," *Washington Monthly*, December 1991; Frank Deford, "Seasons of Discontent," *Newsweek*, December 29, 1997; Robert Bryce, "Separation Anxiety," *Austin Chronicle*, October 4, 1996.
27. Richard Schmalbeck and Jay Soled, "Throw Out Skybox Tax Subsidies," *New York Times*, April 5, 2010; Russell Adams, "So Long to the Suite Life," *Wall Street Journal*, February 17, 2007.
28. Robert Bryce, "College Skyboxes Curb Elbow-to-Elbow Democracy," *New York Times*, September 23, 1996; Joe Nocera, "Skybox U.," *New York Times*, October 28, 2007; Daniel Golden, "Tax Breaks for Skyboxes," *Wall Street Journal*, December 27, 2006.
29. John U. Bacon, "Building—and Building on—Michigan Stadium," *Michigan Today*, September 8, 2010, http://michigantoday.umich.edu/story.php?id=7865; Nocera, "Skybox U."
30. www.savethebighouse.com/index.html.
31. "Michigan Stadium Suite and Seats Sell Slowly, Steadily in Sagging Economy," Associated Press, February 12, 2010, www.annarbor.com/sports/um-football/michigan-stadium-suite-and-seats-sell-slowly-steadily-in-sagging-economy/.
32. Adam Sternbergh, "Billy Beane of 'Moneyball' Has Given Up on His Own Hollywood Ending," *New York Times Magazine*, September 21, 2011.
33. Ibid.; Allen Barra, "The 'Moneyball' Myth," *Wall Street Journal*, September 22, 2011.

34. President Lawrence H. Summers, "Fourth Annual Marshall J. Seidman Lecture on Health Policy," Boston, April 27, 2004, www.harvard.edu/president/speeches/summers_2004/seidman.php.
35. Jahn K. Hakes and Raymond D. Sauer, "An Economic Evaluation of the Moneyball Hypothesis," *Journal of Economic Perspectives* 20 (Summer 2006): 173–85; Tyler Cowen and Kevin Grier, "The Economics of *Moneyball*," *Grantland*, December 7, 2011, www.grantland.com/story/_/id/7328539/the-economics-moneyball.
36. Cowen and Grier, "The Economics of *Moneyball*."
37. Richard Tomkins, "Advertising Takes Off," *Financial Times*, July 20, 2000; Carol Marie Cropper, "Fruit to Walls to Floor, Ads Are on the March," *New York Times*, February 26, 1998; David S. Joachim, "For CBS's Fall Lineup, Check Inside Your Refrigerator," *New York Times*, July 17, 2006.
38. Steven Wilmsen, "Ads Galore Now Playing at a Screen Near You," *Boston Globe*, March 28, 2000; John Holusha, "Internet News Screens: A New Haven for Elevator Eyes," *New York Times*, June 14, 2000; Caroline E. Mayer, "Ads Infinitum: Restrooms, ATMs, Even Fruit Become Sites for Commercial Messages," *Washington Post*, February 5, 2000.
39. Lisa Sanders, "More Marketers Have to Go to the Bathroom," *Advertising Age*, September 20, 2004; "Restroom Advertising Companies Host Annual Conference in Vegas," press release, October 19, 2011, http://indooradvertising.org/pressroom.shtml.
40. David D. Kirkpatrick, "Words From Our Sponsor: A Jeweler Commissions a Novel," *New York Times*, September 3, 2001; Martin Arnold, "Placed Products, and Their Cost," *New York Times*, September 13, 2001.
41. Kirkpatrick, "Words From Our Sponsor"; Arnold, "Placed Products, and Their Cost."
42. 간접광고를 포함하고 있는 최근에 출간된 전자책의 예를 보려면 다음 글 참조. Erica Orden, "This Book Brought to You by…," Wall Street Journal, April 26, 2011; Stu Woo, "Cheaper Kindle in Works, But It Comes With Ads," Wall Street Journal,

April 12, 2011. 2012년 1월에 킨들 터치의 가격은 '특가 판매용' 99달러, '일반 판매용' 139달러였다. www.amazon.com/gp/product/B005890G8Y/ref=famstripe_kt.

43. Eric Pfanner, "At 30,000 Feet, Finding a Captive Audience for Advertising," *New York Times*, August 27, 2007; Gary Stoller, "Ads Add Up for Airlines, but Some Fliers Say It's Too Much," *USA Today*, October 19, 2011.
44. Andrew Adam Newman, "Your Ad Here on My S.U.V., and You'll Pay?" *New York Times*, August 27, 2007; www.myfreecar.com/.
45. Allison Linn, "A Colorful Way to Avoid Foreclosure," MSNBC, April 7, 2001, http://lifeinc/today/msnbc/msn.com/_news/2011/04/07/6420648-a-colorful-way-to-avoid-foreclosure; Seth Fiegerman, "The New Product Placement," The Street, May 28, 2011, www.thestreet.com/story/11136217/1/the-new-product-placement.html?cm_ven=GOOGLEN. The company has since changed its name to Godialing: www.godialing.com/paintmyhouse.php.
46. Steve Rubenstein, "$5.8 Million Tattoo: Sanchez Family Counts the Cost of Lunch Offer," *San Francisco Chronicle*, April 14, 1999.
47. Erin White, "In-Your-Face Marketing: Ad Agency Rents Foreheads," *Wall Street Journal*, February 11, 2003.
48. Andrew Adam Newman, "The Body as Billboard: Your Ad Here," *New York Times*, February 18, 2009.
49. Aaron Falk, "Mom Sells Face Space for Tattoo Advertisement," *Deseret Morning News*, June 30, 2005.
50. Ralph Nader가 이끄는 '상업주의 경고(Commercial Alert)'에서 제공한 뉴스는 다음 글 참조. "Nader Starts Group to Oppose the Excesses of Marketing, Advertising and Commercialism," September 8, 1998, www.commercialalert.org/issues/culture/ad-creep/nader-starts-group-to-oppose-the-exesses-of-marketing-advertising-and-commerialism; Michah M. White, "Toxic Culture: A Unified Theory of Mental Pollution," *Adbusters* #96, June 20, 2011, www.adbusters.org/magazine/96/unified-theory-mental-pollution.html; 쇼핑객의 인터뷰 내용은 다음 글에서 인용. Cropper, "Fruit to Walls to Floor, Ads Are on the March"; 광고 중역의 말은 다음 글에서 인용. Skip Wollenberg, "Ads Turn Up in Beach Sand,

Cash Machines, Bathrooms," *Associated Press*, May 25, 1999. 전반적인 내용을 살펴보려면 *Adbusters* 잡지 참조. www.adbusters.org/magazine; Kalle Lasn, Culture Jam: *The Uncooling of America*(New York: Morrow, 1999); and Naomi Klein, *No Logo: Taking Aim at the Brand Bullies* (New York: Picador, 2000).

51. Walter Lippmann, *Drift and Mastery: An Attempt to Diagnose the Current Unrest* (New York: Mitchell Kennerley, 1914), p. 68.
52. 몇 가지 인상적인 사진과 함께 헛간에 관한 설명을 살펴보려면 다음 책 참조. William G. Simmonds, *Advertising Barns: Vanishing American Landmarks* (St. Paul, MN: MBI Publishing, 2004).
53. Janet Kornblum, "A Brand-New Name for Daddy's Little eBaby," *USA Today*, July 26, 2001; Don Oldenburg, "Ringing Up Baby: Companies Yawned at Child Naming Rights, but Was It an Idea Ahead of Its Time?" *Washington Post*, September 11, 2001.
54. Joe Sharkey, "Beach-Blanket Babel," *New York Times*, July 5, 1998; Wollenberg, "Ads Turn Up in Beach Sand, Cash Machines, Bathrooms."
55. David Parrish, "Orange County Beaches Might Be Ad Vehicle for Chevy," *Orange County Register*, July 16, 1998; "Shelby Grad, "This Beach Is Being Brought to You by...," *Los Angeles Times*, July 22, 1998; Harry Hurt III, "Parks Brought to You by...," *U.S. News & World Report*, August 11, 1997; Melanie Wells, "Advertisers Link Up with Cities," *USA Today*, May 28, 1997.
56. Verne G. Kopytoff, "Now, Brought to You by Coke (or Pepsi): Your City Hall," *New York Times*, November 29, 1999; Matt Schwartz, "Proposed Ad Deals Draw Critics," *Houston Chronicle*, January 26, 2002.
57. Terry Lefton, "Made in New York: A Nike Swoosh on the Great Lawn?" *Brandweek*, December 8, 2003; Gregory Solman, "Awarding Keys to the Newly Sponsored City: Private/Public Partnerships Have Come a Long Way," *Adweek*, September 22, 2003.
58. Carey Goldberg, "Bid to Sell Naming Rights Runs Off Track in Boston," *New York Times*, March 9, 2001; Michael M. Grynbaum, "M.T.A. Sells Naming Rights to Subway Station," *New York Times*, June 24, 2009; Robert Klara, "Cities for

Sale," *Brandweek*, March 9, 2009.

59. Paul Nussbaum, "SEPTA Approves Changing Name of Pattison Station to AT&T," *Philadelphia Inquirer*, June 25, 2010.

60. Cynthia Roy, "Mass. Eyes Revenue in Park Names," *Boston Globe*, May 6, 2003; "On Wal-Mart Pond?" editorial, *Boston Globe*, May 15, 2003.

61. Ianthe Jeanne Dugan, "A Whole New Name Game," *Wall Street Journal*, December 6, 2010; Jennifer Rooney, "Government Solutions Group Helps Cash-Strapped State Parks Hook Up with Corporate Sponsor Dollars," *Advertising Age*, February 14, 2011; "Billboards and Parks Don't Mix," editorial, *Los Angeles Times*, December 3, 2011.

62. Fred Grimm, "New Florida State Motto: 'This Space Available,'" *Miami Herald*, October 1, 2011; Rooney, "Government Solutions Group Helps Cash-Strapped State Parks Hook Up with Corporate Sponsor Dollars."

63. Daniel B. Wood, "Your Ad Here: Cop Cars as the Next Billboards," *Christian Science Monitor*, October 3, 2002; Larry Copeland, "Cities Consider Ads on Police Cars," *USA Today*, October 30, 2002; Jeff Holtz, "To Serve and Persuade," *New York Times*, February 9, 2003.

64. Holtz, "To Serve and Persuade"; "Reject Police-Car Advertising," editorial, *Charleston (South Carolina) Post and Courier*, November 29, 2002; "A Creepy Commercialism," editorial, *Hartford Courant*, January 28, 2003.

65. "Reject Police-Car Advertising"; "A Creepy Commercialism"; "A Badge, a Gun—and a Great Deal on Vinyl Siding," editorial, *Roanoke (Virginia) Times & World News*, November 29, 2002; "To Protect and to Sell," editorial, *Toledo Blade*, November 6, 2002; Leonard Pitts, Jr., "Don't Let Cop Cars Become Billboards," *Baltimore Sun*, November 10, 2002.

66. Holtz, "To Serve and Persuade"; Wood, "Your Ad Here."

67. Helen Nowicka, "A Police Car Is on Its Way," *Independent* (London), September 8, 1996; Stewart Tendler, "Police Look to Private Firms for Sponsorship Cash," *Times* (London), January 6, 1997.

68. Kathleen Burge, "Ad Watch: Police Sponsors Put Littleton Cruiser on the Road,"

Boston Globe, February 14, 2006; Ben Dobbin, "Some Police Agencies Sold on Sponsorship Deals," *Boston Globe*, December 26, 2011.

69. Anthony Schoettle, "City's Sponsorship Plan Takes Wing with KFC," *Indianapolis Business Journal*, January 11, 2010.

70. Matthew Spina, "Advertising Company Putting Ads in County Jail," *Buffalo News*, March 27, 2011.

71. Ibid.

72. Michael J. Sandel, "Ad Nauseum," *New Republic*, September 1, 1997; Russ Baker, "Stealth TV," *American Prospect* 12 (February 12, 2001); William H. Honan, "Scholars Attack Public School TV Program," *New York Times*, January 22, 1997; "Captive Kids: A Report on Commercial Pressures on Kids at School," Consumers Union, 1997, www.consumersunion.org/other/captivekids/c1vcnn_chart.htm; Simon Dumenco, "Controversial Ad-Supported In-School News Network Might Be an Idea Whose Time Has Come and Gone," *Advertising Age*, July 16, 2007.

73. Quoted in Baker, "Stealth TV."

74. Jenny Anderson, "The Best School $75 Million Can Buy," *New York Times*, July 8, 2011; Dumenco, "Controversial Ad-Supported In-School News Network Might Be an Idea Whose Time Has Come and Gone"; Mya Frazier, "Channel One: New Own er, Old Issues," *Advertising Age*, November 26, 2007; "The End of the Line for Channel One News?" news release, Campaign for a Commercial-Free Childhood, August 30, 2011, www.commondreams.org/newswire/2011/08/30-0.

75. Deborah Stead, "Corporate Classrooms and Commercialism," *New York Times*, January 5, 1997; Kate Zernike, "Let's Make a Deal: Businesses Seek Classroom Access," *Boston Globe*, February 2, 1997; Sandel, "Ad Nauseum"; "Captive Kids," www.consumersunion.org/other/captivekids/evaluations.htm; Alex Molhar, *Giving Kids the Business: The Commercialization of American Schools* (Boulder, CO: Westview Press, 1996).

76. Tamar Lewin, "Coal Curriculum Called Unfi t for 4th Graders," *New York Times*,

May 11, 2011; Kevin Sieff, "Energy Industry Shapes Lessons in Public Schools," *Washington Post*, June 2, 2011; Tamar Lewin, "Children's Publisher Backing Off Its Corporate Ties," *New York Times*, July 31, 2011.

77. David Shenk, "The Pedagogy of Pasta Sauce," *Harper's*, September 1995; Stead, "Corporate Classrooms and Commercialism"; Sandel, "Ad Nauseum"; Molnar, *Giving Kids the Business*.

78. Juliet Schor, *Born to Buy: The Commercialized Child and the New Consumer Culture* (New York: Scribner, 2004), p. 21; Bruce Horovitz, "Six Strategies Marketers Use to Get Kids to Want Stuff *Bad*," *USA Today*, November 22, 2006, quoting James McNeal.

79. Bill Pennington, "Reading, Writing and Corporate Sponsorships," *New York Times*, October 18, 2004; Tamar Lewin, "In Public Schools, the Name Game as a Donor Lure," *New York Times*, January 26, 2006; Judy Keen, "Wisconsin Schools Find Corporate Sponsors," *USA Today*, July 28, 2006.

80. "District to Place Ad on Report Cards," KUSA-TV, Colorado, November 13, 2011, http://origin.9news.com/article/229521/222/District-to-place-ad-on-report-cards; Stuart Elliott, "Straight A's, With a Burger as a Prize," *New York Times*, December 6, 2007; Stuart Elliott, "McDonald's Ending Promotion on Jackets of Children's Report Cards," *New York Times*, January 18, 2008.

81. Catherine Rampell, "On School Buses, Ad Space for Rent," *New York Times*, April 15, 2011; Sandel, "Ad Nauseum"; Christina Hoag, "Schools Seek Extra Cash Through Campus Ads," Associated Press, September 19, 2010; Dan Hardy, "To Balance Bud gets, Schools Allow Ads," *Philadelphia Inquirer*, October 16, 2011.

82. "Captive Kids," www.consumersunion.org/other/captivekids/evaluations.htm. In this and the following two paragraphs, I draw upon Sandel, "Ad Nauseum."

83. 4차 연례 아동구매력마케팅회의(Kid Power Marketing Conference)용 브로슈어, Zernike의 말 인용 "Let's Make a Deal."

해제

샌델 도덕이론의 핵심 :
하지 말아야 할 것은 무엇인가?

김선욱(숭실대 철학과 교수)

샌델의 '또 한 권의 책'이 아니다

『돈으로 살 수 없는 것들』에 대한 감수 요청을 받고 사실 처음에는 '샌델의 책 또 한 권이 나오는구나.'라는 생각이 들었다. 잘 알다시피 2010년에 그의 『정의란 무엇인가』가 번역 출간되고 순식간에 베스트셀러에 오르더니 그의 화두인 '정의'가 1년 정도 우리나라 사회와 학계를 지배했다. 실제로 '지배'라는 말이 지나친 표현이 아닐 정도로 수많은 사람들의 입에 오르내렸다. 그리고 그 후, 샌델의 책들이 봇물 터지듯 번역되어 나왔고, 심지어 미국에는 없지만 일본과 우리나라에만 있는 『마이클 샌델의 하버드 명강의』가 샌델의 강의 영상을 토대로 만들어져 나오기도 했다. 최근에는 그의 저술 가운데 가장 학술적인 책인 『정의의 한계』(원제 『자유주의와 정의의 한계』)도 번역되어 나왔으니, 내게 '또?'라는 생각이 들 만도 했던 것이다.

  물론 나는 샌델의 책들이 두루 번역되어 나온 것에 불만이 있다거나 불필요하다는 생각을 한 적은 없다. 그 책들은 모두 좋은 책들이며, 우리가 마땅히 생각해보아야 할 것들에 대한 적절한 문제제기와 저자의 성실한 고민, 그리고 바람직한 방향 제시 등이 담겨 있다는 점에서 많은 사람들이 읽었으면 하고 늘 생각했다. 그러나 너무나 짧은 시간에 그의 책들이 경쟁적으로 번역되어 나오다 보니 '또?'라는 생각을 하지 않을 수 없었던 것이다.

하지만 이 책의 내용을 꼼꼼히 읽어보면서 그런 생각은 순식간에 사라졌다. 이 책이 담고 있는 이야기는 지금 우리나라에도 꼭 필요한 내용이라는 생각이 절실히 들었기 때문이다. 이 책은 지난 수십 년간, 아니 최근 4~5년간 한국 사회의 핵심문제라고 믿어왔던 시장지상주의의 확대, 사회의 모든 영역에 시장논리가 지배하는 현상을 정확히 겨누고 있을 뿐만 아니라, 나 자신이 궁금하고 답답하게 여겼던 문제들을 구체적인 사례들을 통해 낱낱이 해부하여 그 속에 존재하는 암세포를 분명하게 지적하고 있다.

한국과 미국에서 동시에 출간되는 이 번역본에 대한 검토를 마친 뒤 나는 이 책이 한국 사회에서 정말로 많이 읽혀져야 한다는 확신을 금할 수 없었다. 비록 이 책에 소개된 사례들이 주로 미국의 예이지만, 미국이 처한 현실적 문제들은 곧 우리나라가 처하게 될 내일의 문제이지 않은가? 그래서 샌델이 경고하는 바를 우리의 관점에서 깊이 숙고한다면, 시장이 우리 일상의 대부분을 지배하지 못하도록 싸우는 데 이 책은 분명 큰 도움을 줄 수 있으리라 믿는다.

정의론 열풍, 그리고 샌델에 대한 이해와 오해

2010년에 『정의란 무엇인가』가 출간되었고 그해 여름 이명박 대통령은 그 책을 들고 여름휴가를 다녀온 뒤 국정의 후반기 이념으로 '공정 사회'를 채택했다. 그런 배경에는 이명박 대통령의 집권기에 들어서서 소위 '낙수효과(trickle down effect)'가 더 이상 작동하지 않는다는 것이 확실해졌기 때문이다. 대기업의 총수입은 지속적으로 증가하고 있으나 중소기업의 총수입은 감소하고 있음이 지표를 통해 분명히 드러났고, 이들의 격차는 시간이 갈수록 늘어났으며 줄어들고 있지 않기 때문이다. 낙수효과가 작용했다면 그 격차는 벌어지지 않고 평행하게 상승세를 보여주어야 했을 것이다.

여러 학계에서 '정의'를 주제로 학술대회를 열었고, 심지어 그 책이 출간된 지 1년이 지나 한국의 대표적인 철학회라고 할 수 있는 한국철학회에서도 정의를 주제로 대회를 개최하였다. 그러자 한 참가자가 "그래도 한국철학회만큼은 이런 걸 주제로 하지 않을 정도의 무게를 보여주어야 하지 않겠습니까?"라고 일갈하기에 이르렀다. 그는 '정의'라는 무겁고 중차대한 주제가 한국 사회에서 한순간 휩쓸고 지나가는 일과성의 바람처럼 다루어지는 것이 몹시 못마땅했던 것이다. 물론 한국철학회에서 논의된 방식이 가벼운 것은 아니었지만, 한국 사회에서 정의 열풍은 그처럼 허망하게 흘러가는 듯하다. 정의에 대한 대중 의식은 일깨워졌을지 몰라도, 한국 사회가 더 정의로워졌는지는 여전히 의문이 남는 것이 사실이기 때문이다.

그리고 한국 사회와 학계에서 샌델이 제대로 이해되었는지도 알 수 없다. 신문과 잡지에 소개된 샌델의 사상에 대한 많은 논평들이나 여러 학자들의 공동 노력으로 나온 『무엇이 정의인가?』에 나타난 샌델에 대한 이해가 과연 제대로 된 것인지도 의문이다. 샌델에 대한 오해의 근원은 그가 '공동체주의자'라는 이름을 갖고 있는 것에 기인한다. 공동체주의라는 이름이 일반적으로 불러일으키는 이미지는 샌델의 주장과 상당한 거리가 있다. 1980년대에 있었던 자유주의-공동체주의 논쟁은 나름의 이념적 스펙트럼을 갖고 있기에, 그러한 이념적 차이에 무지한 채 샌델이 국수주의자 급의 공동체주의자라고 상상하면서 비판한 것은 모조리 그에 대한 오해에 불과하다.

그리고 샌델이 미국을 배경으로 주장한 공동체주의의 강조를 한국에서 문제시 되는 공동체주의적 주장, 즉 지역주의나 연고주의가 갖는 폐해와 동일 선상에 놓고 생각하는 것 또한 샌델에 대한 오해를 더욱 심각하게 만든다. 오늘날 샌델이 되살리고 싶어 하는 미국의 공동체주의는 미국의 독립 시기에 형성되었던 공화주의적 전통을 말한다. 다시 말해, 시민들이 광장에 모여 자신이 사는 고장의 여러 문제들을 함께 고민하고 토론하고 결정하며, 또 그 결정에 대해 함께 책임지면서 자신의 공동체를 일구어왔던 아름다운 전통을 의미한다. 샌델은 그러한 전통의 밑바탕에 깔린 가치와 시민의 덕성을 오늘의 시점에서 재점검해보면서 현재 우리가 처한 문제의 근원을 짚어간다. 오늘날 진행되고 있는 공화주의 연구가 고대 로마나 이탈리아의 공화주의에 주목하고 있다면, 샌델의 공화주의 연구는 미국 독립 당시의 전통에 주목하고 있는 것이다.

미국의 공화주의 전통은 한편으로는 자유주의적 흐름에 의해, 그리고 다른 한편으로는 시장주의에 의해 끊임없이 잠식당해왔다. 여기서 유의할 점은 공화주의는 공화당에 의해, 자유주의는 민주당에 의해 주장된 이념이라는 식의 단순논법이다. 일반적으로 그런 등식화가 상식처럼 여겨지는 점도 있고 또 그것이 완전히 틀린 것은 아니지만, 철학에서 다루는 공화주의와 자유주의는 현실의 정치세력에 따라 고스란히 대변되지는 않는다. 만일 그런 식으로만 본다면, 최근 하버드대학교 역사학과 교수인 제임스 클로펜버그(James Klopenberg)가 "민주당 출신의 버락 오바마 대통령이 구현하고 있는 것이 미국 독립 당시의 공화주의 전통"이라고 주장한 것은 이해 불가다.

그리고 주지하다시피 샌델의 사상은 존 롤스의 『정의론』을 배경으로 하고 있다. 그의 최초의 주저인 『정의의 한계』는 롤스의 자유주의에 근거한 정의 이론을 비판한 것이며, 샌델의 공동체주의는 자유주의와 공리주의적 정의관에 대한 비판과 맞물려 전개되고 있다. 따라서 샌델의 사상을 우리 한국의 상황에 적용할 때는 이중적인 해석이 필요하다. 하나는 샌델의 사상이 자유주의에 연결되어 있기 때문에 자유주의에 반사된 공동체주의 사상이라는 다소 맥락화된 상황을 이해하는 것이며, 다른 하나는 한국에서 비판받고 있는 공동체주의적 상황에 요구되는 자유주의의 중요성을 감안하여 샌델을 바라보아야 한다는 것이다. 이런 상황은 2005년 샌델이 한국을 처음 방문했을 때 가졌던 인터뷰 내용이 흥미로운 시사점을 던져준다.

당시 한국철학회가 유명 철학자들을 매년 한 명씩 초빙하여 강의를 요청하는 프로그램인 다산기념철학강좌에서 샌델을 초청하여 네 차례의 강연을 부탁하였다. 그리고 이와 더불어 신문기자들과의 인터뷰도 갖기도 했다. 그때 함께 자리했던 서울대학교의 황경식 교수가 흥미로운 질문을 했다. 한국은 전통적으로 공동체적 요구가 강했던 이유로 그것이 부정적으로 발전하여 지역주의가 발생했고 또 학연과 지연에 바탕을 둔 연고주의가 사회에 역기능을 초래하는데, 당신이 주장하는 공동체주의적 요구가 한국에서의 공동체주의의 역기능과 더불어 오히려 부정적인 영향력을 줄 수 있는 가능성을 생각해보았느냐는 것이 질문의 요지였다. 이 질문에 대한 샌델의 대답은, 자신의 이론이 자유주의가 가진 이론적인 한계를 지적하는 것이고 그러한 한계를 공동체주의적인 관점에서 비판한다고 하여 자유주의가 소중하게 생각하는 인권의 가치나 자유의 중요성을 부정하는 것은 아니므로 자신의 이론이 가진 맥락을 적절히 고려하면 한국 사회에도 유용한 관점을 제공할 수 있다고 믿는다는 것이었다. 황경식 교수가 그런 질문을 한 것은 샌델의 입장이 어떤지를 몰라서가 아니라, 샌델의 사상에 대한 올바른 이해는 앞서 말한 이중적인 문제 구조를 잘 이해해야만 가능하다는 것을 당시 참석했던 기자들에게 일깨워주기 위한 것이었다.

샌델 사상의 철학적 배경

샌델의 사상은 정의 중심의 정치철학과 행복 중심의 정치철학 양자를 종합한 것이라고 나는 종종 소개한다. 행복 중심의 정치철학은 아리스토텔레스에서 시작하여 헤겔로 이어지며, 이는 한스 게오르크 가다머(Hans-Georg Gadamer)와 찰스 테일러(Charles M. Taylor)의 사상을 통해 샌델에게 이어지는 것으로 볼 수 있다. 정의 중심의 정치철학은 칸트철학에서 체계화되는데 이를 첨단의 정치이론으로 만들어낸 것이 롤스다. 샌델은 롤스를 비판하는 만큼 롤스와 연결되어 있다.

아리스토텔레스는 모든 인간이 행복을 추구한다고 생각했고, 행복을 어떻게 이룰 것인지가 윤리와 정치의 목표라고 주장했다. 이때 말하는 행복이란 오늘날 우리가 흔히 생각하는 심리적 만족감과는 다르다. 그리스어 '유다이모니아(eudamonia)'는 인간의 삶이 가진 내적인 목표를 충실히 실현한 경지를 말하는 것이다. 그래서 아리스토텔레스에게 행복이란 만개한 꽃과 같이 충실하고 온전한 삶의 모습을 일컫는 객관적 성격의 개념이다.

행복한 삶이란 각자가 가진 탁월성을 이룰 때 가능해진다. 개인에게 좋은 것이 무엇인지에 대한 숙고는 그의 개인적 역량에 대한 정확한 이해와 각각의 삶의 현장에서 이루어지는 적절하고 올바른 판단, 그리고 그가 속하게 되는 공동체의 가치관 등과 밀접히 연결된다. 이 모든 것은 덕을 행하는 인격 형성의 문제로 나아간다. 이러한 아리스토텔레스의 이론구조 가운데 가장 중요하게 작용하는 개념이 '좋음(the good)'이라는 개념이다. 무엇이 좋은 것인가, 개인과 공동체에 좋은 것이 무엇인가가 마땅히 행해야 할 바의 내용을 가름하는 잣대가 된다.

한 개인과 하나의 공동체의 구체적인 삶을 고려했을 때 거기서 합의되는 좋음이 보편성을 갖는 가치로 인정받기란 쉽지 않다. 다른 개인과 공동체에서는 다른 가치가 좋은 것으로 인정될 수 있기 때문이다. 고대 그리스에서는 그리스나 아테네에 좋은 것은 보편적이고 그 밖의 지역에서 좋은 것은 야만적인 것으로 치부했다. 그러나 고대 그리스 문화는 오늘날에도 그 탁월성을 인정받고 있기에 우리는 그들이 보편성을 다루는 방식에 불만이 있더라도 그 문화의 장점까지 모두 백안시할 필요는 없다. 하지만 그런 방식의 해결책이 일반화될 수 있는 것은 아니다. 이러한 문제는 개인과 공동체의 특수성을 충분히 고려할 경우 항상 발생할 수 있는 문제다.

이후 헤겔은 개인과 공동체가 가진 특수성이 보편성을 획득하는 과정을 '정신의 변증법적 자기 전개'의 철학을 통해 다소 형이상학적 방식으로 설명한다. 발전과 진보를 숭상했던 시대정신에 부합하여 헤겔은 변증법이라는 방법을 통해 진보가 어떻게 가능한지를 보여주었는데, 그 진보의 출발점은 가장 구체적인 것이고 최종점은 가장 추상적이고 보편적인 것이었다. 이후 헤겔의 철학은 한스 게오르크 가다머의 해석학을 통해 언어철학적인 옷을 입었고 찰스 테일러는 이들의 철학적 영향력 하에서 문화들 간의 대화가 어떻게 가능한지에 대한 논의를 이끌어내었다. 이들 모두는 구체적인 것을 포기하지 않으면서도 서로가 인정할 수 있는 보편성이 어떻게 가능한지를 줄기차게 연구해온 학자들이었다. 샌델은 자신의 박사논문을 마무리하던 가운데 찰스 테일러와 깊은 대화를 가지면서 자신의 이론을 뒷받침할 이론적 근거를 얻었다. 샌델은 자신의 정치사상의 토대가 될 이론을 테일러에게 상당히 의존하고 있는 것이다.

한편 정의에 대한 고민은 좋음의 문제가 아니라 옳음(the right)의 문제에서 출발한다. 좋지만 옳지 않을 수도 있기 때문이다. 따라서 칸트의 도덕철학은 옳음을 통해서만 보편적인 정당성을 얻을 수 있다는 문제의식에서 시작한다. 칸트에 따르면 옳음의 근거는 좋은 것이 무엇인가를 앎으로 확인되는 것이 아니며, 이성을 근거로 옳다고 승인될 수 있는 원리를 발견함으로써 확인된다. 그리고 그 원리는 자기모순에 빠지지 않아야 한다는 데 기반을 두고 있다. 흔히 정언명법으로 알려진 "네 의지의 준칙이 항상 보편적 입법에 타당하도록 행동하라."라는 것이 그 기준이 된다.

준칙이라는 말은 어떤 상황에서 하는 특정 행위를 일반화한 원리를 말한다. 그리고 그러한 개별 행위의 원리인 준칙이 보편적인 법칙이 될 수 있는지 사유의 실험을 해보는 것이다. 예컨대 내가 경제적인 어려움에 처했을 때 친구에게 돈을 빌리려고 하는 상황을 가정해보자. 내가 돈을 갚을 수 없다는 것을 친구가 안다면 내게 돈을 빌려주지 않을 것이다. 그래서 나는 오늘 10만 원을 빌려주면 내일 갚겠다고 거짓 약속을 해서라도 돈을 빌리려고 한다. 이러한 상황에서 내가 하려는 행위를 일반화시키면 "돈을 갚을 수 없는 상황에서 거짓으로 약속을 하고 돈을 빌린다."는 것이 된다. 이를 좀 더 일반화하면 "나는 거짓으로 약속을 해도 좋다."는 것이 된다. 지금 내가 하려는 행위의 준칙인 '거짓으로 하는 약속'은 내게는 좋은 행위일 수 있지만 친구에게는 그렇지 않다. 도덕적으로 중요한 것은 이 행위가 좋은지의 여부가 아니라 옳은지의 여부다.

이 행위가 옳은지의 여부를 알려면, 이 행위를 모든 사람이 따르는 법칙으로 만드는 것이다. 즉, "모든 사람이 다 거짓 약속을 해도 좋다."라고 생각해보자. 나의 행위의 준칙을 보편화시켜보는 것이다. 그렇게 했을 때 그 보편적 법칙이 어떤 결과를 낳는가? 칸트의 주안점은 그러한 보편적 법칙이 자기모순에 빠지지 않는가에 있다. 다시 말해, 거짓 약속이 보편적 법칙이 되어버리면 어떤 약속도 거짓일 수 있기 때문에 사람들은 어떤 경우에도 약속을 하지 않게 될 것이다. 따라서 그런 상황에서 약속은 더 이상 할 수 없게 된다. 이와 더불어 그 같은 보편적 법칙이 요구한, 거짓 약속을 해도 좋다는 논리도 역설적으로 더 이상 불가능하게 된다. 왜냐하면 약속이 더 이상 불가능하게 된 상황에서 거짓 약속은 더더욱 존재할 수 없기 때문이다.

칸트의 논의를 다룰 때 흔히 빠지는 오류는, 보편화를 위해 준칙을 일반 법칙으로 전환한 뒤에 그 타당성을 묻는 단계에서 개인과 사회에 좋은가를 물어야 한다고 생각하는 것이다. 즉, '모든 사람이 다 거짓 약속을 해도 좋다.'고 일반화한 법칙이 개인이나 사회에 좋을까 묻는다면 모두가 반대할 것이다. 그러므로 그것은 안 되는 일이라는 식으로 이해하는 것은 칸트의 정신을 올바로 이해한 것이 아니라는 말이다. 준칙을 보편화한 순간에 그것이 좋은지를 묻는 것은 칸트가 주장하는 의무론적 입장이 아니라, 공리주의의 입장에 해당한다. 공리주의 가운데서도 규칙 공리주의(rule utilitarianism)의 입장이다. 칸트의 의무론적 도덕철학은 자기모순이라는 논리적 장치에 의존하므로, 칸트는 자신의 도덕철학은 이성적으로 생각하는 존재라면 비단 인간뿐 아니라 외계인이라 하더라도 모두에게 적용될 수 있는 원리라 확신한다.

롤스는 칸트의 의무론적 도덕철학의 정신을 정의론으로 확대한다. 칸트처럼 롤스도 모든 개별적인 원칙들을 적용하여 정의로운지의 여부를 판별할 수 있는 보편적인 정의의 원리를 발견하려고 한다. 그래서 그도 사유의 실험을 한다. 그의 정의론의 기본적인 통찰력은 파이를 공정하게 나누는 방법과 같은 것이다. 배고픈 두 사람이 서로 많은 양의 파이를 먹고 싶어 하는데, 이들이 모두 만족할 만한 공정한 분배 방법은 무엇일까? 우선 한 사람이 파이를 나눈 뒤 다른 사람이 선택하게 한다면, 나눈 사람은 자신에게 손해가 가지 않게 최선을 다해 공정히 나눌 것이고 결국 다른 사람이 남은 것을 취하더라도 손해 볼 것이 없게 될 것이다. 이런 공정성을 확보하기 위해 모든 사람이 자기에게 유리한 것이 무엇인지를 알 수 없는 상황을 가정하고 그 상태에서 모두에게 적용될 수 있는 정의의 원칙들을 발견하려 한다고 가정해보자고 롤스는 제안한다.

롤스의 실험을 따라가면 그가 제안하는 무지의 베일(the veil of ignorance)을 만난다. 각자가 처한 우연적 상황, 즉 개인의 성별, 피부색, 출신지역, 종교 등을 철저히 배제하고 이성의 중립적인 입장에 선다는 것이다. 이렇게 무지의 베일 안으로 들어가면 사람들은 모두 자신의 특정한 연고성을 망각하기 때문에 무연고적 자아(the unencumbered self)와 같은 입장을 갖게 된다. 이 상태에서 공정성을 얻기 위한 방법을 고민하면, 먼저 모두에게 평등한 자유가 주어져야 하며, 나아가 사회에 존재하는 불평등은 균등한 기회를 전제로 인정하되, 그래도 불평등이 발생할 경우에는 불우한 이들이 가능한 최대의 수혜를 받을 수 있어야 한다는 데 동의할 것이라고 말한다. 따라서 롤스는 두 개의 정의 원칙을 말한다. 정의의 첫째 원칙은 자유와 관련한 원칙으로 자유는 누구에게나 평등하게 주어져야 한다는 평등한 자유의 원칙이며, 정의의 두 번째 원칙은 불평등이 인정될 수 있는 조건과 관련한 원칙으로, 일단 공정한 기회가 모두에게 균등하게 주어져야 하며 사회에서 최하층에 위치한 사람들에게 그들의 삶의 편익이 실질적으로 보장될 수 있도록 해야 한다는 원칙이다. 무연고적 자아들 사이에서는 위와 같은 정의의 원칙들이 합의될 것이라고 롤스는 주장했다.

샌델의 입장은 개인과 공동체의 특수성을 무시할 수 없다고 생각하는 점에서 좋음을 강조하는 전통을 따른다. 그럼에도 불구하고 가치와 인권의 보편성을 인정하고 공동체적 가치가 개인의 동의와 무관하게 강요될 수 있으며 개인적 자유의 가치를 존중한다는 점에서 옳음을 강조하는 전통에 닿아 있다. 달리 말하면 샌델은 자유주의가 추구하는 가치에 대해 동의하지만 자유주의자들, 특히 롤스가 말하는 가치 추구 방식에는 의문을 갖는다. 그들 방식으로 가치를 추구할 경우 과연 가치를 획득할 수 있는가 하는 것이다.

앞서 언급한 예를 다시 사용해서 말하면, 파이를 앞에 둔 배고픈 두 사람이 엄마와 아들이라고 생각해보자. 엄마가 파이를 자를 때 공정하게 둘로 나눌까 아니면 아이에게 더 먹이려는 모성애로 한쪽을 더 크게 자를까? 엄마가 생각하는 공정성과 무연고적 자아인 두 사람이 생각하는 공정성이 과연 동일할까? 즉, 샌델은 자신이 구체적으로 어떤 입장에 있고 어떤 존재인가에 따라 공정성의 원칙도 달라질 수 있지 않은가라고 묻는다. 이처럼 개인의 처지와 상대와의 관계, 자신이 속한 공동체가 가치 있게 여겨온 원칙들, 종교적 신념에 따른 가치 등에 비추어 공정성의 내용이 달라질 수 있다면 우리는 단지 일반적이고 보편적인 원리에 따라 공정성이 실현될 수 있으리라는 믿음을 더 이상 견지할 수 없게 된다. 나아가 공정성을 실현하려면 적절한 방식으로 개인과 공동체가 추구해온 가치를 더 깊이 들여다보게 된다.

샌델의 입장은 한마디로 '옳음에 대한 좋음의 우선성(the priority of the good over the right)'이라고 할 수 있다. 이 말은 정의를 지향하는 옳음의 관점을 무시하고 좋음의 관점에서만 상황을 이해해야 한다는 것이 아니라, 옳음의 이념을 완성하려면 좋음의 관점도 충분히 고려해야 한다는 것을 의미한다. 이는 정의를 추구할 때 행복을 도외시하는 것이 아니라 행복도 품는 방식이어야 한다는 말로 옮겨질 수 있을 것이다.

물론 여기서 말하는 행복은 아리스토텔레스가 의미한 자기본성, 덕의 실현에 따른 것이며 단순한 만족감 같은 의미에서의 행복은 아니다.

경제를 품은 정치의 가능성

『돈으로 살 수 없는 것들』에서 다루는 것은 수많은 경제적 사안들로 시장만능주의 시대의 자화상이다. 샌델은 시장이 인간 삶의 모든 면을 지배하게 된 현실을 분석하면서 시장이 결코 중립적인 장치가 아니라 재화의 특성을 변질시키는 힘을 가진 것임을 분석해 보이고 있다.

영어로 서술된 내용을 우리말로 번역할 때 원문이 갖는 묘한 의미 연관성을 제대로 다 옮기기가 불가능할 경우가 많다. 이 책의 경우에 이 문제는 바로 영어 단어 'good'과 관련된다. 형용사 good은 '좋은'이라는 말이고 여기에 정관사를 붙인 the good은 두 가지로 번역이 가능하다. 우선, 추상명사로서 '선(善)' 혹은 '좋음'으로 번역할 수 있지만 이와 동시에 복수 보통명사로서 '좋은 것들'이라고도 번역할 수 있다. 경제학에서는 후자를 흔히 재화(財貨)로 번역한다. 이 번역본에서도 the good은 맥락에 따라 '선'으로 번역하기도 하고 '재화'로 번역하기도 했다. 이처럼 the good 혹은 good이라는 단어가 도처에서 활용되면서 발생되는 묘한 의미들을 제대로 살릴 수 없었던 것은 번역 자체가 가진 한계라고 할 수 있을 것이다. 그래서 독자 여러분은 "특정 재화가 시장의 대상이 되면 그 재화 속에 내재된 본래적 선이 변질된다." 같은 문장을 접하면 재화와 선은 본래 같은 단어로 되어 있다는 사실을 염두에 두고 읽어주길 바란다. 좋음 혹은 선(the good), 재화(the good 혹은 goods), 좋은 삶(the good life), 좋은 혹은 선한(good) 등의 우리말 단어들을 읽을 때 항상 영어 단어를 연상한다면 샌델의 원문에서 생기는 의미의 전이들을 잘 포착할 수 있을 것이다.

어쨌든 이 책은 좋은 것들이 시장에서 그 특성이 변질되는 현상에 주목하여 쓴 것이다. 내가 가장 흥미롭게 읽었던 부분은 인센티브에 대한 논의였으며, 또 선물을 더 이상 물건을 사서 주는 것이 아니라 돈으로 대체하는 풍조에 대한 논의였다. 후자의 경우는 시간을 들여 정성껏 준비한 선물이 마음에 들지 않는다고 우편으로 되돌려 받은 충격적인 경험이 있어서 각별히 흥미로웠다. 그리고 전자의 경우는 어려움에 빠진 친구의 딸과 연관된 이야기가 연상되어서였다.

친구 가족이 어려움에 처한 적이 있었다. 그 어려움은 경제적인 위기도 함께 동반했다. 그 사정을 잘 아는 어른 한 분이 친구의 다섯 살짜리 딸아이에게 고액의 지폐를 보여주며 "아저씨에게 뽀뽀해주면 이 돈 줄게."라고 말했다. 내 눈에는 그저 귀여운 친구 딸에게 장난감 살 용돈을 선물해주려는 마음씨 좋은 아저씨로만 보였다. 그도 선의로 그랬을 것이다. 그러나 옆에 있던 친구 아내가 딸에게 소리를 질렀다. "안 돼. 뽀뽀하지 마!" 나나 그 어른은 무안할 정도로 깜짝 놀랐다. 하지만 친구 아내의 입장은 단호했다. "아이에게 뽀뽀로 돈을 벌 수 있다는 것을 가르치시면 안 됩니다!" 그 어른이 돈으로 뽀뽀를 사려 한 것은 아니라고 해도, 결국 아이에게는 뽀뽀가 돈이 될 수 있다는 것을 경험하게 하는 일이 된다. 그것은 해서는 안 될 일이다.

샌델이 제시하는 모든 예들에는 돈과 시장이 개입한다. 샌델은 그런 상황에서 발생하는 가치 변동에 주목한다. 그리고 우리에게 그런 가치의 변질을 그저 아무 생각 없이 받아들일 것인가라고 묻고 있다. 우리는 각각의 좋은 것들(the good)이 지닌 선함(the good)이 돈 때문에 변질되는 현상을 최근 수십 년간 이루어진 경제발전을 통해 이미 경험했다. 그런 경험 가운데서도 특히 그래서는 안 될 것 같은 일들도 많이 겪었다. 『돈으로 살 수 없는 것들』은 '돈으로 사려 해서는 안 되는 것들', '돈으로 사게 해서는 안 되는 것들'이 무엇인지 우리에게 묻는다. 돈 때문에 우리의 무엇이 변했고 또 지금 변하고 있는지를 묻는다.

돈으로 사서는 안 되는 것들에는 신체의 장기 같은 것만이 아니라 아이들의 예쁜 짓까지 포함되는데, 거기에는 변하지 말아야 하는 본래적인 선이 내재해 있다. 그 과정에 사람이 개입되면 본질적으로 윤리의 문제가 되는 것이다.

샌델은 우리가 시장의 무한한 확장에 속절없이 당할 것이 아니라 이런 사안들이 공적 담론과 토론의 대상이 되어야 하며, 우리가 그것을 허용할 것인지를 공적 검토를 통해 깊이 고민하고 서로 대화하고 합의해야 한다고 충고한다. 이것은 곧 정치의 문제다. 참된 정치는 우리가 살고 있는 사회적 삶의 구조를 다루는 것이며, 경제는 그러한 구조를 이루는 것이다. 그런 점에서 정치는 경제를 품어야 하는 것이다. 그리고 그 매개는 윤리다.

온건하지만 큰 물결을 일으킬 수 있는 지혜
이 책은 경제에 윤리적 관점이 본래적으로 개입되어 있음을 분석해 보이고, 시장이 개입함으로써 변질시키는 인간적 가치가 무엇인지를 명확하게 제시한다는 점에서 무거운 주제를 다루고 있지만, 표면적인 책의 두께보다 훨씬 부담없는 책이라는 것을 몇 페이지만 읽어도 곧 알 수 있다. 이런 무거운 주제는 항상 근본적인 방식으로 다루어져왔는데 이 책이 정치와 경제의 본질적 관계를 학술적으로 입론하지도 않고, 그렇다고 세계를 지배하는 금융기업이나 군산복합체의 실체를 음모론적으로 파헤치지도 않으며, 사회적 불평등의 구조를 혁명적 변동을 통해 전복할 것을 추구하지도 않는다는 점 때문에 일부의 독자들은 실망을 드러낼 것으로 예상된다. 하지만 모든 이론이 근본적일 필요는 없다는 점에서 그런 판단은 유예해주기를 바란다.

나는 사실 이 책에 대해 많은 기대를 하고 있다. 이 책이 제기하는 문젯거리는 우리의 일상에 닿아 있다. 우리가 흔히 부딪히고 경험하면서 미궁에 빠져버리는 수많은 일들에 대해 해답의 실마리를 제공하고 있기 때문이다.

지금 대한민국은 큰 위기에 빠져 있다. 그 위기는 우리 사회가 점점 더 시장논리의 지배를 받고 있다는 사실에 기인한다고 본다. 지난 몇 년간 한국 사회에 깊이 드리워진 그림자는 경제에 도덕적 가치를 부여하는 정치의 참 의미를 망각한 채, 국가의 부를 좀 더 늘이면 시민들이 행복해질 것이라는 정치가들의 잘못된 믿음에서 비롯되었다. 더 나아가 무엇을 잃어버리고 있는지조차 돌아보지 못한 채 좀 더 부자로 살아보려는 그릇된 욕망을 채우기에 급급했던 우리 자신의 탓도 크다.

따라서 나는 이 책이 우리의 현실을 진단하고 고민해보는 데 적절한 역할을 할 것이라 믿는다. 온건하지만 큰 물결을 일으킬 수 있는 귀중한 지혜가 이 책 속에 있다고 확신하기 때문이다.

***

〈사랑을 내게 사줄 순 없어〉

마이클 샌델이 2005년에 한국을 방문했을 때 이런저런 모임의 장소에서 노래를 불렀던 적이 있다. 전북대학교에서 강의를 한 뒤의 모임에서 그에게 노래를 청했을 때 그는 〈우리 승리하리라(We Shall Overcome)〉를 불렀다. 1960년대 흑인 인권운동이 한창이던 때 유행했던 노래였다. 그리고 노래방에서 있었던 또 다른 모임에서 그는 비틀즈의 〈사랑을 내게 사줄 순 없어(Can't Buy Me Love)〉를 열창했다.

이 노래와 연관되었던 당시의 강연 제목이 '돈으로 살 수 없는 것'이었다. 그때 발표한 논문에 담긴 내용은 생명윤리와 관련된 것이었는데, 지금 이 책은 정말로 그 노래와 관련된 것이다. 지금 한국 사회에 돈으로 사랑을 살 수 없다고 진심으로 생각하는 사람이 몇이나 될까?

무엇이든 '하면 된다'는 사고는 우리 사회를 경제 중심적으로 이끌어 나갔다. 그런데 그런 노력이 진행되면서 시장논리가 점점 우리의 삶의 구석구석을 지배해버렸다. 그리고 이제 우리는 세계 최고의 자살률을 얻었다. 이 시점에서 우리에게 필요한 것은 하면 안 되는 것이 무엇인지에 대한 생각이다. 하면 안 되는 것, 돈으로 사려고 해서도 안 되고 팔려고 해서도 안 되는 것이 무엇인지를 생각해야만 한다. 『정의란 무엇인가』에 뒤이어 『돈으로 살 수 없는 것들』이 우리의 생각을 올바른 방향으로 안내해주리라 믿는다.

찾아보기

ㄱ

가격 효과 86, 129, 130, 167
간접광고 248, 268, 273
감사 카드 92, 93
감옥 광고 267
거번먼트 솔루션스 그룹(Government Solutions Group) 263
거번먼트 액퀴지션(Government Acquisition) 264
건강 인센티브 90
건강보험 22, 87, 88
검은코뿔소 20, 117-120
게리 베커(Gary Becker) 10, 78-80, 94-96, 125, 168
결혼, 경제학적 분석 79-80, 94
결혼식 축사 139-141, 152
경기장의 명명권 235, 259, 265
『경제학』(폴 사무엘슨) 124

고속도로 40-42, 101, 102, 109
골드만삭스(Goldman Sachs) 218, 220
공공정신 162, 163, 166, 167, 168, 177
과속범칙금 100, 101
과일 광고 247, 253, 258
『괴짜 경제학』(레빗과 더브너) 124
교사 인센티브 기금(Teacher Incentive Fund) 84
교토회의 108
교통운수당국(MTA) 261, 262
교황 베네딕트 16세 60, 62, 65
9·11 테러 187
구제금융 30, 31, 34, 234
국립공원관리청 61
그레고리 맨큐(Gregory Mankiw) 11, 53, 124, 128, 144
그림자 가격 94, 125
금융위기(2008년) 6, 23, 24, 30, 31, 96,

221, 234, 245
금전적 보상 대 현물 보상 163
기부의 날 165, 168
기업 소유 생명보험 187
『기증 관계』(리처드 티트무스) 171

| ㄴ |

나폴레옹(프랑스 황제) 201
난민 96-98, 116, 160, 202
낸시 레이건(Nancy Reagan) 197
네바다 고속도로 순찰대 102
노벨상 5, 136, 138, 153, 155
놀이공원 38-40, 42, 47, 51, 65, 67
뉴욕생명보험(New York Life Insurance Company) 235

| ㄷ |

대리모 20, 25, 76
대리 사과 139
대학 입학허가 거래 5, 21, 27, 154, 155, 158, 159
댄 에리얼리(Dan Ariely) 169
〈더 데드풀〉(영화) 198
더그 헤드(Doug Head) 219
데니스 로버트슨(Dennis H. Robertson) 176-179
데릭 지터(Derek Jeter) 232
데스풀(death pools) 196-200, 206, 211, 221
데이비드 캐머론(David Cameron) 127
델타 항공 67, 250
도닐런스슈퍼마켓(Donelan's Supermarkets) 266
도덕적 혼란 124
도박 금지법(Gambling Act, 1774년) 203
도서관 103, 153, 164
〈도전! 팻 제로(The Biggest Loser)〉 88
독서 현금 지급 22, 93, 131
뒤통수 광고 252, 254
디그너티파트너스사(Dignity Partners, Inc.) 192

| ㄹ |

라이언에어(Ryanair) 249
라이프파트너스홀딩스(Life Partners Holdings) 215
라인스탠더 43-45, 52, 54, 65
라인스탠딩닷컴(LineStanding.com) 45
래리 킹(Larry King) 218
런던 폭동(2011년) 128
레토 예겐(Reto Jegen) 170
로널드 레이건(Ronald Reagan) 23, 31
로렌스(래리) 서머스(Lawrene Summers) 10, 178, 179, 244
로버트 월폴(Robert Walpole) 201

로비스트 21, 44-46, 58
로이즈 커피하우스(Lloyd's coffeehouse) 201, 202, 222
로저 클레멘스(Roger Clemens) 228
론 와이든(Ron Wyden) 208
롤랜드 프라이어 주니어(Roland Fryer, Jr.) 82, 83
루소(Rousseau) 177, 178
루스 베이더 긴즈버그(Ruth Bader Ginsburg) 197
루이 14세(프랑스 국왕) 201
루이스 곤살레스(Luis Gonzalez) 232
루턴 공항(Luton Airport) 38
리즈 풀리엄 웨스턴(Liz Pulliam Weston) 150
리처드 티트무스(Richard Titmuss) 170-174
리처드 포스너(Richard Posner) 11, 138
링컨 자동차 250
링컨 파이낸셜필드(Lincoln Financial Field) 261, 273

ㅁ

마거릿 대처(Margaret Thatcher) 23, 168, 197
마약 중독자의 불임 71-77, 90
마운틴듀 273
마이크 토마스(Mike Thomas) 195
마이클 라이스(Michael Rice) 183, 184
마이클 루이스(Michael Lewis) 242, 243, 245
마이클 블룸버그(Michael Bloomberg) 260
마이클 잭슨(Michael Jackson) 137
마크 그로스(Mark Gross) 45
마크 맥과이어(Mark McGwire) 230, 231
말기환금 산업 190-196, 198, 199, 200
'맞춤' 난자와 정자 25
매사추세츠 항만교통공단(MBTA) 261
마스터카드(MasterCard) 235, 258
매춘 52, 157, 158
맥도널드(McDonald's) 258, 264, 269, 271
머니볼 242-246
『머니볼』(마이클 루이스) 242-244
메일파우치 토바코(Mail Pouch Tobacco) 254
면죄부 114
멸종위기에 처한 야생동식물의 국제거래에 관한 협약(CITES) 117
명예 105, 136, 137, 152-154
무하마드 알리(Muhammad Ali) 197
미겔 테하다(Miguel Tejada) 243
미국 말기환금협회(Viatical Association of America) 192
미국방부 207-209
미국 석탄재단 269
미국연방대법원(Supreme Court) 45, 205
미국 의회 84, 187
미국 우편서비스(US Postal Service) 264

미국 육군 264, 268
미국증권거래위원회 215
미국 퇴직자협회 169
미스 매너(Miss Manners) 149
미시간 경기장 241
미키 맨틀(Mickey Mantle) 227, 229
민간 군사기업 21, 24, 25
민주주의 8, 239, 275

| ㅂ |

바다코끼리 120-123, 129
〈바람과 함께 사라지다〉(영화) 137
바버라 박서(Barbara Boxer) 208
바버라 해리스(Barbara Harris) 71-73, 75, 77
바이런 도건(Byron Dorgan) 208
바클레이스은행(Barclays Bank) 261
발보린(Valvoline) 264
밥 펠러(Bob Feller) 227
방위고등연구기획국(DARPA) 207, 210, 211
배리 본즈(Barry Bonds) 231
배심원 의무 67
배출권 거래 25, 109, 112
뱅크원 볼파크(Bank One Ballpark) 235
버거킹 271, 273
버라이즌(Verizon) 260
버락 오바마(Barack Obama) 127, 281
범죄 처벌 129

베어스턴스(Bear Stearns) 218
베이브 루스(Babe Ruth) 228
병원 24, 46-51, 67, 103, 127
보스턴 레드삭스 228, 240, 245
보험법(1774년) 185, 203
볼펜쉬센(Wolfenschiessen), 스위스 161
부정행위자 상호공제조합(mutuelle des fraudeurs) 102
『불가리 커넥션(The Bulgari Connection)』(페이 웰던) 248
불임시술 71-77, 81, 90, 94, 126
브라이스 하퍼(Bryce Harper) 236
브래드 피트(Brad Pitt) 243
브루노 프레이(Bruno Frey) 162, 170
브루스 스프링스틴(Bruce Springsteen) 60, 63-65
브리티시페트롤륨(British Petroleum, BP) 114
비디오 대여점 103, 104
비비아나 젤라이저(Viviana Zelizer) 203
비용과 이익 78, 79, 89, 94
비우량 주택담보대출 220
비키 라이스(Vicki Rice) 183
"빅 하우스를 구하자(Save the Big House)" 241
빌 클린턴(Bill Clinton) 7, 23, 230
빌리 그레이엄(Billy Graham) 197
빌리 빈(Billy Beane) 242, 243

찾아보기 331

ㅅ

사냥 20, 117-123
사담 후세인(Saddam Hussein) 209
사망 채권 220-222
사망(죽음)을 놓고 벌이는 도박 193, 194, 196, 202, 208, 211, 212, 218, 219, 222
사인 판매 228
산성비 111
상품권 148-151, 164
새치기 7, 37-42, 47, 48, 51, 60, 65, 67, 96
샌디 코팩스(Sandy Koufax) 225, 227
생명보험시장연합회(Institutional Life Markets Association) 218
샤론 브래디(Sharon Brady) 216
섀리 보이어(Shari Boyer) 263
선거자금법 25
선물거래 185, 208, 209
세금 31, 58, 89, 102, 108, 111, 124, 189, 213, 218, 239, 240
소비자 연맹 272
속도제한 101
숍라이트 오브 브룩론 센터(ShopRite of Brooklawn Center) 270
수집품 시장 228, 231, 242
순찰차 263-266
쉐보레(Chevrolet) 259
스내플(Snapple) 260
스카이박스(화) 226, 237-242, 273, 275
스콜라스틱(Scholastic) 269
『스크루지경제학』(조엘 왈드포겔) 143
스키피 피넛버터(Skippy Peanut Butter) 259
스티븐 더브너(Stephen Dubner) 124-128, 147
스티븐 레빗(Steven Levitt) 124-128, 147
스티븐 호킹(Stephen Hawking) 197
스티프스닷컴(Stiffs.com) 197, 199
〈스파이더맨 2〉(영화) 237
스피리트 항공사(Spirit Airlines) 250
시립공원 262
CIA 209
시정 마케팅 258-260, 275
C.J. 시버스(Chivers) 121, 122
시티 필드(Citi Field) 234
시티즌뱅크 파크(Citizens Bank Park) 261
신장 5, 137-139, 156, 157, 159, 160
신호 전달 144, 145

ㅇ

아레사 프랭클린(Aretha Franklin) 197
아리스토텔레스 177, 282, 283, 288
아리엘 샤론(Ariel Sharon) 197
아메리칸인터내셔널그룹(AIG) 217
아이 거래 138
아이보리 비누 268
아이오와 전자시장(Iowa Electronic Market) 209
아프가니스탄 21, 25
안시 반요키(Anssi Vanjoki) 101

안전망 187, 189
알렉스 태버록(Alex Tabarok) 146
암살 207, 208, 210, 211
암표 46-48, 50-54, 56, 60-63, 65
압둘라 2세(Abdullah II) 207
애덤 스미스(Adam Smith) 125
애드주키(Adzookie) 250
앤드루 쿠모(Andrew Cuomo) 43
앨런 그린스펀(Alan Greenspan) 30
앨런 버거(Alan Buerger) 213, 214
앨런 크루거(Alan Krueger) 64
야세르 아라파트(Yasser Arafat) 207
양키 스타디움(Yankee Stadium) 232, 233, 237, 240
어린이집 98, 115, 130, 131, 166
에어뉴질랜드(Air New Zealand) 21, 252
에이즈(HIV) 75, 186, 190, 192, 194, 195, 206, 213, 222
AT&T 185, 235, 261, 273
AT&T 역 261
AP 인센티브 프로그램 84-86
MVP상 136
엠파이어스테이트 빌딩 40
〈열정을 억제하라(Curb Your Enthusiasm)〉(TV 프로그램) 41
영국 국립보건원 88-90
영국 항공 114
영국의학협회(British Medical Association) 72

예약권 46, 47, 50
예측 시장 209, 316
오렌지주스 선물시장 209
오렐 허샤이저(Orel Hershiser) 228
오스카 조각상 137
오염배출 허가증 111
오클랜드 애슬레틱스(Oakland Athletics) 242-244, 245
올리버 고메스(Oliver Gomes) 45, 298
올리버 웬델 홈스 주니어(Oliver Wendell Holmes Jr.) 205
요세미티 국립공원(Yosemite National Park) 60-62
우정 135, 136, 139, 140, 146-148, 152, 153, 274
워렌 치섬(Warren Chisum) 194, 195
월가 점령시위(Occupy Wall Street movement) 31
월마트(Walmart) 149, 150, 183-185, 189, 256, 262
월터 리프먼(Walter Lippmann) 253
웰스파고센터(Wells Fargo Center) 262
윈딕시(Winn-Dixie) 185
윌리 메이스(Willie Mays) 227
윌리엄 스콧 페이지(William Scott Page) 191, 314
윌리엄 켈리(William Kelley) 192
유나이티드 항공(United Airlines) 38
유명인사 사망 호출 199

U.S. 셀룰라 필드(U.S. Cellular Field) 233
이누이트 족 121-123
이라크 전쟁 209
이리카운티 구금센터(Erie County Holding Center) 267
이민 20, 94-95
이산화탄소 배출 110, 114, 257, 258, 305
이혼, 경제학적 분석 79, 94
『인간행동의 경제학적 접근(The Economic Approach to Human Behavior)』(게리 베커) 78
인베스코 필드(Invesco Field) 238
인센티바이즈 126, 127
인센티브 지급제 125
인스턴트웨딩토스트닷컴(InstantWeddingToasts.com) 140
입양 72, 138, 156, 159

| ㅈ |

자녀양육 73
자동차 광고 250
자이전우 105
자자 가보(Zsa Zsa Gabor) 197
재선물 전자거래 시스템 151
재키 로빈슨(Jackie Robinson) 227
전담 의사 48-50
정신분열증 87
제3자 가입 생명보험 218, 219

제3자 소유 생명보험 219
제약회사 21, 25
JP모건체이스(JP Morgan Chase) 186
제프 넬슨(Jeff Nelson) 233
조 디마지오(Joe DiMaggio) 227
조 마우어(Joe Mauer) 226
조너선 콘(Jonathan Cohn) 239
조시 살로노야(Jossi Salonoja) 100
조엘 왈드포겔(Joel Waldfogel) 142-144, 147
조지 2세(영국 국왕) 201
조지 부시(George H. W. Bush) 111, 127
조지 테넷(George Tenet) 209
조프리 클락(Geoffrey Clark) 203
존 빅스(John Biggs) 187
존 시브룩(John Seabrook) 64
종신보험 185
주디스 마틴(Judith Martin) 149
주택저당증권 221
죽은 소작농 보험(dead peasants insurance) 185
줄리언 사이먼(Julian Simon) 95
지구 온난화 108, 113-115
질렛 스타디움(Gillette Stadium) 234

| ㅊ |

찰스 윌슨(Charles Wilson) 125
채널 원(Channel One) 267, 268

청소부 보험(janitors insurance) 184-189, 193, 198, 200, 213, 221
체중 감량 22, 88, 89, 92
출산 허가증 105-107, 112

ㅋ

카사산체스(Casa Sanchez) 251
카풀차로 19, 40-42
캐리 스미스(Kari Smith) 252
캠벨수프(Campbell Soup Company) 269
커크 더글러스(Kirk Douglas) 197
케네스 볼딩(Kenneth Boulding) 105, 106
케네스 애로(Kenneth Arrow) 173-175, 179
켄달 모리슨(Kendall Morrison) 192, 206
켄터키 프라이드 치킨(KFC) 266, 273
켈리 배크스트(Kelly Bakst) 199
코메리카 파크(Comerica Park) 237
코벤트리 퍼스트(Coventry First) 214
코카콜라 250, 260
크레디트스위스(Credit Suisse) 218, 220
크레이그스리스트(Craigslist) 43
크리스 휘틀(Chris Whittle) 267, 268
「크리스마스 선물의 자중상실」(조엘 왈드포겔) 143
클린트 이스트우드(Clint Eastwood) 198
키라보 잭슨(Kirabo Jackson) 86
킨들 리더(아마존) 249

ㅌ

타깃 필드(Target Field) 234
탄소상쇄 113-115, 306
테드 윌리엄스(Ted Williams) 228
테러리즘 선물시장 206, 207, 211, 212
톈진사과회사(Tianjin Apology Company) 139
토니 블레어(Tony Blair) 23
톰 대슐(Tom Daschle) 208
투기자 주도 증권 또는 스핀 생명보험 증권 217, 220
투씨롤(Toosie Roll) 270
투표 161, 262
〈트루먼쇼〉(영화) 152
티 파티 운동(Tea Party movement) 31
팀 포너리스(Tim Forneris) 230

ㅍ

〈파운드에는 파운드로(Pounds for Pounds)〉 88
퍼블릭시어터(Public Theater) 43, 57
퍼펙트토스트닷컴(ThePerfectToast.com) 140
페덱스 필드(FedEx Field) 234
페이 웰던(Fay Weldon) 248
펜웨이 파크(Fenway Park) 233, 240
펠릭스 오베르홀저기(Felix Oberholzer-Gee) 162, 163

펫코 파크(Petco Park) 233
폴 사무엘슨(Paul Samuelson) 124
프레드 허시(Fred Hirsch) 168, 169
프로젝트프리벤션(Project Prevention) 71, 73, 300
프록터앤갬블(Procter & Gamble) 185, 269
플라스틱 정글(Plastic Jungle) 150
피델 카스트로(Fidel Castro) 197
피자헛 247
피터 슈크(Peter Schuck) 97
피트 로즈(Peter Rose) 232
피트니 보우스(Pitney Bowes) 185

| ㅎ |

하몬 킬브루(Harmon Killebrew) 225, 226, 228
학교 광고 272
한 자녀 낳기 정책(중국) 104-106
해러즈백화점 266
해변 광고 259, 260
핵 폐기물 160, 162, 164, 167
헤이거스타운 선즈(Hagerstown Suns) 236
혈액 판매 170, 174
화장실 광고 247, 248
환경오염 109, 115, 125
휴스턴 애스트로돔(Houston Astrodome) 239
흡연 87